Lucien DESLINIÈRES

LE SOCIALISME RECONSTRUCTEUR

LA
PRODUCTION INTENSIVE

PARIS
FRANCE-ÉDITION
19, Rue Gazan (14e)

1923

LA PRODUCTION INTENSIVE

Le volume qui précède a pour titre: *Délivrons-nous du Marxisme.*.

AUTRES OUVRAGES DU MEME AUTEUR

L'APPLICATION DU SYSTÈME COLLECTIVISTE, fort volume de 528 pages, grand in-8° . . . . épuisé

ENTRETIENS SOCIALISTES . . . . épuisé

QU'EST-CE QUE LE SOCIALISME ? . . . . épuisé

LA SOCIÉTÉ FUTURE . . . . épuisé

LA VIE CHÈRE . . . . épuisé

ORGANISONS-NOUS . . . . épuisé

PROJET DE CODE SOCIALISTE, trois volumes, le premier épuisé, les deux autres librairie Marcel GIARD & Cie . . . . prix, les deux   10 fr.

COMMENT RÉALISER LE SOCIALISME, librairie de l'*Humanité* . . . . prix   1 fr .25

POUR ABOLIR LA SOUFFRANCE *HUMAINE*, librairie M. GIARD & Cie . . . . prix   6 fr.

LE MAROC SOCIALISTE, projet de colonisation socialiste au Maroc . . . . prix franco   3 fr.

LA FRANCE NORD-AFRICAINE, étude critique de la colonisation anarchique pratiquée jusqu'à ce jour, projet de colonisation organisée (*voir à la fin du présent volume la notice consacrée à cet important ouvrage*) fort volume in-8° de 726 pages . . . . prix franco   12 fr.

L'ASSOCIATION GÉNÉRALE, base économique du socialisme. Programme de la Ligue pour la réforme économique et sociale .. prix, franco   1 fr.

La Résurrection du Docteur Valbel ou *le Monde dans un demi-siècle* (en collaboration avec J. Marc-Py), grand roman d'anticipations sociales, montrant sous une forme attrayante et accessible à tous le fonctionnement et les bienfaits du socialisme réalisé. *franco*   6 fr. 50

Délivrons-nous du Marxisme. Réquisitoire formidable et solidement étayé. La lutte de classe, l'antipatriotisme et la démagogie y sont nettement condamnés ...... *prix, franco*   12 fr.

Pour les cinq derniers ouvrages de la liste ci-dessus, adresser les demandes, avec mandats-poste, à la librairie :

FRANCE - EDITION
19, rue Gazan, Paris (XVIᵉ)

LUCIEN DESLINIÈRES

La Production
Intensive

PARIS
FRANCE-EDITION
19, RUE GAZAN (14e)

—

1923

LIVRE PRELIMINAIRE

LE SOCIALISME

OU

ASSOCIATION GENERALE

CHAPITRE PREMIER

L'ordre de nos travaux

Après avoir taillé, il faut recoudre. Dans notre précédent volume : *Délivrons-nous du Marxisme*, nous avons montré ce que le socialisme ne devait pas être. Il est temps de faire voir ce qu'il est réellement. Ce sera l'objet de cet ouvrage et de ceux qui le suivront.

En abordant une telle tâche, on se sent écrasé par l'ampleur du sujet. Il embrasse non seulement toute la vie politique, économique et sociale, mais le problème humain sous tous ses aspects. Par où commencer ?

La logique pure exigerait d'abord une description de l'organisation et du fonctionnement de la société nouvelle, ce qu'Auguste Comte eût appelé la statique et la dynamique du socialisme ; puis une indication des résultats heureux qu'on doit en attendre.

Diverses raisons nous empêchent pourtant de suivre cet ordre naturel et nous obligent à placer la charrue avant les bœufs, c'est-à-dire à mettre en lumière, dès le début, l'une des conséquences essentielles du régime socialiste, l'augmentation de la production qu'il déterminera.

Nous craignons en effet, à une époque où la vie est si remplie, où l'attention est sollicitée en des sens si divers, que le public ne se rebute à la lecture d'exposés, forcément longs et arides, dont le but ne lui apparaîtrait que plus tard. Nous croyons indispensable, préalablement, d'exciter au plus haut degré l'intérêt du lecteur par la démonstration éclatante de la puissance créatrice et reconstructive du socialisme, de faire entrer dans son esprit la ferme conviction que ce régime est l'unique remède à la paralysie générale des forces économiques dont le monde est frappé par suite de la guerre, et la seule issue à la situation inextricable où les hommes d'Etat les plus éminents se consument en vains efforts. (1)

Il est d'autant plus nécessaire d'apporter cette preuve que l'expérience russe semble autoriser nos adversaires à soutenir, au contraire, que le socialisme, loin de guérir le mal dont nous souffrons, ne pourrait que l'aggraver.

D'autre part, les institutions socialistes et le jeu des organes qu'elles comportent ne peuvent se concevoir pratiquement, ainsi qu'on le comprendra par la suite, que dans une nation où, par une meilleure utilisation du travail, il est possible 1° de satisfaire largement les besoins de tous les êtres humains, 2° de disposer en outre d'un excédent de main d'œuvre suffisant pour réaliser toutes les améliorations des conditions d'existence actuelles, que la loi inéluctable du progrès rendra nécessaires.

----

(1) Ceux qui croiraient que nous exagérons le mal pour mieux justifier la nécessité du remède, voudront bien méditer ces quelques lignes extraites du journal *Le Temps* du 25 juillet 1922 :

« Ce ne sont partout, en Europe, que ruine, t menaces de guerre
« de banqueroute, de famine. Le chaos s'élargit de jour en jour en
« surface, s'accroît en profondeur. Et l'on ne voit pas une seule nation
« qui puisse tirer son profit particulier de la misère universelle. »

Force nous est donc de consacrer notre deuxième volume à établir qu'effectivement le socialisme possède ce pouvoir, en réservant pour les suivants l'exposé des moyens par lesquels il l'exercera.

Mais une difficulté se dresse devant nous : on ne peut montrer la supériorité du régime socialiste, au point de vue de la production, sans faire connaître, au moins dans les grandes lignes, ses bases économiques fondamentales et les modifications qu'apportera leur adoption dans la structure de la société actuelle. Et nous ne pouvons pas nous dissimuler qu'un tel résumé va soulever mille objections qui resteront pour le moment sans réponse. C'est un écueil inévitable, mais dont le heurt sera heureusement amorti par la bonne foi et la bonne volonté des lecteurs.

Est-ce trop leur demander, en effet, que de vouloir bien admettre provisoirement, fût-ce à titre de simples suppositions, des indications et affirmations dont nous leur promettons pour plus tard la preuve complète ? N'est-ce pas un mode de raisonnement usuel dans les sciences abstraites et notamment en géométrie, où l'on suppose fréquemment le problème résolu pour arriver à le résoudre ?

D'ailleurs, dans ces temps de calamité générale, quiconque fait une proposition sérieuse pour mettre un terme aux souffrances des peuples et conjurer les menaces de l'avenir, a droit à l'attention bienveillante des gens raisonnables. Nous y comptons. Et quant aux sceptiques, nous les inviterons à présenter des idées meilleures ou, s'ils en sont incapables, à nous faire grâce de persiflages que la gravité suprême de la question rendrait singulièrement déplacés.

CHAPITRE II

Caractéristiques du régime socialiste.

Le mot *Socialisme* est très usité; mais sa signification reste vague dans beaucoup d'esprits.

Bien qu'en voulant définir plus exactement un terme, on n'arrive souvent qu'à en augmenter l'obscurité, nous croyons apporter à celui-ci une utile précision en lui donnant également le nom d'*Association générale*.

Le Socialisme, ou Association générale, est la conception d'un régime économique nouveau, qui n'existe nulle part aujourd'hui et qui n'a jamais existé, mais qui, c'est notre ferme espérance et c'est le but de nos efforts, sera, dans un avenir prochain, adopté par toutes les nations du monde.

Le régime actuel est *individualiste*, c'est-à-dire est basé sur le principe de la propriété individuelle, exploitée par chacun pour son profit particulier. Mais l'application de ce principe donne lieu à de criantes inégalités. Nombreux sont les citoyens qui ne possèdent rien. Plus nombreux encore ceux dont l'avoir est trop minime pour assurer leur subsistance. En fait, la propriété sous toutes ses formes: terres, bâtiments, outillage, moyens de transport, marchandises, valeurs mobilières, appartient, pour la plus grande partie, à une minorité de privilégiés. Ces derniers, ne pouvant la faire valoir par leur travail personnel, achètent la force de travail des déshérités et la paient le meilleur marché possible, de façon à se réserver une plus forte part des produits. D'autres ne se donnent même pas la peine de faire travailler : ils prêtent leurs capitaux, mobiliers ou immobiliers, moyennant une redevance annuelle, à des chefs d'entreprise, et vivent des revenus qu'ils se créent ainsi. De nos jours, si les entreprises où le capital et le travail ne sont pas dans les mêmes mains sont encore les moins nombreuses, elles sont de beaucoup les plus importantes et ont pris une influence prépondérante dans la direction des affaires publiques. C'est pourquoi le régime individualiste est devenu le *régime capitaliste*.

Cette évolution a été déterminée principalement par la transformation des moyens de production. Aux premiers âges de l'humanité, quelques grossiers instruments de pierre ou de bois étaient les seuls outils en usage. Plus tard, ces outils furent fabriqués en métal et reçurent des perfectionnements importants, sans cesser d'être manuels. Plus tard encore, au lieu d'être tenus en main, ils furent adaptés à des machines mues par la force animale, ou par la force de l'eau ou du vent. A l'époque moderne seulement, on parvint à créer de très puissants moteurs à vapeur, au gaz, au pétrole, à l'électricité, permettant d'actionner des outils à grand rendement.

Quand les outils étaient manuels, ils étaient ordinairement la propriété des travailleurs, qui pouvaient ainsi disposer de la totalité des fruits de leur travail. Lorsque les premières machines furent créées, elles étaient la propriété de petits et moyens capitalistes. Les machines modernes, très coûteuses, ne peuvent appartenir qu'à de gros capitalistes qui, lorsqu'ils mettent leurs machines à la disposition des ouvriers, se réservent une part aussi forte que possible des produits. Et les ouvriers n'ont pas la ressource d'échapper à ce partage onéreux en travaillant pour leur compte avec des outils manuels, car la productivité de ces outils étant très faible par rapport à celle des machines-outils perfectionnées, le prix de revient de leurs produits serait trop élevé pour qu'ils trouvassent acheteurs sur le marché. Les ouvriers sont donc condamnés à travailler pour le compte des capitalistes et à subir les conditions de travail qui leur sont imposées par ces derniers. Sans doute, ils peuvent les discuter; sans doute, grâce à leur organisation syndicale, ils peuvent, dans une certaine mesure, y résister. Mais quand l'offre de main-d'œuvre est supérieure à la demande, ce qui arrive fréquemment, les nécessités de la vie les contraignent à la soumission.

C'est de la profonde injustice du régime capitaliste, de l'opposition d'intérêts créée par lui entre patrons et salariés, qu'est né le problème social, avec ses continuelles agitations, de plus en plus menaçantes au fur et à mesure que l'exploitation capitaliste s'intensifie, et qui ne prendront fin qu'avec elle.

Le vice incurable du régime capitaliste, c'est que, d'une part, la propriété y est la seule garantie d'existence réelle, alors que, d'autre part, la plus grande partie des citoyens en sont privés.

Aucune personne sérieuse n'a jamais considéré comme une solution le partage des biens par égalité entre tous les citoyens. Outre que ce partage est matériellement impossible pour la propriété industrielle et la propriété bâtie, l'égalité réalisée un jour serait détruite le lendemain par le jeu des héritages et aussi parce que les plus habiles ne tarderaient pas à agrandir leur part aux dépens des moins aptes. Peu à peu, la situation actuelle se rétablirait.

La seule issue vers un avenir meilleur, où la justice sociale assurerait la stabilité des institutions, le bien-être et la sécurité des hommes, est donc le régime de la propriété associée, indivisible, où chacun aurait droit à sa part légitime des produits. Ce serait l'*Association générale* ou *Socialisme*.

L'idée de l'*Association générale* n'est pas une conception abstraite de l'imagination. Elle se dégage d'elle-même de l'évolution économique dont elle apparaît comme l'aboutissement à peu près inévitable.

Depuis longtemps les hommes ont reconnu par expérience la faiblesse de l'activité isolée et la force de l'association. La transformation des instruments de production et de transport qui, en devenant de plus en plus puissants, sont devenus de plus en plus coûteux, a amené la création d'associations particulières dont le nombre et le capital social se sont rapidement accrus. La plupart de ces associations ont pris la forme anonyme.

Actuellement, tous les grands établissements de crédit, toutes les grandes exploitations minières, industrielles et commerciales, toutes les assurances, toutes les grandes entreprises de transports maritimes et terrestres sont des sociétés anonymes.

Pourtant, malgré leur puissance, les sociétés anonymes se sont senties trop faibles pour triompher des dangers de la concurrence, qui avaient grandi encore plus vite qu'elles, grâce à la facilité et au bas prix des transports internationaux. Et, pour s'en défendre, elles entrent de plus en plus dans la voie de transformations nouvelles.

Tantôt elles absorbent d'autres entreprises qui en étaient originairement séparées et dont elles dépendaient quant aux possibilités ou aux conditions d'écoulement des produits, ou encore à d'autres points de vue.

Ainsi, les usines métallurgiques ont pour tendance de s'annexer les mines d'où elles tirent leur minerai et leur charbon, les voies ferrées, les ports, les canaux nécessaires à leurs transports, de construire elles-mêmes leurs bâtiments industriels et les maisons d'habitation de leur personnel, d'être leurs propres banquiers, leurs propres assureurs, de créer des usines mécaniques pour transformer leurs produits bruts ou demi-finis en produits finis, et des comptoirs pour les vendre. Il en est qui vont jusqu'à pourvoir à l'alimentation de leur personnel par des économats, jusqu'à acquérir des fermes pour produire le blé servant à sa consommation, des minoteries pour le moudre, des boulangeries pour en faire du pain. D'autres ont des hôpitaux, des écoles, des cercles, des bibliothèques. De sorte que chacune de ces puissantes sociétés devient un microcosme, un état dans l'Etat, se suffisant presque à lui-même et ne dépendant que dans une mesure restreinte du monde extérieur.

Tantôt les grandes sociétés anonymes se fédèrent avec d'autres sociétés exerçant la même industrie. Ces fédérations prennent parfois le nom de *trusts* et parfois celui de *cartels*.

Dans les trusts, toutes les sociétés fédérées cessent d'avoir leur existence propre. Elles appartiennent au trust qui les dirige souverainement. Les actions qui formaient leur capital social deviennent des actions du trust.

Pour qu'un trust se constitue, il faut qu'il dispose de la plus grande partie, sinon de la totalité des établissements appartenant à la branche industrielle qu'il se propose d'exploiter, et notamment de ceux qui sont les mieux outillés et dont la production est la plus forte. S'il se trouve des réfractaires, le trust les écrase en vendant, pendant quelque temps, à prix réduit et au besoin à perte. Puis il relève les prix quand ils ont disparu. Quant aux établissements de moindre importance, on ne daigne pas les comprendre dans le trust. Ils ne peuvent se maintenir contre sa concurrence formidable, et disparaissent également. Le trust est alors le seul maître dans le domaine qu'il s'est fixé. Il règle la production sur les débouchés qu'il prévoit et impose ses prix aux acheteurs, en même temps que ses conditions de travail aux ouvriers.

Mais il arrive que des trusts de différentes nationalités se trouvent en lutte sur certains points du marché mondial. Ces conflits se règlent, le plus souvent, par une fusion ou par un accord. Dans le premier cas, le trust devient international.

C'est aux Etats-Unis que la forme trust est née et s'est le plus développée. En Allemagne, on a préféré la forme cartel, qui diffère de la précédente en ce que les établissements fédérés conservent leur existence propre, mais sont tenus de se conformer aux ordres du Comité central pour les quantités à produire, les prix et les lieux d'écoulement. Le résultat est le même pour le public et pour les industriels qui auraient la velléité de rester indépendants. C'est en Allemagne que la vente à perte pour écraser des concurrents étrangers, et connue sous le nom anglais de *dumping*, a été surtout érigée en système et encouragée par des primes.

En France, où l'article 419 du Code pénal — si rare qu'en soit l'application — empêche les associations de producteurs de manœuvrer au grand jour, leurs groupements demeurent occultes. Mais ils n'en existent pas moins. Les syndicats, détournés de leur but légal, sont ordinairement leur organe. Des unions de syndicats groupent pour la défense des intérêts communs les syndicats des industries similaires, et les unions sont à leur tour fédérées dans la *Confédération générale de la Production française*, fondée en 1919. Parfois aussi, sous prétexte de centraliser les ventes, on crée des *comptoirs de vente*, des *Sociétés centrales*, des *Consortiums*, qui, dans la réalité, limitent la production et fixent les prix de vente.

L'Allemagne, toujours à la recherche de formes supérieures d'organisation, a, pendant et depuis la guerre, notablement élargi l'un des modes d'association qui commençaient à s'y créer auparavant : les *Konzerns*.

« Les *Konzerns*, écrit M. Victor Cambon dans l'*Illustration Economique et Financière*, sont des organismes qui ont pour objet d'unir en un faisceau des entreprises qui se complètent ou se correspondent, pour tirer de toutes le résultat *optimum;* les firmes ainsi intégrées, ayant à leur tête une personnalité unique dont l'autorité est pour ainsi dire absolue, constituent la *concentration verticale*, par opposition aux cartels qui forment ce qu'on appelle la concentration horizontale.

A titre d'exemple, l'auteur cite le Konzern Hugo Stinnes, le plus puissant de tous, qui occupe 600.000 travailleurs et se compose des sept groupes suivants : Mines de houille, lignite et fer; établissements métallurgiques; constructions mécaniques; constructions de matériel électrique; Sociétés de distribution d'électricité, d'eau et de gaz et de tramways; entreprises de production diverses : matériaux à bâtir, produits chimiques, exploitation de forêts, pâte de bois, papeterie, imprimerie, journaux, sucreries, explosifs; entreprises de transport, comptoirs de vente d'exportation, agences de publicité et de propagande.

Ne nous rapprochons-nous pas, ici, de l'Association générale qui réunirait tous les moyens de production? (1)

Sous une forme ou sous une autre, les groupements de sociétés industrielles se développent de plus en plus dans tous les pays. On peut prévoir le moment où toutes les branches de la grande production seront devenues des monopoles dans leurs mains.

L'évolution s'arrêtera-t-elle là ? Ce serait contraire à sa définition. On peut donc admettre qu'à un moment donné plu-

---

(1) Le Konzern Stinnes prend tellement la figure d'un Etat que, dans *Le Temps* du 27 juin 1923, un correspondant publie un article intitulé : *l'Empire économique de Stinnes*. Il indique que non seulement le grand industriel domine le gouvernement de son pays, mais qu'il étend de plus en plus ses entreprises à l'étranger.

D'autre part, dans un discours qu'il prononçait à Villers-Cotterets le 22 juillet 1923, M. Poincaré, président du Conseil, montrait les dangers de la « redoutable organisation de l'industrie allemande » et disait de ces Konzerns géants qui ont envahi toutes les branches de la production :

« Tous les jours, ils se substituent davantage à l'Etat, ils l'enve-
« loppent, ils le dominent, ils l'annihilent. Ils commandent en maîtres
« à la presse du Reich et au gouvernement de Berlin. Ils assujet-
« tissent la République allemande à une nouvelle caste... »

On reconnaîtra qu'il n'y aurait qu'un pas à faire pour passer d'un régime de concentrations aussi puissantes à celui de l'*Association générale*, et que ce pas est nécessaire.

sieurs branches de l'industrie seront monopolisées par un groupe financier puissant et qu'il annexera les branches commerciales correspondantes. Théoriquement, il est même possible qu'un seul groupe devienne maître de la totalité de l'industrie, du commerce et des transports (1). Mais il est peu probable que l'évolution atteigne ce point extrême, car si inconscient que soit le troupeau humain, il finira par s'apercevoir qu'à chaque perfectionnement de l'organisation des unions patronales, il est tondu d'un peu plus près, et il réalisera, de gré ou de force, le trust des trusts, c'est-à-dire l'*Association générale*, non pour enrichir encore quelques ploutocrates, mais pour bénéficier enfin lui-même des avantages de l'association.

L'*Association générale*, de par sa nature même, aura forcément un but tout différent de celui des entreprises individuelles et des sociétés particulières. Celles-ci, en effet, n'avaient d'autre mobile que le profit. Ce mobile n'est pas seulement leur essence propre, il est leur règle absolue et invariable, consacrée par l'article 1832 du Code civil, ainsi conçu : « La société est un contrat par lequel deux ou plusieurs personnes conviennent de mettre quelque chose en commun, *dans la-vue de partager le bénéfice qui pourra en résulter.* »

L'*Association générale*, au contraire, par le seul fait d'être

---

(1) Nous voulons parler seulement de la grande industrie, du commerce de gros et des grandes entreprises de transport. Tant que le principe individualiste restera la base de nos institutions, la petite propriété paysanne, en dépit de l'infériorité de sa production, résistera à l'absorbtion capitaliste. D'autre part, l'état d'inorganisation de la société rendra indispensable le maintien de la petite industrie, ne fut-ce que pour la pose et les réparations, et du petit commerce, plus à la portée des consommateurs. La statistique montre ,en effet, que la concentration industrielle croissante n'entraîne aucune diminution du nombre des propriétaires, des industriels et des commerçants. (Voir: *Délivrons-nous du Marxisme*, p. 97 et suivantes).

générale, exclut tout but lucratif. Puisqu'elle comprend tous les citoyens, devenus à la fois producteurs et consommateurs, si elle vendait ses produits au-dessus du prix de revient, qui bénéficierait de la différence? Ce ne pourrait être que l'universalité de ses membres. Il faudrait restituer à chacun l'excédent, le trop-perçu qu'on lui aurait fait payer. Pourquoi cette double opération? Le simple bon sens exige donc que l'*Association générale* vende ses produits à prix coûtant.

Dès lors, son but serait simplement d'assurer la production des choses utiles à la vie et de la porter à un niveau assez élevé pour que chacun en obtienne une part suffisant largement à ses besoins. Pour atteindre ce résultat, l'*Association générale* devrait en outre, cela s'entend, assurer la répartition équitable des produits, de façon à ce que certains citoyens ne fussent pas spoliés par les autres.

Au lendemain de la guerre qui a semé tant de ruines dans le monde, l'augmentation de la production est la tâche la plus pressante de l'humanité. Nous démontrerons dans le présent ouvrage que l'*Association générale* non seulement est mieux à même de l'accomplir que les entreprises privées, petites ou grandes, mais qu'elle seule dispose d'assez de puissance pour mener à bien cette œuvre primordiale.

*** Comment se constituera l'*Association générale*, et comment fonctionnera-t-elle ?

En principe, elle comprendra toutes les personnes et tous les biens, sauf les objets mobiliers à usage individuel.

Mais, à l'origine, elle sera beaucoup plus restreinte.

Si l'on voulait, de prime abord, y faire entrer tous les possédants avec ce qu'ils possèdent, on se heurterait à une double difficulté :

D'une part, la résistance des intéressés, trop nombreux;

D'autre part, la quasi-impossibilité de déterminer les droits de chacun dans le délai assez bref dont on disposerait.

Nous nous expliquons :

La classe paysanne, sauf de rares exceptions, est aveuglément attachée à la propriété individuelle. Ce serait s'illusionner profondément que d'espérer, par la propagande, l'amener à reconnaître la supériorité de l'Association générale. On ne la convertira que plus tard, par l'exemple. Un moment viendra où chaque paysan, resté enfermé dans son individualisme, se rendra compte que le simple journalier agricole occupé sur les domaines de l'Association vit plus largement que lui tout en se donnant beaucoup moins de peine. Il constatera aussi que la terre cultivée scientifiquement produit le double et le triple de ce qu'il obtient par ses méthodes surannées. Alors il comprendra que c'est folie de résister au progrès et demandera à entrer dans l'Association générale où il trouvera, pour lui et les siens, des garanties d'existence que sa petite propriété ne lui donna jamais.

Mais il faut attendre son consentement volontaire car nul ne peut songer à user de contrainte envers plusieurs millions de paysans pour leur arracher la terre qu'ils défendraient au péril de leur vie.

Les préjugés des petits commerçants et des petits industriels sont presque aussi tenaces que ceux des petits agriculteurs. Toutefois il y a chez eux moins de fanatisme: on ne s'attache pas à un magasin ou à un atelier comme à un champ. Ils tiennent à leur petite entreprise surtout à raison des avantages qu'elle leur procure et entreraient plus facilement dans une voie où ils envisageraient de larges compensations.

Mais à quoi bon s'exposer à leur mécontentement et à leurs colères, alors qu'il est si facile de s'assurer leur neutralité en les laissant, comme les paysans, en dehors de l'*Association générale?* Leurs petits établissements ne seraient pour cette dernière d'aucune utilité. Elle ne les absorberait que pour les supprimer. Et même, dans la période transitoire, elle devrait les maintenir en activité tout en en assumant les charges et risques. Combien il est plus simple de ne pas les retirer à leurs propriétaires!

La conclusion c'est que, pour les petits agriculteurs, les petits commerçants et les petits industriels, l'entrée dans l'*Association* devra être non obligatoire, mais facultative, au gré des intéressés.

Une autre raison, d'une grande importance aussi, en faveur de cette solution, c'est que, pour chaque avoir mobilier ou immobilier entrant dans l'Association, il faudra en déterminer la valeur et que si l'on englobe dès le début toutes les petites entreprises, on se trouvera en présence de plusieurs millions de bilans et d'inventaires à dresser, ce qui sera un travail surhumain. On aura beau multiplier les commissions d'évaluation, il faudra des années pour en venir à bout et pendant ce temps le fonctionnement du nouveau régime sera troublé et difficile.

Il n'y a donc pas à hésiter: l'Association ne doit être obligatoire que pour les grandes entreprises. Les autres n'y entreront que si leurs propriétaires le veulent et quand ils le voudront.

Comment tracer la démarcation entre les grandes entreprises associées de droit et les petites entreprises laissées libres d'opter entre les deux régimes? Ce sera l'une des questions qu'auront à résoudre, après mûr examen, les Comités d'Etudes que constituera le *Parti Socialiste Reconstructeur*. Ils devront entrer dans beaucoup de cas particuliers. Mais la distinction sera toujours assez facile à établir. Ainsi toutes les sociétés anonymes seront associées obligatoirement. Par contre les petits propriétaires, commerçants et industriels travaillant avec leur famille sans main-d'œuvre étrangère seront laissés libres. Il restera seulement à déterminer à partir de quel nombre d'ouvriers ou employés une entreprise sera considérée comme grande. Dans cette fixation, on s'inspirera de la considération suivante: l'*Association générale* n'aura pas besoin, pour débuter, de la plus grande partie des établissements; il lui suffira d'avoir les plus importants, leur possession devant lui assurer le contrôle de toutes les branches de la production.

Au premier moment, un petit ou moyen chef d'entreprise qui aura pu conserver son autonomie, se frottera les mains, croyant avoir échappé à un grand péril. Mais au fur et à mesure que se développera l'organisation de l'*Association générale*, il verra son chiffre d'affaires diminuer et ses bénéfices se tarir, car aucun établissement isolé ne pourra faire concurrence au trust des trusts, produisant tout à bon marché et vendant à prix coûtant. Les réfractaires viendront donc, les uns après les autres, et sans tarder, chercher un refuge dans le sein de l'Association.

*** Nous avons dit que l'actif net, c'est-à-dire l'excédent de l'actif sur le passif des possédants entrés, obligatoirement ou volontairement, dans l'*Association générale* serait déterminé par un bilan avec inventaire à l'appui.

Pour le montant de cet actif net, ils recevront des actions d'apport de l'*Association générale*. Il serait plus exact de dire: des obligations, car l'*Association générale*, ne produisant pas de bénéfices, n'aura pas de dividendes à répartir. Elle donnera seulement un intérêt sur un taux à déterminer.

Ce taux sera peut-être dégressif, car il serait scandaleux de continuer à servir aux possesseurs de très grosses fortunes leurs énormes revenus qui, même en régime capitaliste, sont déjà fortement rognés par l'impôt. Mais il sera peut-être plus simple d'adopter un taux unique, qui pourra être le taux légal d'alors, et de faire porter les diminutions sur le capital en réduisant progressivement le montant des actions à remettre pour les fortunes dépassant un certain chiffre.

Les rentes ainsi servies aux possédants ne seront pas perpétuelles. A partir de la cinquième ou de la dixième année de la fondation de l'*Association générale*, on commencera à les amortir et on continuera jusqu'à extinction, complète.

L'amortissement ne se fera pas par voie de tirage au sort, mais proportionnellement au nombre des actions détenues par chacun. Le montant annuel sera déterminé selon les disponibilités.

Il n'y a pas à craindre que les ressources viennent à manquer pour payer les intérêts et amortir le capital : le lecteur s'en rendra compte par la suite, lorsqu'il connaîtra l'augmentation considérable de la production industrielle et agricole qui sera la conséquence du nouveau régime et le système financier qui en assurera la répartition. Il comprendra bien alors que la monnaie ne fera pas défaut pour effectuer les remboursements ; il comprendra aussi que la distribution de cette monnaie ne permettra nullement à ceux qui la recevront de reconstituer le régime capitaliste aboli. Tout ne peut être expliqué à la fois et il est nécessaire d'attendre pour juger des idées, qu'elles soient entièrement exposées.

En principe, l'amortissement est juste et nécessaire. On ne peut admettre une survivance indéfinie des privilèges abusifs du capital. Le prêt à intérêt était considéré comme immoral par la législation de Moïse qui l'interdisait entre Hébreux ; il fut plus tard unanimement condamné par les Pères de l'Eglise et les conciles. Il est inconciliable avec la doctrine de l'*Association générale* qui lui enlève toute raison d'être en supprimant les entreprises privées. Si donc on le laisse subsister pendant la période de transition, et seulement à l'égard des apporteurs, on ne doit pas songer à le prolonger au delà.

*** Nous avons parlé des possédants qui seraient associés de droit et de ceux qui pourraient rester en dehors de l'association. Il faut en outre rechercher ce que sera, dans l'*Association générale*, la situation des non possédants.

Ces derniers se divisent naturellement en deux catégories :

ceux qui, par leur âge ou leur état de santé, sont incapables de participer au travail; ils seront à la charge de l'*Association générale* qui pourvoira à leurs besoins; puis ceux qui sont valides; ils auront droit à un travail rémunérateur.

Les uns et les autres, sauf les exceptions prévues par la loi, recevront chacun une action d'apport qui ne donnera lieu au versement d'aucun intérêt mais sera la consécration de leur droit à participer à l'administration de l'*Association générale*. Ce que sera cette administration, on le verra par la suite.

Dans la période de transition, un grand nombre de petites entreprises privées, agricoles, industrielles et commerciales, continueront à exister. Elles occuperont, en dehors du travail de leurs propriétaires, une partie des non possédants. Il faudra donc laisser le choix à tous les salariés d'entrer dans l'*Association générale* ou de rester en dehors. On ne saurait à leur égard employer la contrainte.

Ceux qui opteront pour l'*Association générale* y trouveront des avantages et des garanties que les entreprises privées ne pourront pas leur assurer. Aussi le plus grand nombre optera pour elles. Toutefois il serait dangereux de chercher, par l'exagération de ces avantages, à les attirer tous et de paralyser ainsi les entreprises privées. On devra, loyalement, placer ces dernières dans des conditions où leur existence ne dépende pas de mesures arbitraires. Elles disparaîtront peu à peu, c'est certain, mais il faudra que ce soit par leur infériorité économique constatée et non par la malveillance dont elles auront été l'objet.

Ainsi, dans la période transitoire, il y aura en quelque sorte deux états dans l'Etat: le premier composé des possédants et non possédants incorporés à l'*Association générale;* le second des possédants et non possédants restés en dehors.

Ce sera une complication, mais non un danger pour l'unité nationale. Evidemment les citoyens appartenant aux deux catégories ne pourront pas avoir les mêmes droits civils et politiques. Il faudra beaucoup de doigté pour déterminer avec justice le statut des uns et des autres. On pourra, soit réunir les deux éléments dans des assemblées et conseils communs, soit les organiser séparément en instituant une Cour d'arbitrage pour régler leurs différends éventuels. Ces questions, complexes mais nullement insolubles, seront étudiées par le *Parti Socialiste Reconstructeur*. N'oublions pas d'ailleurs qu'au bout de quelques années, l'*Association générale* englobera l'universalité des personnes et des biens, ce qui fera disparaître ces difficultés.

*** Puisque nous parlons des biens, il est à propos de préciser que l'*Association générale*, même quand elle aura absorbé la totalité des entreprises privées, n'entraînera pas l'abolition de toute propriété particulière. L'Association s'appliquera seulement aux moyens de production et de transport, ainsi qu'aux produits non destinés à l'usage individuel. Chaque citoyen ayant la libre disposition des fruits de son travail, restera propriétaire des meubles et objets mobiliers qu'il aura pu ou voulu se procurer. Il pourra même les donner, les vendre ou les laisser à ses héritiers ou légataires. Mais le régime civil de l'*Association générale* sera traité plus tard.

*** Un principe présidera à l'organisation de l'*Association générale*, c'est que nul ne devra rien perdre à la transformation qu'elle aura effectuée, pas même les grands riches, car à ceux-là le fisc retire, dès aujourd'hui, une part importante de leurs revenus, lorsqu'ils ne réussissent pas à le tromper par de fausses déclarations, ce qui, à la vérité, arrive fréquemment.

Pourtant on pourra faire observer que le simple intérêt de leur capital net ne sera pas, pour beaucoup de possédants, l'équivalent de leur revenu actuel. Les actionnaires, par exemple, touchent parfois de gros dividendes.

Nous répondrons que les valeurs d'un revenu élevé se

capitalisent à une somme très supérieure au pair et qu'on peut adopter le cours de la Bourse pour en faire l'estimation.

D'autres possédants, se livrant au commerce ou à l'industrie, font fructifier leurs capitaux bien au delà du taux légal. S'ils atteignent ces résultats, c'est par leur travail personnel qui ajoute au revenu normal de leurs fonds. Ceux d'entre eux qui voudront mettre ce travail au service de l'*Association générale*, recevront une rémunération à peu près égale. Quant à ceux qui s'y refuseront, ils n'auront pas à se plaindre de se trouver réduits au simple intérêt de leur actif net.

En somme l'*Association générale* sera juste et même large envers tous. On verra par la suite qu'elle en aura les moyens.

Elle ne détruira pas les fortunes existantes; elle les transformera en titres portant intérêt et remboursables plus tard en capital. Et cette transformation sera pour la plupart d'entre elles, sinon pour toutes, une consolidation. Rien n'est plus fragile qu'une fortune à notre époque. Sur quel terrain solide peut-on l'édifier? Combien de millions mal acquis pendant la guerre se sont déjà engloutis dans la crise économique qui a éclaté peu après! Les brusques changements de la valeur des choses, s'ils permettent parfois de gros profits, peuvent aussi entraîner de lourdes pertes. Les placements considérés jadis comme de tout repos: Rentes françaises, Crédit foncier, chemins de fer, villes, etc., ont presque tous subi de ruineuses dépréciations. Et même les titres qui ont gardé leur ancien cours ont en réalité considérablement baissé, par rapport à la valeur actuelle de l'argent. Les placements en valeurs étrangères, qui atteignaient avant la guerre une quarantaine de milliards, sont presque totalement perdus. Certaines des plus grandes firmes industrielles de France ont sombré; d'autres sont en état de suspension de paiements et ne gardent une existence apparente que par les atermoiements qu'elles obtiennent. La sécurité n'est nulle part, et bien certainement beaucoup de capitalistes accueilleront avec un soupir de soulagement la constitution de l'*Association générale*.

Qu'y perdront-ils? Rien, matériellement; et même, comme nous l'avons dit, ils consolideront leurs revenus, aujourd'hui incertains. Par contre ils y perdront moralement; ils y perdront leur prépondérance économique et politique.

Actuellement, le capital est le véritable, le seul souverain du monde. Les gouvernements, quelle que soit leur forme, ne sont que ses instruments. Ceci n'est pas une thèse spécifiquement socialiste. A moins de tout ignorer des choses de son époque, on en reconnaît sans conteste la vérité. Nous ne perdrons donc pas notre temps à la démontrer de nouveau.

Mais, en fait, qui exerce cette puissance souveraine? Un très petit nombre d'hommes, les chefs de la haute finance et des grands groupements industriels. Ce sont eux qui dictent leurs lois au pouvoir, qui font et défont les cabinets, qui décident les expéditions coloniales, qui déchaînent les guerres. Ce sont eux et eux seuls. Les petits et moyens propriétaires, commerçants, industriels, financiers, et même la plupart des gros, ne participent en rien à cette omnipotence. Ils n'en tirent même aucun profit, car le butin que se partagent les pirates des grandes sociétés industrielles et financières, après un coup heureux, ne va pas aux simples actionnaires, qui sont toujours de pauvres gogos, réduits à la portion congrue des dividendes déclarés et auxquels on ne songe que pour les appels de fonds.

Pourtant les capitalistes de second ordre, qui n'ont pas voix au chapitre lorsqu'il s'agit de régler les affaires publiques, doivent à leur situation de fortune une grande influence qui leur est agréable et dont l'*Association générale* exigera d'eux le sacrifice: ils sont rois dans leurs domaines privés; ils ont sous leur dépendance non seulement leur personnel, mais tous ceux qu'ils contribuent à faire vivre. On les respecte, on s'incline devant eux, on recherche leur protection.

Ils s'habituent à se considérer comme au-dessus de la vulgaire humanité. Ils pourront déplorer la perte de ces privilèges; mais ceux qui les subissent et qui en seront affranchis ne les regretteront pas.

Sous le régime de l'*Association générale*, tous les hommes auront des droits égaux, et la considération, l'influence qui s'attacheront toujours aux fonctions élevées seront pour les plus méritants et non pour les plus riches.

Si les capitalistes ne souffrent que dans leur amour-propre de la transformation sociale, les travailleurs y gagneront à tous égards.

Ils y gagneront d'abord l'indépendance économique et politique absolue, conséquence de leur droit au travail. Ils y gagneront le bien-être, car leurs salaires suffiront toujours largement à leurs besoins; ils y gagneront la sécurité car il n'y aura plus de crises de chômage, et si par exception ils restaient quelques jours inoccupés, leur paye n'en serait pas amoindrie.

Quant aux faibles, incapables de participer au travail: enfants, vieillards, femmes en couche, malades, blessés, infirmes, leur existence sera prise en charge par l'*Association générale*, et au lieu des secours problématiques et insuffisants de l'Assistance publique ou de la charité, ils recevront des pensions qui leur assureront toujours plus que le strict nécessaire.

Encore une fois, il ne s'agit pas là de vaines espérances; il n'y a pas à craindre que les ressources manquent à l'*Association générale* pour tenir toutes ces promesses. C'est ce que nous allons démontrer péremptoirement.

*** Pour faire cette démonstration, nous envisagerons la période où toutes les exploitations privées seront fondues dans l'*Association générale* et où par conséquent cette dernière sera en état de donner le maximum de ses avantages. Si profondes que soient alors les transformations réalisées, il est facile de se représenter dans son ensemble la physionomie de la société nouvelle.

L'*Association générale* sera en possession de la totalité du sol, du sous-sol, des bâtiments, de l'outillage, etc... Elle exploitera elle-même tous les services de production, de répartition, de transports, et dirigera toute l'Administration générale du pays, ainsi que le commerce d'exportation et d'importation avec l'étranger.

Disposant de l'ensemble des terres de la France et des colonies, elle les divisera en vastes domaines installés et outillés selon les méthodes de la technique la plus perfectionnée. Les petits ateliers et usines de moyenne importance seront supprimés. Et quant aux grandes usines, l'*Association générale* les transformera complètement. Chacune ne fabriquera plus qu'un seul produit, toujours le même, et avec un matériel spécialement créé pour cette fabrication.

On standardisera tous les produits, c'est-à-dire on limitera leur inutile diversité, créée par l'anarchie individualiste, en les ramenant à un petit nombre de types bien étudiés et répondant à tous les besoins.

Une prospection générale des mines, en France et aux colonies, permettra de dresser l'inventaire exact et complet des richesses du sous-sol et d'en organiser méthodiquement l'exploitation.

La vente des produits à usage individuel aura lieu dans de grands magasins qui prendront la place de tout le commerce de détail, et qui seront plus ou moins spécialisés, selon l'importance des villes et la commodité du public. Aucun artifice de réclame n'y sera employé; tous les articles seront marqués en chiffres connus, au prix de revient.

La mise en valeur du domaine colonial de la France lui fournira la plus grande partie des matières premières qu'elle tire aujourd'hui de l'extérieur.

Néanmoins, elle continuera à demander à l'étranger certains produits.

Par contre, elle vendra à l'étranger les excédents de sa production.

L'*Association générale* fera directement ces achats et ces ventes.

Les transports seront notablement améliorés :

Le roulage sur route sera presque entièrement supprimé : dans les villes, par le groupement des usines et entrepôts dans des quartiers spéciaux desservis par des embranchements de chemin de fer et des canaux ; dans les campagnes, par la créaton d'un réseau serré de voies ferrées économiques, allant partout chercher la matière première et rapporter les produits ; dans les montagnes, par des transporteurs aériens.

Les canaux seront multipliés, les ports fluviaux et maritimes pourvus de l'outillage le plus parfait, la flotte commerciale composée exclusivement d'unités du meilleur type.

Les bâtiments publics, maisons d'habitation, usines, entrepôts, fermes, seront construits et entretenus par l'*Association générale*.

Chaque citoyen choisira librement son logement parmi les locaux disponibles et le loyer lui sera retenu sur son salaire.

*** Le principe de la division du travail, qui est la règle de l'industrie moderne, s'oppose à ce que chacun retire en nature le fruit de son travail et exige un signe de la valeur, ou monnaie, pour servir aux échanges indispensables.

Cette monnaie n'a nullement besoin d'avoir une valeur intrinsèque. Il suffit, pour écarter tout risque de dépréciation, qu'elle puisse toujours être échangée à vue contre la quantité de produits consommables qu'elle représente.

L'*Association générale* émettra un papier monnaie qui réalisera pleinement cette condition.

L'or et l'argent serviront, dans la période initiale, à faciliter les échanges à l'extérieur.

Il n'y aura plus de banques: le crédit privé ne répondra à aucune utilité après la suppression des entreprises privées; l'*Association générale* n'aura besoin ni de capitaux ni de crédits. Elle ne percevra plus d'impôts.

*** A cette esquisse rapide, tracée seulement pour l'intelligence des chapitres qui vont suivre, bien des traits manquent, évidemment. Ils viendront plus tard, ainsi que la justification de ce qui est simplement indiqué ici. Nous tenons cependant à dire encore deux mots des rapports internationaux dont l'importance apparaît aujourd'hui à tous les yeux. Contrairement à une opinion qui semble gagner du terrain, nous ne croyons pas indispensable que le socialisme soit réalisé simultanément dans les principaux Etats de l'Europe. Nous montrerons plus loin que des relations normales sont parfaitement possibles entre le pays devenu le premier socialiste et ceux qui auront conservé l'ancien régime. Cela ne veut pas dire que son isolement ne l'exposerait pas à quelques dangers. Mais il pourrait les conjurer avec une politique prudente. La France, en particulier, n'aurait rien à redouter de la malveillance dont elle deviendrait l'objet, même si elle se manifestait par un boycottage économique, la mise en valeur de ses colonies devant lui permettre très rapidement de se suffire à elle-même.

Toutefois, il est évident que les conséquences bienfaisantes du socialisme ne se feront complètement sentir qu'après sa généralisation. Alors seulement la solidarité universelle arrachera définitivement l'humanité à la barbarie en faisant disparaître les armements et les guerres. Alors aussi l'entente économique internationale, substituée aux rivalités stériles et meurtrières, en assurant dans le monde une équitable répartition des produits partout accrus, apportera son couronnement à la grande œuvre socialiste de justice et de rénovation.

Mais ce serait tomber dans une grave erreur et retarder d'un demi-siècle peut-être l'avènement du socialisme que d'attendre, pour en commencer l'application, que les circonstances soient favorables pour l'introduire dans plusieurs grands Etats à la fois. Le premier mûr pour la transformation pourra et devra en prendre l'initiative, en s'exposant à quelques risques inévitables, assuré d'être bientôt suivi.

CHAPITRE PREMIER

La population française sans profession

Il serait facile, assurément, de démontrer en termes généraux et abstraits qu'une organisation sociale fondée sur le principe de l'Association générale serait en état d'augmenter considérablement la production industrielle et agricole, déjà importante mais insuffisante encore, réalisée aujourd'hui par la société capitaliste. Spécialement en ce qui concerne les forces humaines, qui font l'objet du présent livre, le lecteur comprendrait sans peine que le régime actuel qui, sur sa base individualiste n'est qu'une véritable anarchie économique, fait de ces forces un effroyable gaspillage, auquel le socialisme mettrait un terme en supprimant les fonctions inutiles et le parasitisme.

Mais une telle démonstration ne serait qu'à demi concluante, car elle ne révélerait pas la proportion exacte des forces perdues et laisserait croire aux optimistes que le mal n'est pas aussi profond qu'il l'est en réalité.

Il est donc préférable de donner à notre étude un sujet concret en la faisant porter sur la France. Précisément notre pays occupe dans l'évolution économique une situation intermédiaire. Si le régime capitaliste n'y a pas encore pris le développement intensif qu'on constate en Allemagne et aux Etats-Unis, il est loin, d'autre part, d'être au dernier rang.

Les conclusions qui se dégageront de notre analyse s'appliqueront dès maintenant et *a fortiori* aux Etats les plus avancés et par la suite aux plus attardés. Elles auront donc une portée générale sans qu'il soit besoin de passer successivement en revue les principales nations du monde.

*** Pour décomposer la population française en ses divers éléments et arriver à chiffrer l'effectif des non producteurs, il faut nous aider de la statistique. Tous les renseignements à notre disposition se trouvent dans les recensements quinquennaux dont le plus récent date de 1921. Mais le dépouillement des fiches recueillies est loin d'être entièrement terminé et les premiers résultats seuls en sont connus. En 1916 il n'a pas été fait de recensement à cause de la guerre. C'est donc à 1911 qu'il nous faut remonter. Et encore le travail effectué à cette époque est-il incomplet, ce qui nous obligera à aller chercher dans le recensement de 1906 une partie des indications nécessaires.

En effet, il y a des différences dans la façon dont sont groupés et présentés les résultats des recensements. *L'Introduction au recensement de* 1911, (tome I, 3e partie), nous en apprend la cause et la nature :

« Des considérations budgétaires limitant les ressources de la statistique, pour tirer le meilleur parti possible de ces ressources, on ne répète pas tous les cinq ans la totalité des tableaux que l'on peut tirer des bulletins de recensement. En 1906 (et dans les années au millésime terminé par un 6), le dépouillement doit porter principalement sur les industries et professions, les établissements industriels. En 1911 (et dans les années au millésime terminé par 1), le dépouillement doit faire apparaître surtout les caractères personnels des habitants. »

Et l'*Introduction* prend soin de nous prévenir que « la répartition des personnes actives, d'après la profession individuelle, est beaucoup moins précise que la répartition d'après l'industrie collective exercée ».

Nous devrons donc, pour être complet, recourir, tantôt aux chiffres de 1911, tantôt à ceux de 1906. Naturellement ils ne concordent pas; mais les écarts sont trop peu sensibles pour modifier sérieusement la répartition professionnelle de la population et altérer les conclusions que nous aurons à en tirer.

Il ne faut d'ailleurs attribuer qu'une valeur relative aux indications des statistiques officielles : leurs auteurs n'hésitent pas à reconnaître que par suite, soit de variation dans les questionnaires, soit du vague d'une grande partie des réponses, ou encore de la situation mal définie de beaucoup d'individus, on ne saurait arriver à une précision absolue. Cela est, au surplus, sans importance pour notre étude : il nous suffit que les lignes générales soient bien tracées.

*** La population présente totale recensée en 1911 s'élevait à 39.192.133 habitants.

On distingue d'abord dans ce nombre deux grandes catégories: la *population active*, composée des personnes exerçant une profession et la *population sans profession rémunérée*.

La première, non compris 16.871 personnes exerçant leur profession à l'étranger, s'élève à 20.931.221.

La seconde comprend des éléments divers, résumés ainsi:

Rentiers, retraités, etc........................	560.200
Nomades, chemineaux, etc................	3.385
Prisonniers	28.403
Hospitalisés (infirmes, vieillards)	112.158
Aliénés internés	74.293
Autres personnes sans profession (ménagères faisant exclusivement leur ménage, enfants, élèves des écoles, etc....................	17.465.602

Considérons d'abord la population sans profession rémunérée, qui ne participe pas au travail producteur.

Nous y trouvons en premier lieu 560.200 rentiers, retraités, etc. Il est regrettable que la statistique officielle ne distingue pas entre les divers éléments qui entrent dans ce chiffre. Celle de 1891 était plus détaillée, sans l'être encore suffisamment. Elle indiquait:

Propriétaires vivant de leurs revenus........	338.209
Rentiers, pensionnaires retraités............	230.106
Le total à peu près le même que celui de 1911 :	568.315

En régime socialiste, sauf de bien rares exceptions, tous les adultes valides travailleront; mais les vieillards recevront une pension de retraite. Il serait donc nécessaire de connaître le nombre des propriétaires vivant de leurs revenus et des rentiers qui n'ont pas atteint l'âge de la retraite et qui constituent par conséquent des forces perdues. Mais l'importance réelle de ces forces est beaucoup plus grande.

En effet, pour un homme d'un certain âge, mais encore robuste et bien portant, la mise à la retraite est une véritable déchéance. Hier il était un citoyen actif, utile, aujourd'hui il est un zéro. Il n'arrive pas facilement à s'accoutumer à l'oisiveté absolue succédant sans transition à une vie occupée. Il en souffre; il a conscience de sa diminution sociale. Combien de retraités meurent prématurément, sans cause définie, parce qu'ils n'ont pas pu supporter leur nouvelle situation!

En régime socialiste, l'organisation du travail et l'usage généralisé de machines-outils automatiques permettront de donner à tous ces demi-inaptes un emploi peu pénible et où, pourtant ils se rendront utiles jusqu'à ce qu'ils aient atteint l'âge du repos complet. Ce sera une joie pour eux; et bien que ce travail ne soit pas obligatoire, la plupart voudront y participer.

Il n'y a donc certainement aucune exagération à admettre

que 450.000 au moins des 560.200 propriétaires vivant de leurs revenus, rentiers et retraités signalés par le recensement, participeront au travail en régime socialiste.

Le nombre des nomades, chemineaux, etc., 3.385, est bien minime et manifestement au-dessous de la vérité. On conçoit que ces pauvres gens n'ayant pas de domicile, il soit difficile de les recenser. En régime socialiste, il n'y en aura plus aucun. Quels que soient pour certaines natures, les attraits de la vie errante, elle est presque toujours si misérable que tous y renonceront avec plaisir dès qu'ils seront assurés de pouvoir, en échange d'un travail facile et modéré, participer au bien-être des sédentaires.

Bien que non compris dans la population active, les prisonniers travaillent pour la plupart; nous n'en tiendrons donc pas compte.

Il faudrait connaître combien d'hospitalisés sont en âge de travailler sur 112.158. En régime socialiste le nombre des malades sera considérablement réduit. On peut évaluer à 40.000 ceux qui échapperont à l'hôpital.

L'aliénation mentale disparaîtra complètement, aucune des causes qui la produisent ne pouvant exister en régime socialiste. Admettons quelques exceptions et fixons à 70.000 le nombre des personnes qui conserveront intactes, avec leurs facultés cérébrales, leur capacité de travail.

*** Nous voici maintenant devant un chiffre énorme: 17.465.602 femmes sans profession, enfants, élèves des écoles, etc.

Les femmes qui y sont comprises sont les « ménagères faisant exclusivement leur ménage » et sans doute aussi celles qui le font faire par des domestiques.

Ici se pose la grave question: que sera le travail des femmes en régime socialiste? Aucune réponse précise n'y peut être faite, car nulle règle invariable ne découle, à cet égard, des principes fondamentaux du socialisme; par conséquent la fixation des obligations de la femme envers la collectivité dépendra des conceptions variables qu'on pourra se faire de ses devoirs et de ses aptitudes, et aussi des nécessités du travail de production et d'administration.

Il est probable que dans la période initiale, avant que la production ait encore pris tout son essor, les besoins de main-d'œuvre étant grands et l'outillage national insuffisamment développé, on fera appel pour une large part au travail féminin, comme on l'a fait pendant la guerre. Par la suite, il est possible que le travail des femmes devienne simplement facultatif, ou qu'il ne reste obligatoire que pour certaines catégories. Au surplus, peu importe à la thèse que nous avons à soutenir ici. Ce que nous devons démontrer c'est que, par le fait d'être une organisation économique supérieure le socialisme affranchira la femme de la charge souvent très lourde de travaux inutiles qu'elle accomplit aujourd'hui et créera ainsi une énorme disponibilité de main-d'œuvre qu'il emploiera ou n'emploiera pas selon les circonstances.

Certes le socialisme laissera à chacun la pleine liberté de ses conditions d'existence et n'imposera à personne une vie commune qui pourrait choquer des habitudes, des préjugés ou des convenances. Mais il apportera à ceux qui voudront en profiter des facilités qui n'existent pas actuellement. Déjà un usage qui s'est spontanément établi en Amérique commence à s'introduire en France, sous la pression des difficultés croissantes de trouver des domestiques: on prend de plus en plus l'habitude de vivre à l'hôtel, ce qui dispense entièrement la femme des soins du ménage et de la préparation des aliments.

Il est vrai que, seuls, peuvent bénéficier de ces avantages ceux qui possèdent des ressources considérables, car une grande partie de la pension qu'ils paient reste aux mains de l'hôtelier comme bénéfice. Mais en régime socialiste tout sera vendu à prix coûtant. Toutes les familles pourront donc indifféremment et avec la même dépense vivre à part dans un appartement ou vivre à l'hôtel. Elles auront le choix.

Elles pourront encore user d'un système mixte: vivre en appartement privé, dans leurs meubles, et prendre leur nourriture dans les restaurants publics, où tout sera organisé d'ailleurs pour laisser à chacune le degré d'intimité qu'elle préférera.

Sans doute, au début, beaucoup de femmes ne voudront pas entendre parler de la vie d'hôtel ou de restaurant et s'en tiendront aux vieilles coutumes. Mais, peu à peu, elles se rendront compte, par comparaison, de la pesanteur du boulet qu'elles continuent à traîner volontairement: achat et préparation des aliments, service des repas, lavage de la vaisselle, balayage, essuyage, lavage et soins du linge et des vêtements, etc. La journée des plus vaillantes se passe en ces travaux pénibles, au détriment de la culture de leur intelligence et de leur liberté d'aller et venir à leur gré. Il faut la résignation passive que donne un long atavisme et le sentiment de la nécessité pour supporter un tel fardeau. Lorsque la possibilité de s'en affranchir existera, presque toutes les femmes en profiteront avec joie.

Le personnel des hôtels, muni d'appareils de nettoyage perfectionnés: aspirateurs de poussière, laveries automatiques pour la vaisselle, etc., exécutera rapidement les travaux d'intérieur. Des blanchisseries bien outillées nettoieront le linge avec célérité. On raccommodera peu, d'abord parce que les étoffes seront d'excellente qualité, ensuite parce que le neuf coûtera souvent moins cher que la réparation.

Les restaurants recevront les aliments en gros, tandis que nos ménagères les achètent au détail, et souvent, quel détail! Dans les familles ouvrières où l'argent est toujours rare, on ne prend que des quantités infimes de chaque produit. Il en résulte une quantité de pesées, d'emballages, de paiements qui absorbe une main-d'œuvre énorme. Le nouveau système en économisera les quatre cinquièmes au moins. Nous en reparlerons à propos du commerce.

Bien que la femme — on en a eu la preuve pendant la guerre — soit apte aussi bien que l'homme à la plupart des travaux, l'hygiène exige pour elle certains ménagements qui devront être rigoureusement observés. Elle sera toujours, notamment, dispensée de travail pendant une partie de la grossesse et laissée également libre de son temps durant la première enfance du nouveau-né. Néanmoins, comme elle n'aura pour ainsi dire plus rien à faire dans son ménage, elle pourra en dehors de ces périodes de repos, apporter au travail commun une contribution importante.

D'autre part si, dans les hôtels et les restaurants, les travaux s'exécutent avec une main-d'œuvre réduite, le personnel dont ils auront besoin n'en sera pas moins beaucoup plus nombreux que celui dont ils disposent actuellement.

Pour évaluer aussi exactement que possible le supplément de main-d'œuvre que les femmes actuellement sans profession pourront apporter à la communauté, il est nécessaire de tenir compte de ces deux éléments.

Il faudrait même faire état d'une troisième cause de diminution, c'est qu'en régime socialiste, les femmes qui exercent aujourd'hui une profession et qui ne prennent guère plus de repos que les hommes, obligées qu'elles sont de gagner leur vie, fût-ce aux dépens de leur santé, bénéficieront des dispenses indiquées plus haut et fourniront par conséquent une somme de travail moindre.

Admettons, pour être très large, que ces diverses causes de déperdition réduisent de moitié le contingent de force humaine supplémentaire qu'apporteront les femmes libérées des besognes ménagères.

La statistique constate l'existence de 5.657.819 femmes en âge de travail (de 15 à 60 ans).

C'est donc la moitié de ce nombre, soit 2.828.910 qui représentera l'effectif des forces gaspillées aujourd'hui et récupérées par l'organisation socialiste.

*** Un mot des enfants et élèves des écoles qui entrent dans la population inactive.

En régime socialiste l'instruction sera plus complète et l'âge scolaire sera plutôt étendu que restreint. Mais par contre l'enseignement pratique étant étroitement associé à l'enseignement théorique et la durée du travail manuel quotidien étant égale à celle des études, la somme de travail utile fournie par les élèves des écoles sera loin d'être négligeable et il serait juste d'en faire état. D'autre part il faut tenir compte qu'en régime capitaliste la fréquentation scolaire est moindre, les enfants étant retenus à la maison, surtout à la campagne, pour aider leurs parents. Beaucoup quittent prématurément l'école pour travailler. On peut estimer qu'il y a compensation entre les pertes et les gains et passer outre.

*** Récapitulons les gains nets de main-d'œuvre que réaliserait le régime socialiste par rapport à la société actuelle, dans la population inactive:

Rentiers, retraités	450.000
Nomades, chemineaux, etc.	3.385
Hospitalisés	40.000
Aliénés internés	70.000
Femmes sans profession	2.828.910
Total pour ce chapitre	3.392.295

CHAPITRE II

La population active

Sans nous astreindre à suivre l'ordre des tableaux du recensement, mais en nous servant des chiffres qu'ils nous fournissent, nous allons maintenant passer en revue les groupes professionnels qui y figurent en recherchant pour chacun les diverses causes de perte de main-d'œuvre engendrées par l'anarchie individualiste et que l'organisation socialiste permettrait d'éviter.

******* Considérons d'abord l'armée de terre et de mer dont le total est de 617.975 hommes. Le socialisme la fera entièrement disparaître lorsqu'il sera institué dans les principaux Etats. Cela résulte de son principe même, déjà sommairement exposé plus haut, et sera surabondamment établi par la suite.

Il existe en France 53.192 prêtres et religieux, plus 24.485 religieuses, le personnel du service des cultes est évalué à 3.757. Total 85.434 personnes.

Si l'on s'en rapportait à une opinion assez répandue mais fondée sur des indices superficiels, la guerre aurait provoqué une recrudescence du sentiment religieux en France. Il paraît certain en effet, que le nombre des personnes qui fréquentent les églises s'est quelque peu accru. Mais la cause principale de ce fait est l'aggravation des souffrances matérielles et morales, particulièrement sensible dans les classes populaires, et contre laquelle ses victimes cherchent instinctivement une protection. L'Eglise est puissante par les influences dont elle dispose, par la fortune des capitalistes qui trouvent en elle un point d'appui et, par réciprocité, soutiennent ses œuvres. Les pauvres gens qui ont besoin de secours savent qu'ils n'en obtiendront qu'en feignant un zèle religieux ardent. D'une façon générale quiconque est en quête d'un emploi, d'une clientèle, d'un avantage sait que le plus sûr moyen de l'obtenir est de gagner la faveur de son curé qui a le bras long. Si l'on défalquait du nombre des fidèles ceux qui ne vont à l'église que par intérêt, il diminuerait singulièrement. Pourtant on y verrait encore beaucoup de cœurs blessés qui, dans le calme et le recueillement du temple, dans des élans fiévreux vers l'Etre réel ou imaginaire qui tient en mains, croient-ils, nos destinées, cherchent à endormir leur douleur et à puiser quelque espérance.

Mais en régime socialiste, tout être humain ayant droit au travail ou aux secours, la misère n'existera plus; une parfaite hygiène tarira l'une des sources les plus amères de la souffrance humaine en mettant fin aux morts prématurées. Enfin il n'y aura plus de veuves, d'orphelins, de mutilés de guerre puisque les guerres auront disparu. L'Eglise n'aura plus aucune raison d'être. Le vide se fera autour de ses autels; et sans qu'il soit nécessaire d'user envers elle d'aucune persécution, elle mourra d'inanition. Les robustes paysans parmi lesquels se recrute le bas clergé seront rendus à la culture et à la vie normale.

*** Les Banques, Assurances et Agences représentent, d'après la statistique de 1911, un effectif, patrons et employés, de 105.140 personnes, dont les fonctions disparaîtront entièrement dans le régime nouveau. On s'étonne que ce chiffre ne soit pas plus élevé. Mais il doit s'augmenter probablement d'une partie des 148.761 employés de bureau, caissiers et comptables inscrits sans indication des services où ils sont occupés. Si dans les Agences, sont comprises celles de publicité, dont il n'est fait mention nulle part ailleurs, il est évident que tout le personnel qui y est attaché: colleurs d'affiches, distributeurs de prospectus, etc., n'a pas été recensé. On le trouve probablement dans les 842.218 journaliers et manœuvres mentionnés au tableau. A propos de la publicité, qui tient tant de place dans la société anarchique actuelle, faisons observer qu'elle occupe encore, en grande quantité, des imprimeurs, des fabricants de papier, des étalagistes, des peintres, etc., etc. Il est impossible d'en déterminer le nombre.

Les Commissionnaires, Courtiers, Voyageurs (patrons et employés), figurent aux tableaux pour 103.331. Leurs fonctions deviendront également inutiles.

Les marchands et spectacles forains représentent 50.970 personnes. Ce chiffre ne peut qu'avoir augmenté, car d'année en année on constate que les sales baraques foraines envahissent davantage nos places et nos principales voies de communication, au grand détriment de la circulation et de l'esthétique. Cette industrie, survivance du moyen âge, disparaîtra totalement, d'abord parce que les forains trouveront des moyens d'existence moins aléatoires, ensuite parce que le goût épuré du public ne s'accommodera plus de ces grossiers divertissements.

En régime socialiste, la suppression de la propriété immobilière privée et la simplification des formalités pour le règlement des litiges rendront inutiles les avocats, agréés, officiers ministériels et leurs clercs, soit 55.341 personnes.

L'enregistrement, les contributions directes et indirectes n'existant plus, 39.634 employés exerceront leur activité plus fructueusement et moins désagréablement pour le public.

Il pourra être nécessaire de conserver une partie du personnel des douanes, dont le nombre est de 21.095, pour contrôler le commerce extérieur. Mais le tiers suffira largement à une besogne notablement réduite, soit une économie de 14.000 personnes.

Le service de la police et des prisons sera réduit dans la même proportion par la disparition à peu près complète des crimes et délits. On pourrait même prévoir une réduction plus forte; mais si la police n'a plus à traquer les malfaiteurs ni à réprimer les émeutes, elle aura encore une utilité pour veiller au bon ordre, à la propreté des voies publiques, faciliter la circulation, renseigner les passants, etc. Sur 44.469 inscrits, l'économie sera donc de 29.646 personnes.

Par les mêmes raisons il suffira largement de 4.355 magistrats, greffiers et employés d'iceux pour expédier les procès très raréfiés, au lieu des 13.064 d'aujourd'hui. Economie: 8.709.

*** Le nombre total des commerçants est considérable; il s'élève à 2.052.885, dont 1.117.208 patrons et 907.825 employés, plus 27.852 chômeurs. Mais il convient d'en déduire pour l'examiner, les catégories professionnelles étudiées plus haut, plus les coiffeurs, au nombre de 61.998, et dont le changement de régime ne diminuera vraisemblablement pas le nombre.

La statistique laisse beaucoup à désirer pour ce chapitre. D'abord elle réunit dans des chiffres globaux le commerce de gros et le commerce de détail; puis, si elle donne des indications précises pour les diverses catégories de l'alimentation, elle ne distingue pas entre diverses autres branches importantes, comme ameublement, vêtements, etc., et fait un bloc de tout ce qui n'est pas l'alimentation. Voici ses chiffres, en somme:

Commerçants (commerce non spécifié ci-après..   653.657
Marchands de comestibles.................   76.365
Epiciers 240.007
Fruitiers 29.134
Bouchers, tripiers 115.466
Débitants, cafetiers 254.052
Restaurateurs, hôteliers 162.069
Cuisiniers 200.696

Ecartons ce dernier chiffre, les cuisiniers étant tous des ouvriers, dont le nombre ne comporte aucune réduction. Les autres au contraire représentent réellement des éléments commerciaux. Leur total est de 1.530.750.

Déduisons-en encore le personnel des restaurants et hôtels qui augmentera plutôt que de diminuer bien que tous les petits et moyens établissements de cette catégorie soient appelés à être remplacés par de très grands. Nous avons d'ailleurs tenu compte de cette augmentation dans le calcul de la main-d'œuvre des femmes actuellement sans profession. Ce retranchement opéré, le nombre des commerçants reste à 1.368.681.

Si l'effet de la transformation sociale se bornait à concentrer dans un nombre restreint de grands magasins tout le détail qui s'effectue actuellement dans ces 1.368.681 établissements, dont la plupart sont de petites boutiques, la réduction de personnel qui en résulterait serait déjà énorme. Cela se conçoit sans peine et a d'ailleurs été surabondamment démontré (1).

Mais elle fera disparaître à peu près complètement tout ce détail qui absorbe un temps infini. Ce sont les restaurants et les hôtels, et non les ménagères, qui feront les achats, et

______

(1) Voir l'*Application du système collectiviste*, par Lucien Deslinières, p. 44 et suivantes.

ils les feront en gros, avec une économie de manutention très considérable. Le personnel actuel des magasins de gros suffira à assurer leurs livraisons, et tous les détaillants, patrons et employés, deviendront inutiles.

Observons cependant que le détail ne sera pas sensiblement diminué dans les magasins d'habillement et qu'il ne le sera pas du tout dans les débits de boissons. Il y aura moins d'établissements de ce genre; mais la consommation n'étant sans doute pas appelée à décroître, le personnel sera moins réduit que dans le commerce d'alimentation proprement dit.

Toute évaluation des économies de main-d'œuvre commerciale qui seront apportées par l'organisation socialiste manque forcément de précision. Il faut plutôt rester au-dessous de la réalité que de la dépasser. En l'estimant à un million de personnes, nous croyons être très près de la vérité.

*** Passons à l'industrie. Là nous n'avons à nous occuper que des patrons et des employés, les ouvriers étant essentiellement des producteurs.

La transformation socialiste fera disparaître tous les petits et moyens établissements industriels et même une partie des grands. Quel est leur nombre pour chaque catégorie? Ici la statistique de 1911 ne nous donne aucun renseignement et il faut remonter à celle de 1906. Voici les chiffres que nous y trouvons:

D'abord le nombre total des établissements est de 688.767, savoir:

Industries extractives	7.500
Industries de transformation	658.819
Manutention et transport	22.448

Sur ce total, on constate que 68.273 établissements n'occupent aucun salarié;

Que 618.657 en occupent moins de 200;

Et que 1.837 seulement en occupent plus de 200.

Ces derniers seuls constituant de grands établissements qui seront conservés, 686.930 patrons deviendront inutiles.

On pourra objecter que malgré leur dénomination de patrons, tous ceux d'entre eux qui n'occupent aucun salarié, ou n'en occupent qu'un ou deux, sont plutôt en réalité des ouvriers, des producteurs. Cela n'est vrai qu'en partie, car si une fraction de leur temps est effectivement consacrée au travail, l'autre est employée à la recherche des commandes aux livraisons, à la tenue des écritures, à la correspondance, à l'établissement et au recouvrement des factures. Cependant pour tenir compte du travail producteur que fournit cette catégorie de patrons, réduisons à 500.000, au lieu de 686.930, le chiffre des inutiles à supprimer.

Mais le nombre des tout petits patrons est autrement considérable, et il faut le rechercher dans un chapitre différent de la statistique, celui consacré aux travailleurs isolés, comprenant à la fois des petits patrons, des ouvriers à domicile et des salariés à emploi irrégulier, entre lesquels la distinction est souvent difficile.

Leur nombre total est de 4.171.269, sur lequel, d'après un classement officiel, basé sur de sérieux indices, le nombre des petits patrons serait de 2.871.136. Ces patrons sans personnel sont exactement dans la situation de ceux compris dans les chefs de petits établissements. Comme eux ils donnent une part de leur temps à la recherche des commandes, à la livraison des produits, au recouvrement des notes. Admettons que le sixième de la journée soit ainsi occupé à des besognes auxiliaires et perdu pour la production. Cette perte équivaut donc à la perte du travail total de 450.000 personnes environ.

D'après la statistique de 1911, l'industrie, y compris les transports, occuperait 270.494 employés. Ce chiffre doit être inférieur à la réalité, car comme nous l'avons dit plus haut, on trouve aux professions libérales un autre chiffre de

148.761 employés de bureau, caissiers, comptables, dont un certain nombre appartiennent probablement à l'industrie. Négligeons pourtant cet appoint.

Il n'est pas excessif d'admettre une réduction de moitié sur le nombre des employés, à raison de la réduction du nombre des ateliers, de la simplification de la comptabilité des ateliers et de la suppression de la comptabilité commerciale, soit 135.247.

*** Les ouvriers sont les producteurs par excellence. Il n'y a donc aucune réduction à faire sur leur nombre; mais grâce à l'anarchie de la production actuelle, aux crises pléthoriques suivies de ralentissements et de chômages qui en sont la conséquence, aux perturbations économiques continuelles résultant des changements apportés dans le mode de production, aux déplacements industriels qu'elles entraînent, à l'affaiblissement physique, résultant pour les ouvriers, du surtravail, de la mauvaise hygiène, de l'insuffisance de l'alimentation, et à d'autres causes spéciales qu'il serait trop long d'énumérer, les ouvriers ne peuvent presque jamais travailler les 300 jours que comporte l'année normale. Tous subissent des chômages qui varient selon les professions, selon les localités, selon les circonstances, mais qui réduisent dans une proportion sensible la durée de leur travail effectif.

Nous examinerons plus loin cette cause importante de déperdition des forces productives. Et en même temps nous parlerons du travail agricole, très réduit, lui aussi, par un chômage non moins considérable quoique attribuable à d'autres causes.

Parmi les ouvriers, un grand nombre remplissent des fonctions qui seront supprimées en régime socialiste. Les services de manutention, notamment, occupent 939.319 journaliers, manœuvres, portefaix, etc. 239.220 personnes sont employées par les services des transports terrestres, chemins de fer non compris. Le perfectionnement de l'outillage fera disparaître un grand nombre de ces postes inutiles. Mais ces déperditions, dues à une mauvaise utilisation des forces humaines, seront étudiées au livre III.

Nous ne faisons état d'aucune réduction sur le chiffre des domestiques dont les uns, au nombre de 714.447 sont occupés au service personnel et les autres, au nombre de 100.484, au service industriel et commercial. Les premiers s'ajouteront au personnel actuel des hôtels et restaurants pour le service de la population entière. On pourrait même craindre qu'ils ne soient pas en nombre suffisant si le perfectionnement des procédés techniques n'allégeait notablement leur tâche et si nous n'avions prévu au chapitre précédent que quelques centaines de milliers de femmes viendraient les renforcer. Les seconds continueront à être nécessaires dans les services industriels et commerciaux transformés, sinon comme domestiques proprement dits, du moins comme auxiliaires divers.

*** Il est impossible d'évaluer approximativement la perte des forces productives résultant du chômage. Non seulement une partie importante des éléments qui y entrent échappent à la statistique, mais le nombre des chômeurs varie d'année en année, selon la situation économique.

Le 4 mars 1906, on a recensé 238.657 ouvriers et employés sans emploi, soit 29 pour 1.000 du nombre des salariés occupés. Mais il s'en faut de beaucoup que le chiffre enregistré atteigne le chiffre réel. Les auteurs de la statistique de 1906 nous en avertissent par la note suivante:

« Rappelons que le recensement ne considère le chômage que sous un angle restreint. D'abord les chômages caractérisés par une réduction de la durée ordinaire du travail journalier, ou par une diminution de la quantité du travail à fournir, le chômage des façonniers libres dans leur travail notamment, sont entièrement en dehors des renseignements recueillis lors du recensement. On n'y comprend que le chômage des salariés, travaillant ordinairement en commun sous la direction d'un patron et qui se trouvent momentanément sans place.

« Le recensement est une sorte de photographie instantanée qui ne peut saisir que le fait actuel. Aussi les renseignements recueillis au moyen du recensement ont-ils besoin d'être complétés par d'autres enquêtes. »

En général le chômage des ouvriers occupés dans un établissement industriel est moins intense que celui des travailleurs isolés. Le patron a besoin de s'attacher son personnel et ne se décide qu'à la dernière extrémité à lui imposer un repos. Lorsqu'il s'y voit contraint, il se garde bien de suspendre totalement le travail; il commence par réduire le nombre des heures de la journée, puis le nombre des jours de la semaine Ce n'est que dans le cas où ces mesures sont encore insuffisantes qu'il congédie les ouvriers en surnombre.

Par conséquent, le chômage résultant de la perte d'heures et de jours est plus considérable que celui que constate le recensement.

D'autre part, les plus éprouvés par les crises économiques sont évidemment les travailleurs isolés qui sont les premières victimes de tout ralentissement des commandes. Ils sont, comme on l'a vu, au nombre de 4.171.269. Et bien que 2.871.136 d'entre eux soient considérés comme des patrons sans personnel, ils ne sont, au regard des patrons véritables, de ceux qui leur donnent du travail, que de simples ouvriers. Il n'y a, au point de vue du chômage, aucune distinction à faire entre les deux catégories de travailleurs isolés reconnues par le recensement. Nous les comprendrons donc l'une et l'autre dans le total des salariés qu'il est nécessaire d'établir pour évaluer l'importance globale du chômage.

D'après le recensement de 1906, la population active non

compris l'armée, s'élevait à 20.126.978 personnes se décomposant ainsi :

Chefs	6.286.507
Employés	1.523.586
Ouvriers	7.906.959
Employés ou ouvriers sans emploi	238.657
Travailleurs isolés	4.171.269
Total égal	20.126.978

En défalquant les 6.286.507 patrons, il resterait 13 millions 840.471 salariés susceptibles d'être atteints par le chômage.

Le *Bulletin de l'Office du Travail* fait depuis plusieurs années une enquête permanente sur le chômage auprès des syndicats ouvriers et mixtes, auxquels il adresse des questionnaires mensuels en expliquant que le nombre des chômeurs ne doit comprendre ni les chômeurs pour cause de maladie ni les ouvriers en grève. Il établit ensuite les moyennes annuelles et quinquennales du chômage par profession, puis la moyenne générale, proportionnelle au nombre de travailleurs de chaque profession.

Le nombre des chômeurs variant sensiblement d'une année à l'autre, il est préférable de se baser sur les moyennes quinquennales.

Or la moyenne de la période 1904-1908 (qui comprend 1906, l'année du recensement) est de 9,4 chômeurs par 100 salariés.

Cette moyenne est basée sur le chômage des travailleurs syndiqués qui étaient alors au nombre d'un million environ. S'applique-t-elle à la totalité des 13.840.471 salariés? Oui, certainement, et on doit à l'égard des non syndiqués la considérer comme plutôt inférieure que supérieure à la réalité. En effet, d'une part, les syndiqués comprennent la fraction la plus intelligente et la plus combative du prolétariat, celle qui sait le mieux défendre ses intérêts et qui par conséquent subit au minimum les répercussions des crises économiques; d'autre part, comme on l'a expliqué plus haut, la réduction des heures de la journée normale de travail ou des jours de la semaine échappe généralement à la statistique; et enfin les travailleurs à domicile sont bien plus atteints que ceux groupés dans les établissements.

Nous pouvons donc sans crainte d'exagération appliquer à la totalité des travailleurs la proportion de 9,4 constatée chez les syndiqués. Et nous arrivons ainsi au chiffre énorme de 1.472.000 qui représente le nombre de salariés privés de travail par le chômage, non compris les grévistes que nous négligerons.

*** Ce n'est pas tout: si les journaliers agricoles sont compris dans ce chiffre, les agriculteurs des autres catégories: propriétaires, fermiers, métayers, restent en dehors. Or la plupart d'entre eux participent au travail de la terre, et bien que chez eux le chômage soit d'une autre nature que dans l'industrie, ils n'en perdent pas moins un temps considérable.

Un très grand nombre de petits propriétaires n'ont pas dans la culture de leurs terres, une occupation suffisante pour leurs forces et le temps dont ils disposent. Quelques-uns trouvent à faire des journées dans d'autres exploitations; beaucoup n'en trouvent pas, ou n'en trouvent guère. En hiver ils passent à de menues besognes d'un médiocre intérêt, ou dans le repos complet, tous les jours de neige ou de pluie.

Les propriétaires plus aisés, ainsi que les fermiers et métayers, fréquentent les foires et marchés de la région pour vendre leurs produits ou acheter du bétail, ou simplement se distraire. Ces déplacements, qui seront inutiles en régime socialiste, ne représentent qu'une partie du temps perdu par eux pour des causes diverses.

Les éléments statistiques font complètement défaut pour chiffrer cette déperdition des forces de production agricoles. Nous devons donc être très modéré dans nos évaluations puisqu'elles ne reposent pas sur des bases certaines, et les faire descendre beaucoup au-dessous de ce qui résulterait des nombreux renseignements que nous avons recueillis. Réduisons donc à 20 journées par an le temps perdu par les propriétaires, fermiers et métayers.

D'après la statistique de 1911, ils sont au nombre de 5.119.825, ce qui représente une perte totale de 102 millions 396.500 journées perdues par an.

Et si nous fixons à 300 jours par an le nombre de jours ouvrables de l'année (dimanches et fêtes déduits), il s'ensuit que ces déperditions représentent le travail normal de 341.355 personnes.

*** Il ne nous reste plus qu'à récapituler les chiffres portés à ce chapitre et au chapitre précédent pour avoir le total des forces humaines gaspillées par suite de la mauvaise organisation de la société capitaliste. En voici le tableau:

Population inactive:

Total du chapitre Ier	3.392.295

Population active:

Armée	617.975
Personnel religieux	85.434
Banques, Assurances, Agences	105.140
Commissionnaires, courtiers, voyageurs	103.331
Marchands et spectacles forains	50.970
Avocats, agréés, officiers ministériels, clercs	55.341
Enregistrement, contributions	39.634
Douanes	14.000

A reporter . . 4.464.120

Report . .	4.464.120
Police, prisons	29.646
Magistrats, greffiers, etc...............	8.709
Commerce	1.000.000
Petits industriels	500.000
Autres petits industriels...............	450.000
Employés	135.247
Chômage des salariés..................	1.472.000
— des patrons agricoles........	341.355
Total général...................	8.401.077

Nous avons obtenu ce chiffre en nous basant tantôt sur la statistique de 1911, tantôt sur celle de 1906, qui, seule, nous fournissait certaines précisions.

Or, en 1906, la population active était évaluée à 20 millions 126.978 personnes, tandis qu'en 1911, elle s'élevait, déduction faite des éléments militaires, à 20.313.234. La moyenne, sur laquelle nous devons calculer pour obtenir la proportion de la déperdition totale de forces, est de 20 millions 220.000.

En établissant le rapport de 8.401.000 à 20.220.000, on trouve que, du fait de la mauvaise organisation sociale, l'effectif des forces humaines perdues, en France, pour le travail producteur, représente 41,5 pour 100 de la population active du pays.

Ce chiffre, qui paraît énorme et qui l'est en effet, ne représente qu'une faible partie du gaspillage de forces et de richesses résultant de l'anarchie capitaliste. On va le voir aux livres suivants.

LIVRE II

FORCES MECANIQUES

CHAPITRE PREMIER

Combustibles

Dans la production mondiale de la houille, la France fait pauvre figure.

Avant la guerre (1913), d'après l'*Annuaire statistique de la France*, elle n'en produisait que 40.844.000 tonnes par an, alors que les Etats-Unis atteignaient 517 millions de tonnes, la Grande-Bretagne 292 millions, l'Allemagne 279 millions et l'Autriche 54 millions. La France n'arrivait donc qu'au cinquième rang, et sa production ne représentait que 3 pour cent de la production totale.

A la même époque, l'excédent de ses importations de houille sur ses exportations s'élevait à 18.660.000 tonnes et sa consommation totale à 59.504.000 tonnes.

Ce tonnage comprenait 5.427.000 tonnes de coke, utilisé principalement par les hauts fourneaux, et dont la fabrication avait nécessité un supplément de 4.500.000 tonnes de houille. La consommation réelle en houille était donc de 64 millions de tonnes environ.

Elle se décomposait ainsi:

Métallurgie	Tonnes	12.545.000
Consommation domestique		12.155.000
Chemins de fer		9.069.000
Industrie des mines		5.054.000
Usines à gaz		4.656.000
Marine marchande		1.720.000
Industries diverses		18.705.000
Total	Tonnes	63.904.000

Cette situation a bien changé depuis la guerre.

La *Statistique générale* des années 1919-1920 n'enregistre pour l'année 1920 qu'une production de 25 millions 274.000 tonnes, y compris anthracite et lignite. Cet abaissement important est dû à la destruction de nos mines du Nord. La consommation ayant été de 57.483.000 tonnes, la différence, soit 32.209.000 tonnes, a dû être demandée à l'exportation. Aux prix majorés d'après-guerre, il en est résulté une charge écrasante pour le pays.

Encore faut-il tenir compte du ralentissement général de l'activité économique qui a réduit considérablement la consommation de houille. Lorsqu'elle redeviendra normale, les chiffres de 1913 seront forcément augmentés, l'industrie métallurgique de la Lorraine annexée ayant besoin, à elle seule, de 4.900.000 tonnes de coke, exigeant environ 7 millions 500.000 tonnes de houille.

Donc, sans même escompter les problématiques accroissements d'exportation rêvés par nos grands industriels, on doit admettre que la consommation normale ne sera pas inférieure à 72 millions de tonnes, sur lesquelles, lorsque nos mines du Nord seront remises en bon état de productivité, 30 millions au moins devront être demandées à l'importation.

Cette perspective est d'autant plus inquiétante pour l'avenir de la France qu'à cette charge s'ajoutera celle provenant de nos importations de pétrole.

Le pétrole, en effet, avec ses divers dérivés: mazout, pétrole lampant, essence, etc., prend une place de plus en plus grande dans la production de la force motrice. Il est employé, soit comme combustible pour chauffer les chaudières, soit pour actionner les moteurs à explosion. Et malheureusement, la France et ses colonies n'en produisent presque pas jusqu'à présent. Les 8.047.000 tonnes consommées en 1920 ont été presque toutes importées.

*** Il est évident que l'obligation où se trouve la France d'acheter à l'étranger 30 millions de tonnes de houille et 8 millions de tonnes de pétrole la place, vis-à-vis de ses concurrents plus favorisés dans un état d'infériorité écrasante.

Une telle situation ne pouvait manquer d'attirer l'attention de nos gouvernants. Ils s'en sont préoccupés, en effet; ils ont cherché des remèdes. Mais leurs vues et celles des savants officiels qui les conseillent sont bornées par l'horizon du régime actuel dont ils ne conçoivent pas qu'on puisse sortir.

Dans un *Rapport* général sur *l'industrie française, sa situation, son avenir*, présenté en 1919 par le ministre du commerce, M. Clémentel, et dressé d'après les travaux des sections du Comité consultatif des Arts et Manufactures, et de la Direction des Etudes techniques, on indique divers moyens de pallier à la pénurie des combustibles.

D'abord l'emploi des charbons schisteux et déchets des houillères.

D'après le rapport, les déchets des houillères atteignent 10 à 15 0/0 de leur production et leur teneur en combustible varie de 20 à 50 0/0.

En négligeant les déchets, dit-il, on perd annuellement en France 2 millions à 2 millions et demi de tonnes de combustible.

Il ne chiffre pas le rendement possible des charbons schisteux.

Le rapport envisage ensuite l'utilisation des Lignites. Leur production en France, en 1913, a été de 793.000 tonnes, dont 756.000 en Provence. Quoique inférieurs à la houille en puissance calorifique, les lignites sont parfaitement utilisables pour le chauffage des chaudières, moyennant l'usage de foyers spéciaux. Mais ils ne peuvent supporter de gros frais de transport et doivent être consommés dans un rayon assez restreint. Citons textuellement:

« Les réserves françaises de lignite s'élèvent, en ne considérant que les gisements concédés — à 2 milliards de tonnes. Les réserves allemandes sont évaluées à 7 ou 8 milliards de tonnes; l'Allemagne extrait actuellement 88 millions de tonnes. Si notre exploitation était faite au taux de l'Allemagne, nous devrions extraire 20 millions de tonnes. D'ailleurs, nos gisements sont géographiquement plus concentrés que chez nos voisins... »

Notons ces mots: *en ne considérant que les gisements concédés*. Nous reviendrons plus tard sur ce côté de la question.

Le rapport parle ensuite de la tourbe, dont l'emploi, dit-il, est rendu difficile à cause de la quantité d'eau contenue. La dessication ne peut se faire économiquement qu'à l'air. Dans certains centres, notamment à Orentano et Codigoro, en Italie, on la brûle en gazogène et on obtient des résultats fort intéressants.

L'emploi de la tourbe en poudre s'est vulgarisé en Suède, notamment sur les chemins de fer. Les résultats obtenus indiqueraient que 1 kil. 5 de la tourbe utilisée donne le même rendement qu'un kilogramme de charbon.

Le rapport ne parle pas des quantités existantes en France ni des possibilités de production Il constate seulement qu'en 1912, la France comptait 329 tourbières produisant 40.000

à 60.000 tonnes de tourbe utilisées presque entièrement au chauffage domestique.

Il y a là, cependant, une ressource intéressante. Le problème de la dessication économique de la tourbe paraît avoir été résolu récemment par les ingénieurs russes, et des centrales électriques importantes ont été installées dans la région de Moscou sur l'emplacement même des tourbières.

Selon le rapport, le triage et le lavage de la houille pourraient également permettre de réaliser de sérieuses économies.

Toutes ces suggestions méritent évidemment d'être prises en considération. En régime socialiste, elles seraient immédiatement réalisées; mais dans l'anarchie capitaliste, chacun s'arrange de son côté, selon ses commodités particulières, et le plus souvent dans un esprit de routine rebelle aux innovations les plus justifiées. C'est pourquoi aucun programme d'ensemble à grande envergure ne peut être mis en pratique et les idées les plus fécondes ne sont appliquées que partiellement.

Le rapport montre aussi le parti qu'on pourrait tirer des gaz résiduels.

Dans l'état actuel de la métallurgie du fer, la fabrication d'une tonne de fonte exigeant 1.000 à 1.100 kg. de coke, produit 4.500 à 5.000 mètres cubes d'un gaz possédant un pouvoir calorifique élevé.

Dans les usines modernes, ce gaz est utilisé, soit pour chauffer l'air insuflé dans les hauts fourneaux, soit pour produire la force motrice nécessaire au soufflage. Néanmoins, une partie appréciable du gaz est perdue, alors que son utilisation devrait être complète.

D'autre part, les fours à coke donnent un gaz riche en hydrogène et en hydrocarbure qu'on utilise aux usines Cockerill pour chauffer les fours Martin, à Dusseldorf pour l'éclairage public par manchons à incandescence, et qu'en

France, on laisse le plus souvent s'échapper dans l'atmosphère.

Le rapport constate qu'à ce double point de vue, il y aurait d'importantes récupérations à opérer. Mais le Comité consultatif des arts et manufactures hésite à proposer au gouvernement des mesures d'obligation qui porteraient atteinte au droit des propriétaires d'usines! Et c'est là un bel exemple de l'impuissance capitaliste que l'on constate partout. En régime socialiste, pas un mètre cube de ces précieux gaz ne serait perdu.

Tel est, dans ses grandes lignes, le programme tracé par le *Rapport sur l'Industrie française* pour une meilleure utilisation des combustibles. Il est, en vérité, bien timide et bien pauvre en idées. Ses conclusions sont toujours vagues et parfois inexistantes.

*** En Angleterre, où le même problème s'est posé, il a été étudié dans un esprit autrement large, et il est singulier que le Rapport français se borne à citer les solutions hardies adoptées par nos voisins sans en recommander d'analogues pour notre pays, où elles sont pourtant parfaitement applicables.

Le Rapport anglais émane du sous-Comité des Usines de distribution d'énergie électrique, et il a été approuvé par le sous-Comité des Economies de charbon du Board of Trade au commencement de 1918. C'est donc un document officiel. Nous le résumons ci-après:

L'électricité est le moyen le plus efficace pour donner à l'industrie la force motrice qui lui est indispensable.

Il s'agit de produire le plus économiquement possible l'énergie électrique.

Techniquement et économiquement, il y a avantage à produire l'énergie électrique dans des systèmes d'ensemble avec des unités génératrices de 50.000 HP et plus sera plus

La production d'énergie dans de grandes supercentrales,

économique qu'avec un grand nombre de petites centrales...

Les supercentrales seront raccordées au système principal de distribution qui doit être établi dans tout le pays.

Le réseau de distribution principale rassemblera toutes les puissances perdues disponibles et transportera l'énergie partout où elle sera nécessaire.

La quantité de charbon employée dans le Royaume-Uni pour produire l'énergie nécessaire à l'industrie était, au moment où la sous-commission présenta son rapport, de 80 millions de tonnes par an. Le projet déposé par la sous-commission permettrait de produire la même quantité d'énergie en ne consommant que 25 millions de tonnes. L'économie de 55 millions de tonnes de charbon représenterait à la fois une économie de main-d'œuvre et une économie de transport.

Pour réaliser cette économie, la commission demande de grouper les 600 entreprises chargées de fournir la force électrique. Ces 600 entreprises sont actuellement la propriété de compagnies privées ou d'autorités locales. Le projet de la commission tend à la constitution de 16 grandes stations supercentrales dans le Royaume-Uni, qui seraient pourvues de l'outillage le plus moderne et le plus puissant.

Ne voilà-t-il pas un magnifique programme et qui fait le plus grand honneur aux savants qui l'ont élaboré? Mais n'est-il pas évident aussi que son exécution ne peut se concevoir que si la production de toute l'énergie mécanique était centralisée aux mains de l'Etat, ou, en d'autres termes, que sous le régime socialiste? C'est peut-être parce qu'ils en avaient conscience que les auteurs du Rapport français ne se sont pas associés à ses conclusions.

*** Voyons quelles seraient les conséquences de son application en France, où nous avons admis que la consommation normale de houille pour une prochaine période serait de 72 millions de tonnes. Eliminons tout d'abord de ce chiffre global la houille employée à la fabrication du coke, à celle du gaz d'éclairage et au chauffage domestique. Il reste environ 36 millions de tonnes affectées à la production de la force motrice.

Or, le coefficient d'économie à réaliser par le projet anglais étant des cinquante-cinq quatre-vingtièmes de la consommation, l'économie pour la France serait de 24 millions 750.000 tonnes.

De sorte que, par l'utilisation du lignite et les diverses récupérations indiquées par le Rapport français, on arriverait à se passer complètement de la houille d'importation!

Voilà ce qu'on peut obtenir par la substitution de l'organisation à l'anarchie gaspilleuse à laquelle se cramponnent désespérément nos hommes d'Etat et nos capitalistes. Et pourtant ce résultat va perdre tout son intérêt après la lecture des chapitres qui suivent et dans lesquels on étudiera des sources d'énergie d'une tout autre importance.

CHAPITRE II

Forces hydrauliques

On classe en trois catégories les sources de force hydraulique :

La force des torrents de montagne, ou *houille blanche*.

La force des autres cours d'eau, ou *houille verte*.

La force des marées et des vagues, ou *houille bleue*.

Si la France est pauvre en charbon et en pétrole, elle est riche en forces hydrauliques.

D'après le *Rapport général sur l'Industrie française*, cité au chapitre précédent, elle possède, en houille blanche seulement et en eaux moyennes, une force de 8 millions d'HP.

L'*Annuaire de la Houille blanche française* (1920-1921), admet que ce chiffre peut être porté à 9 millions d'HP.

D'autres évaluations atteignent 10 millions d'HP.

Cette énorme force, d'après le *Rapport*, se répartirait ainsi :

Alpes	4.000.000
Massif Central, Vosges, Jura......	1.500.000
Pyrénées	1.700.000
Autres parties	800.000

Aucun pays d'Europe n'est aussi richement pourvu. La Norwège nous suit de près avec 7.500.000 HP; mais l'Allemagne n'en possède que 1.450.000 et l'Angleterre 396.000.

Mais par malheur, avant la guerre, cette puissance colossale restait sans utilisation: le dixième à peine: 750.000 chevaux étaient équipés. C'est le chiffre donné par le *Rapport* et par l'*Annuaire de la Houille blanche*.

Pendant la guerre, un effort a été fait: on a installé, de 1916 à 1918, environ 450.000 chevaux. L'effort s'est poursuivi depuis; d'après le *Rapport*, 175.000 chevaux ont été installés en 1919 et 225.000 étaient en voie d'installation en 1920-1921. Total, depuis 1916: 850.000 chevaux. Le *Rapport* observe « que cette augmentation de force motrice correspond à une économie de charbon de 9 millions de tonnes au maximum ».

Il resterait donc à utiliser 6.400.000 chevaux si nous admettons pour le total le minimum de 8 millions.

*** Le *Rapport* ajoute:

« Encore ne parlons-nous pas ici de l'utilisation de nos cours d'eau, de la « houille verte » qui doit prendre une importance considérable, ne serait-ce qu'avec le cours du Rhône d'une part, le cours du Rhin entre Bâle et Neuf-Brisach, d'autre part. »

Mais il n'évalue pas la puissance de la houille verte et nous n'avons trouvé sur cette question dans les divers documents consultés que des indications partielles, qui nous suffiront cependant pour formuler une conclusion solide.

Un projet d'aménagement du Rhône au triple point de vue de la navigation, de l'irrigation et de la force motrice a été récemment adopté par le Parlement.

Dans l'examen qui en fut fait à la Chambre des Députés, M. Léon Perrier, député de l'Isère, a déposé le 9 août 1919 un rapport au nom de la Commission de l'Energie électrique.

Il s'agit du fleuve seul, depuis la frontière suisse jusqu'à son embouchure, et non de ses affluents. La force à en obtenir est donc tout à fait en dehors des évaluations de la houille blanche.

M. Perrier, adoptant les chiffres des ingénieurs, l'évalue à 750.000 HP en eaux moyennes, de la frontière suisse à Arles — au-dessous d'Arles, il n'y a presque plus de pente — et cela en ménageant les ressources nécessaires à la navigation et à l'irrigation.

Cette force, ajoute le rapporteur, serait l'équivalent de 4.500.000 tonnes de houille.

Mais un autre rapport présenté au Sénat par M. Perchot le 18 juin 1920, au nom de la Commission spéciale chargée de l'étude du projet, estime que le chiffre de 750.000 HP est très inférieur aux possibilités réelles. L'aménagement proposé est très incomplet, dit-il. On pourrait obtenir beaucoup plus.

Avec grande raison, le rapporteur fait observer que, le Rhône étant d'origine glaciaire, le régime de ses eaux est tout à fait différent de celui des autres fleuves français, le Rhin excepté. C'est en été qu'il a ses hautes eaux et il serait intéressant de prévoir des travaux capables de les utiliser intégralement afin d'apporter un utile renfort aux autres stations hydro-électriques à l'époque où elles travaillent en basses eaux.

D'après le rapport Perchot, en prévoyant des dérivations capables d'admettre et des machines capables d'utiliser toutes les eaux disponibles, on arriverait à :

734.000 HP en basses eaux.
1.307.000 HP en eaux moyennes.
1.614.000 HP en hautes eaux.

Le manque de ressources seul, ajoute le Rapport Perchot, peut militer pour le projet tel qu'il a été présenté.

Si on l'adopte, on sera forcé de le compléter plus tard, et

le travail d'ensemble, ainsi exécuté en deux fois, coûtera beaucoup plus cher que si on le réalisait d'une seule.

On ne pouvait rien objecter à ce raisonnement. Mais les ressources financières escomptées pour le projet minimum étant déjà bien aléatoires, le Sénat n'osa pas aller plus loin.

Le problème de l'aménagement du Rhin, au double point de vue de la navigation et de la force motrice, est à l'ordre du jour.

La France a déposé au commencement de 1921, sur le bureau de la Commission Centrale du Rhin, un projet comportant la construction immédiate du canal de Kembs, première étape d'un grand canal latéral qui longerait le Rhin de Bâle à Strasbourg et permettrait à la fois le passage des chalands et la récupération de 700.000 chevaux dans 8 usines hydro-électriques.

On a envisagé aussi l'aménagement de la Dordogne et on estime qu'il fournirait 600.000 HP.

Celui de la Durance, d'après les ingénieurs, donnerait 530.000 poncelets, c'est-à-dire, pratiquement, 530.000 HP.

En totalisant les chiffres prévus pour le Rhône, le Rhin, la Dordogne et la Durance, on arrive à 3.444.000 HP.

Mais toutes les autres rivières de France, ou presque toutes, peuvent apporter leur contingent.

« Il n'est pas, dit la *Nature* du 9 octobre 1920, de rivière en France qui ne compte des moulins et des roues répartis tout le long de son parcours. Mais c'est là un mode d'utilisation un peu désuet et son faible rendement a conduit à abandonner un grand nombre de ces antiques exploitations. Les procédés modernes d'utilisation des cours d'eau, le progrès des turbines de basses chutes permettent d'en tirer cependant un meilleur parti. »

*** Nous resterons donc beaucoup en deça de la vérité si nous évaluons la puissance totale de la houille verte à 5 millions d'HP. Et si nous y ajoutons le minimum des évaluations de houille blanche, soit 8 millions d'HP, nous arrivons à constater que l'ensemble des forces hydrauliques françaises atteint et dépasse certainement 13 millions de chevaux vapeur, sur lesquels 1.600.000 chevaux seulement sont équipés actuellement.

Combien de tonnes de houille seraient nécessaires pour fournir cette énorme force?

Les chiffres de messieurs les ingénieurs sur cette équivalence étant variables, nous adopterons ceux du *Rapport général sur l'Industrie française*, d'après lequel les 850.000 HP équipés depuis la guerre représentent une économie de 9 millions de tonnes de charbon. D'après cette proportion, les 12.250.000 HP disponibles avant la guerre representeraient une économie de 130 milions de tonnes de charbon environ.

Cette formidable disponibilité d'énergie nous permet d'envisager une solution absolument satisfaisante de la question des combustibles solides et liquides.

La France, pauvre en houille et riche en forces hydrauliques, doit restreindre sa production houillère à ce qui est nécessaire pour la production du coke et les quelques autres usages, de bien moindre importance, ou le charbon reste indispensable.

En 1913, la consommation du coke en France était de 7.100.000 tonnes. Le *Rapport général sur l'industrie française* prévoit tant pour l'augmentation de consommation des usines françaises que pour la consommation des usines de la Lorraine recouvrée, 5.650.000 tonnes; au total 12.750.000 tonnes de coke.

D'après les proportions indiquées par le *Rapport*, 17 millions 750.000 tonnes de houille devront être consacrés à cette fabrication. Admettons 20 millions et même 25 millions pour tenir compte des extensions possibles et des autres utilisations de la houille.

La France trouvera facilement cette quantité de charbon dans ses mines, puisqu'elle l'extrait déjà actuellement, bien que les mines du Nord n'aient pas été remises en état de productivité. Elle en trouverait s'il le fallait, beaucoup plus, puisqu'en 1913 elle extrayait plus de 40 millions de tonnes. Elle n'aura donc plus d'achats de houille à faire à l'étranger.

Quant à l'éclairage et au chauffage publics et privés et à la force motrice nécessaire à son industrie et à ses transports, c'est son hydraulique qui les lui fournira. Ces divers usages, en 1913, exigeaient 51.500.000 tonnes de houille noire. Or on a vu que la houille blanche et la houille verte disponibles à cette époque représentaient 130 millions de tonnes de houille noire. Il y aurait donc un excédent de 78.500.000 tonnes, plus que suffisant pour mettre fin aux ruineuses importations de pétrole et faire face à toutes les augmentations de consommation qu'il faut prévoir.

Nous ne prétendons pas que ce programme soit réalisable en régime capitaliste, mais nous montrerons qu'il l'est parfaitement avec l'organisation socialiste et qu'il sera même de beaucoup dépassé, comme on va le voir.

*** Nous n'avons, en effet, pas encore parlé de la houille bleue dont les réserves d'énergie, qui ne peuvent pas être actuellement évaluées, paraissent bien supérieures à celles des cours d'eau.

Depuis longtemps, la question est à l'étude et des dispositifs ont été expérimentés dans divers pays.

L'eau de la mer, sans cesse en mouvement par l'effet des marées et du vent, apparaît en effet comme une source d'énergie inépuisable. On peut chercher à la capter soit dans le courant alternatif de flux et de reflux qui produit sur les côtes de l'océan des différences de niveau parfois importantes, soit par le choc des vagues, soit simplement par le balancement de la houle. '

Longtemps la possibilité d'utiliser cette force a été considérée comme une utopie par les prétendus sages qui ne voient pas plus loin que le bout de leur nez. Aujourd'hui le problème, sans avoir encore reçu beaucoup de solutions pratiques, est sorti de la phase de l'incertitude. Un grand nombre d'ingénieurs des ponts et chaussées, d'une indiscutable compétence l'ont étudié sous toutes ses faces et affirment qu'il est mûr pour l'application. Aucun savant ne conteste leur conclusion et les dernières résistances de l'esprit de routine se retranchent derrière l'énormité des dépenses à engager. Nous verrons plus loin ce que vaut l'argument.

« L'utilisation industrielle de l'énergie des marées, qui fut longtemps considérée comme une conception chimérique, semble devoir entrer, dit la *Nature* du 1ᵉʳ juillet 1922, grâce aux récents progrès de la technique, dans le domaine des réalisations pratiques. »

La France officielle a été lente à s'engager dans cette voie. Bien avant la guerre les Allemands l'avaient précédée.

Le livre de Victor Cambon, les *Derniers Progrès de l'Allemagne*, paru avant la guerre, contient en effet les renseignements suivants:

« Non loin de l'embouchure de l'Elbe à Husum, se trouve la première installation pratique destinée à résoudre le problème, si souvent entrevu, mais qui n'avait pas encore été largement abordé, de l'utilisation des marées comme force motrice. Les perfectionnements apportés aux turbines à eau, l'expérience des grands travaux hydrauliques et les transports d'énergie à longue distance, font prévoir à bref délai que l'on demandera à cette source indéfinie de force motrice un appoint considérable pour l'industrie des régions maritimes et de leur hinterland.

« La Société privée d'Husum, dirigée par un ingénieur

de Hambourg, a fait une installation d'essai qui donne déjà des résultats et qui est destinée à un développement prochain. Mais tandis qu'elle poursuit ses travaux, deux autres ingénieurs, l'un Allemand, l'autre Hollandais, ont imaginé un procédé de captation et de chute des flux et des reflux, bien supérieur.

« Ce système repose sur l'application d'une turbine à axe vertical pouvant se déplacer à volonté en glissant entre des coulisses verticales...

« Sur les côtes allemandes et hollandaises, les marées ne dépassent pas 4 à 5 mètres d'amplitude, tandis que sur les côtes de Bretagne et de Normandie elles atteignent de 10 à 14 mètres. On voit donc que l'utilisation dynamique du flux marin serait trois fois plus intéressante en France que dans la mer du Nord.

« Il est assez singulier de constater, malgré cela, que ce sont les Allemands qui étudient la mise au point de cette question, tandis que nous la laissons dormir. »

Il a fallu le coup de foudre de la guerre et les difficultés économiques inextricables qui en sont résultées pour secouer la torpeur de la science et des gouvernants français. Mais ils se sont enfin décidés à aborder ce grand problème, et M. Le Trocquer, ministre des Travaux publics a déclaré, le 1er avril 1921, à la tribune du Sénat:

« A la houille blanche de nos montagnes, à la houille verte de nos plaines, il importe de joindre la houille bleue, dont la longueur de notre littoral doit nous permettre de tirer une énergie considérable. Il y a deux ans déjà qu'une commission a été constituée pour étudier la question. Elle touche à la solution du problème. »

C'est à la suite de ces études qu'un projet de loi a été présenté récemment à la Chambre par le Gouvernement pour créer une station d'essais et d'expériences au nord de Brest, dans le large estuaire de l'Aber-Vrac'h.

Le projet comprendrait une usine marémotrice à Beg-an-Toul, composée d'un barrage de 150 mètres et de quatre groupes de turbines, et devant produire de 1.600 à 3.200 chevaux. Toutes les autorités consultées se sont déclarées favorables.

Ainsi la question est sortie officiellement du stade de l'étude théorique pour entrer dans celui de l'expérimentation.

Mais pendant que nos gouvernants se hâtent avec lenteur, l'industrie privée entre résolument dans la voie des réalisations. Elle n'a d'ailleurs que l'embarras du choix entre les appareils à employer, car, d'après la *Nature* du 29 octobre 1921, trois cents brevets français et étrangers, pour le moins, ont été pris par des inventeurs.

La revue *France et Monde* du 15 juin 1921 annonce qu'une société industrielle se propose d'établir une centrale hydraulique sur la Rance en utilisant les marées.

M. Georges Lainel, dans l'*Exportateur français* du 7 avril 1921, dit que, d'après l'étude si minutieusement poussée de M. Defour, une digue de 565 mètres dans la baie de Saint-Malo peut assurer une force maximum de 24.000 HP et occasionnerait une dépense de 8 millions ; mais la dépense totale de l'usine s'élevant à moins de 30 millions ramènerait le HP à 1.250 francs, alors qu'il revient à 2.000 francs au minimum dans les usines hydrauliques d'eau douce de cette importance.

Une usine-barrage dans la baie de Douarnenez donnerait une force maximum de 760.000 HP assurant une force constante de 268.000 HP.

M. le docteur Legrand affirme dans le même journal (1er mai 1919) qu'à La Rochelle le HP ne coûterait à équiper que 750 francs.

« Il existe, dit le *Progrès Civique* du 29 avril 1912, entre Saint-Malo et Cancale, une petite anse, la baie de Rotheneuf, que la nature a divisée en deux bassins inégaux, de

800.000 et 1.400.000 mètres carrés. Les marées sont fortes dans cette région (11 à 13 mètres) et il n'y existe pas de houille blanche.

« M. Defour a étudié une solution consistant à barrer les deux bassins en les séparant l'un de l'autre, et chacun de la mer. Il utilise des turbines fonctionnant dans les deux sens, et fait se remplir ou se vider *successivement* les deux bassins. Compte tenu du rendement des turbines, l'auteur espère que l'on recueillerait 5.600 HP alors que, théoriquement, avec un rendement parfait, on en obtiendrait dix fois plus.

« Le barrage de la baie du Mont Saint-Michel pourrait, dans des conditions analogues, fournir deux millions de chevaux, soit le cinquième de la totalité de nos ressources en houille blanche.

« En Angleterre, on envisage, entre autres grands projets, de barrer l'estuaire de la Severn, en amont de Bristol et de Cardiff, afin de créer une formidable usine, pour l'électrification du *Great Western Railway*. Ce barrage, en béton armé, aurait plus de six kilomètres de longueur.

« Il serait percé d'écluses gigantesques, pour la navigation, et serait utilisé comme pont, doublant ainsi l'unique viaduc existant sur l'estuaire. Les turbines fourniraient une puissance d'un million de chevaux: une moitié serait utilisée pour le chemin de fer et l'autre servirait à refouler les eaux dans un réservoir auxiliaire créé en amont, par le barrage d'un affluent de la Severn.

« Cette deuxième installation serait utilisée par le chemin de fer, aux heures où l'usine principale aurait un rendement insuffisant, et posséderait le reste du temps, pendant dix heures, une réserve d'énergie considérable, qui serait fournie aux nombreuses usines du voisinage. »

En Amérique, diverses installations sont en voie de réalisation.

Quant à la force des vagues, intéressante particulièrement

sur le littoral méditerranéen qui n'a pas de marées, son utilisation paraît moins avancée. Un procédé consiste à faire servir le choc des vagues pour comprimer l'air dans une cloche.

Par contre, le mouvement de la houle a fait l'objet d'un essai pratique des plus satisfaisants de la part d'un colon algérien de Guyotville, M. Fusenot qui emploie des flotteurs alternativement élevés et abaissés. Son appareil est protégé par un gros mur contre les tempêtes et l'eau n'arrive à lui que par une ouverture ménagée à la base de ce mur. Ainsi équipé, il a pu résister à une tempête des plus violentes et il donne d'excellents résultats par tous les temps.

Les ingénieurs des Ponts et Chaussées ont reconnu que ce projet présentait le plus haut intérêt. Le prix de l'établissement d'un cheval ne dépasserait pas 1.000 francs.

« Il paraît incontestable dit l'un de ces ingénieurs, que l'utilisation comme force motrice des vagues de la mer est un problème au moins aussi intéressant que l'utilisation des marées, et bien plus facile à réaliser. »

Ainsi, sans être encore parfaitement au point quant au choix des meilleurs dispositifs, et sous réserve des progrès que la pratique fera surgir, la question de l'utilisation de la houille bleue sous toutes ses formes doit être considérée comme résolue.

C'est un nouveau pas, un pas de géant, dans la voie de l'asservissement des forces de la nature aux besoins de l'homme.

Les perspectives qu'il ouvre sont illimitées.

Et pourtant, dans d'autres voies, on peut également trouver des sources d'énergie non moins puissantes. Nous allons en parler.

CHAPITRE III

Autres forces

Bien d'autres forces naturelles sont à la disposition de l'homme; les unes sont déjà partiellement utilisées; les autres le seront dans un avenir plus ou moins lointain.

Nous ne parlerons ici que des deux qui ont déjà fait l'objet d'expérimentations concluantes ou d'applications imparfaites : la force du vent et la chaleur solaire. Nous laisserons de côté celles dont l'emploi n'est encore envisagé que théoriquement comme la radiation, les réactions chimiques, le feu central, etc. Et pourtant qui ne sent que, dans ses conquêtes incessantes, la science saura les asservir un jour!

La difficulté principale que l'on rencontre dans l'utilisation du vent comme force motrice est due à l'irrégularité de cette force, dont la vitesse varie dans des proportions souvent considérables et qui, parfois, fait défaut complètement. Dans ces conditions, il faut que l'aéro-moteur soit établi de manière à tourner automatiquement dans la direction du vent et, qu'en cas de tempête, il ne risque pas d'être détérioré ou détruit; il faut également l'empêcher de tourner à une trop grande vitesse et cela en réduisant les surfaces actives des ailes par rapport à la pression qu'exerce le vent sur elles, lorsque la vitesse de ce dernier dépasse une certaine limite.

Le moteur à vent devant toujours pouvoir fonctionner sans

surveillance, il faut, d'autre part, que l'installation électrique fonctionne également d'une façon automatique. Enfin, comme il est indispensable d'avoir toujours de l'énergie électrique à sa disposition, même en temps calme, il est nécessaire de compléter l'installation de la dynamo par une batterie d'accumulateurs de capacité convenable.

Il ne faut d'ailleurs pas exagérer les inconvénients résultant de l'irrégularité des courants atmosphériques: le vent souffle en France avec une vitesse de plus de 4 mètres par seconde pendant 245 jours par an en moyenne; or à une vitesse de 2 mètres par seconde, son utilisation est déjà possible.

La difficulté se réduit à adjoindre aux moteurs à air un accumulateur électrique pour emmagasiner et régulariser l'énergie obtenue. Il reste encore, à vrai dire, de grands progrès à réaliser dans la construction des accumulateurs; mais on peut d'ores et déjà considérer le problème comme résolu pour tous les cas où il n'est pas indispensable d'accumuler une grande quantité d'énergie dans des appareils d'un faible volume et d'un faible poids. En d'autres termes, ce qu'il reste surtout à perfectionner, c'est l'accumulateur transportable, destiné à actionner les véhicules. On y parviendra très certainement.

L'énergie du vent offre des ressources presque infinies: d'après le professeur suédois Svante Arrhénius, elle serait 5.000 fois supérieure à celle du charbon brûlé annuellement.

Les moulins à vent remontent à une antiquité très reculée. Un peu abandonnés pour les roues hydrauliques, les moteurs à air ont repris faveur depuis un certain temps, par suite des perfectionnements notables qu'ils ont reçus. Ils sont surtout employés pour des usages n'exigeant pas une régularité absolue, comme l'élévation de l'eau d'arrosage dans des bassins.

Néanmoins, ils fonctionnent au Danemark, en Suisse, en Angleterre et dans d'autres pays pour des industries où une marche régulière est indispensable, et dans ce cas ils sont munis d'accumulateurs automatiques.

A l'une des dernières Foires de Paris, un inventeur, M. Escaffre, a exposé une turbine à vent qui constitue un grand progrès sur les applications antérieures et peut produire des forces de 10 à 100 chevaux.

On conçoit que la force maximum d'un appareil soit limitée par les grandes dimensions à donner aux organes récepteurs; mais rien n'empêche de créer des stations pour centraliser la force de plusieurs appareils, et on peut arriver ainsi à une puissance considérable.

Il existe en France de nombreux plateaux à peu près improductifs parce qu'ils sont battus par les vents et qui, précisément pour cette raison, pourraient être affectés à l'établissement de telles stations.

Il serait puéril de prétendre chiffrer la force qu'on pourrait ainsi obtenir. Mais on comprend qu'elle serait énorme.

*** Bien plus puissante encore que l'énergie des vents, celle de la chaleur solaire est, selon le professeur suédois Svante Arrhénius, 70.000 fois supérieure à celle de la houille utilisée annuellement.

M. Arrhénius rappelle la machine solaire construite en 1888 par l'Américain Ericsonn. Cet inventeur obtenait une puissance d'un cheval-vapeur avec un miroir d'une ouverture de dix mètres carrés qui concentrait les rayons solaires sur la chaudière d'une machine à vapeur.

Une autre machine installée au Caire a donné environ 60 chevaux.

Des machines de ce genre ont une grande importance aux yeux du savant suédois. Selon lui elles serviront dans l'avenir à mettre en valeur de grandes étendues aujourd'hui arides dans les contrées tropicales, en permettant leur irrigation économique.

L'autorité du professeur Arrhénius suffit pour établir que l'utilisation méthodique de la radiation solaire n'a rien de chimérique. C'est une des ressources de l'avenir et d'ici à ce qu'il devienne nécessaire d'y recourir par suite de l'épuisement d'autres sources d'énergie, il n'est pas douteux que le problème aura été résolu pratiquement.

*** La conclusion de ce chapitre et de ceux qui précèdent est que l'homme, en s'aidant de la science, pourrait, dès à présent, capter une quantité de force plus que suffisante pour pourvoir largement à tous ses besoins sans avoir à y ajouter celle de ses muscles. En d'autres termes, il pourrait s'affranchir totalement du travail physique et réduire son effort à la surveillance de la machine qui travaillerait pour lui. Son intelligence agirait seule sur la matière domptée et alors seulement ses facultés pensantes prendraient leur entier épanouissement.

Si, en fait, nous sommes bien loin d'une telle situation, la faute en est uniquement à la mauvaise organisation sociale. Nous allons voir que, seul, le régime socialiste, en généralisant l'application des progrès scientifiques, permettra à l'humanité de réaliser ce magnifique avenir. Mais il nous reste encore, préalablement, à achever le tableau des gaspillages de l'anarchie individualiste.

LIVRE III

MAUVAISE UTILISATION
DES FORCES EMPLOYEES

CHAPITRE PREMIER

L'Industrie

De deux hommes fournissant une égale quantité de travail, si l'un emploie des outils manuels rudimentaires et l'autre les machines outils les plus perfectionnées, il est clair que le produit de l'activité du premier sera notablement inférieur à celui qu'aura obtenu le second.

Dans une société bien réglée, tous les ouvriers devraient appliquer leur force à la mise en œuvre des procédés techniques les plus parfaits. Mais il ne peut en être ainsi en régime individualiste. En effet l'emploi des machines à haut rendement n'est possible que dans la grande industrie. Or, la liberté des entreprises privées, stimulée par le besoin de trouver un gagne-pain, fait éclore une infinité de petits et moyens établissements dont les ressources et les facultés d'écoulement sont trop limitées pour qu'ils puissent produire selon les méthodes et avec les instruments de la technique moderne.

*** Pour apprécier l'étendue des pertes subies par l'ensemble de la production du fait de leur mauvaise utilisation du travail, il faut connaître d'abord la répartition de l'armée ouvrière dans les établissements industriels selon leur importance. Nous la trouvons dans le recensement de 1906.

Il existait alors (non compris les entreprises de transport),

609.643 établissements industriels occupant au total 3 millions 757.202 employés et ouvriers.

Si nous considérons comme appartenant à la petite industrie les établissements dont le personnel est inférieur à 10, comme appartenant à l'industrie moyenne, ceux qui occupent de 11 à 100 salariés et enfin comme constituant la grande industrie ceux qui dépassent ce chiffre, on arrive au classement suivant:

Salariés de la petite industrie...........	1.187.619
Salariés de la moyenne industrie........	1.026.720
Salariés de la grande industrie........	1.542.863
Total égal................	3.757.202

Ce sont là des chiffres globaux. Il est évident que la proportion des établissements de chaque catégorie et de leur personnel varie avec la nature des industries. Elle est beaucoup plus forte dans les mines et la métallurgie, par exemple, que dans la construction et l'industrie du bois. Mais nous ne saurions entrer dans des distinctions professionnelles qui nous conduiraient à trop de détails sans augmenter sensiblement la force probante de notre exposé.

En résumé, sur les 3.757.202 travailleurs de l'industrie, 1.542.863 appartiennent à de grands établissements et leur force peut être considérée, sous les réserves ci-après, comme normalement utilisée. Par contre, 2.214.339 appartiennent à de petits ou moyens établissements où leur force est plus ou moins mal utilisée.

*** Nous allons rechercher dans un moment, pour les principales industries, sinon pour toutes, les différences de productivité du travail à la main, ou aidé d'un outillage primitif, avec le travail selon les procédés de la technique moderne. Mais nous devons d'abord revenir sur la grande industrie pour montrer que, dans la plupart des cas, elle non plus n'utilise pas à son maximum la force de travail dont elle dispose.

Nous avons admis dans cette catégorie les établissements occupant au moins 100 salariés. Dans bien des industries, ce nombre ne comporte pas un outillage à haut rendement. Il faut aller à 500 au moins pour qu'un tel outillage devienne utilisable. Or 790.957 employés et ouvriers sont occupés dans les établissements de 100 à 500 travailleurs. La plupart d'entre eux n'atteignent pas le rendement maximum.

Et même les établissements dont le personnel excède le chiffre de 500, et qui occupent en totalité 681.042 salariés, ne produisent presque jamais dans des conditions parfaites.

Pour qu'une usine atteignît le maximum théorique de rendement permis par la technique moderne, il faudrait en effet qu'elle fût organisée et fonctionnât dans des conditions incompatibles avec l'organisation économique actuelle.

Il faudrait qu'elle ne fabriquât d'un bout de l'année à l'autre, qu'un seul type de produit, en employant un outillage spécialement affecté à chaque opération et rendu par suite aussi automatique que possible, c'est-à-dire réduisant la main-d'œuvre à son minimum.

Or, sauf peut-être deux ou trois usines américaines comme celles de Ford, aucun établissement ne peut travailler dans ces conditions.

La concurrence nationale et étrangère, en limitant les débouchés de l'industriel, l'empêche de pousser la spécialisation à un tel point. Il n'aurait pas l'écoulement de la colossale quantité de son produit unique qu'il arriverait à fabriquer.

Bon gré mal gré, il doit donc adapter sa production aux demandes de sa clientèle, c'est-à-dire la diversifier, en employant par conséquent un matériel omnibus, puissant et perfectionné sans doute, mais non spécialisé, susceptible de passer facilement d'une fabrication à une autre. Un tel matériel a forcément un rendement beaucoup plus faible qu'un matériel spécialisé. Chaque changement dans la fabrication entraîne d'ailleurs une mise en train généralement longue et coûteuse.

*** Le caractère anarchique de la production privée la prive en outre du bénéfice incalculable qui résulterait pour elle de la standardisation. On sait que ce mot anglais francisé exprime la suppression de l'inutile diversité des objets produits et leur retour à un petit nombre de types suffisant pour tous les besoins. C'est la concurrence qui crée la multiplicité des types. Chaque firme veut avoir sa marque, constituée par certaines particularités ou certains avantages. Un seul type bien étudié et réunissant les avantages de tous les autres serait préférable pour le consommateur. Il est évident que chaque type adopté, pouvant être fabriqué en grandes séries, serait d'un prix de revient très inférieur à chacun des types différents qu'il serait appelé à remplacer.

Les avantages de la standardisation sont si évidents qu'une large application en a été faite en Angleterre pendant la guerre, au moment critique où la voix du salut public pouvait s'élever plus haut que celle des intérêts personnels.

Jusqu'alors, la construction des navires y avait été faite dans des chantiers privés. Chaque constructeur faisait établir le plan de toute unité nouvelle sans se préoccuper de ce que faisait son voisin. Et comme forcément les bateaux ainsi créés différaient les uns des autres par la plupart de leurs parties sinon par toutes, les pièces entrant dans leur composition étaient fabriquées une par une, c'est-à-dire que leur exécution était aussi longue que coûteuse. La production des chantiers maritimes était donc très restreinte par rapport au personnel occupé.

La standardisation, qui a suivi immédiatement la prise par l'Etat de la direction des chantiers, a ramené à quelques types bien étudiés et répondant à tous les besoins cette multiplicité d'unités navales dissemblables, et les pièces de bois et de fer devant les constituer ont pu être fabriquées en séries, c'est-à-dire au prix de revient minimum. Elle a facilité ainsi l'interchangeabilité des pièces détachées, qui permet de remplacer à peu de frais celles dont l'usure est la plus rapide.

Mais l'application de cette méthode de travail perfectionnée n'est possible que si une autorité supérieure peut imposer ses directives à l'ensemble des établissemnts industriels de chaque catégorie et y organiser la production sur un plan d'ensemble. Elle est incompatible avec l'individualisme actuel. Voilà pourquoi nos plus importantes usines restent toujours très en arrière des progrès techniques et utilisent relativement mal leur main-d'œuvre.

***** Revenons maintenant aux 2.214.339 ouvriers de la petite et moyenne industrie, dont le travail est encore beaucoup plus mal utilisé, et constatons qu'à ce chiffre il faut ajouter les travailleurs isolés de l'industrie, petits patrons sans personnel ou salariés sans emploi fixe dont nous avons parlé au chapitre II du livre Ier.

D'après le recensement de 1906, leur nombre total s'élève à 4.171.269. Mais une partie d'entre eux sont occupés dans l'agriculture, le commerce, les transports, etc. Il ne faut considérer ici que ceux qui appartiennent réellement à l'industrie. Ils sont au nombre de 1.661.426, qui ajoutés aux 2 millions 214.339 salariés attachés à des établissements, forment un total de 3.875.765 salariés industriels produisant avec des outils manuels ou un outillage mécanique tout à fait primitif.

On ne saurait contester, en effet, que les travailleurs isolés soient dans ce cas, à plus forte raison que ceux de la petite et de la moyenne industrie. Tous ou presque tous sont des façonniers travaillant à domicile, c'est-à-dire avec le matériel le plus rudimentaire. Le plus modeste atelier est mieux pourvu d'outillage mécanique que la mansarde de l'humble ouvrier. Cinq ou six pour cent seulement de ces ateliers familiaux disposent de la force électrique.

*** Il nous reste à rechercher la déperdition de rendement résultant de la mauvaise organisation du travail dans la moyenne et petite industrie et dans les ateliers familiaux.

On a fait de nombreuses enquêtes pour apprécier, dans les diverses industries, l'économie résultant de la substitution du travail à la machine au travail à main.

La plus complète est celle de l'Office du Travail de Washington sous la direction de Carrol Wright de 1894 à 1898. Cette étude a été faite avec les soins les plus minutieux. Pour chaque travail on a noté le nombre des ouvriers qui y ont participé, le nombre d'opérations qu'il a exigées, le nombre d'heures employées pour chacune et la dépense en main-d'œuvre y afférente. On ne saurait pousser plus loin la précision.

L'enquête Wright est déjà ancienne et ses conclusions sont certainement dépassées de beaucoup aujourd'hui. Néanmoins, à raison de l'autorité qui s'y attache, extrayons-en quelques chiffres :

Alors que, pour la filature, le prix de revient d'un travail exécuté à la main est de 93, il tombe à 0,56 pour le même travail à la machine.

Pour le tissage, le prix de 135 tombe à 2,51.

Pour la façon des vêtements d'hommes, le prix de 100 vêtements à la main était de 803 dollars 91 ; il tombe à 261 dollars 83 si la façon est faite à la machine.

La façon à la main des bottes à bon marché coûtant 408 dollars 50 se réduit par l'emploi de la machine à 35.40

20.900 clous faits à la main coûtent 20 dollars 23 ; la même quantité à la machine, 29 centièmes de dollar.

1.000 livres de pain à la main: 5 dollars 60; à la machine: 1 doll. 55.

12 chaises cannées à la main: 17,10; à la machine: 4,75.

12 litres en bois dur à la main: 141; à la machine: 6,07.

100.000 cigarettes à la main: 97,45; à la machine: 11,48.

1.000 mouvements de montre à la main: 80.822 dollars; à la machine: 1.799 dollars.

10 charrues, prix respectifs: 54,46 et 7,90.

1 voiture de ferme: 35,35 et 7,18.

500 livres de beurre: 10,06 et 1,78.

Voici d'autres renseignements également extraits de l'enquête Wright et pour lesquels, au lieu du coût du travail, on a relevé le temps employé:

La fabrication d'aiguilles courbes pour machines à coudre a exigé:

A la main.......... 906 heures
A la machine........ 19 —

Celle de 50 portes en pin :
A la main.......... 541 h. 40
A la machine....... 49 h. 50

Celle de 500 livres de fromage:
A la main.......... 75 heures
A la machine....... 5 h. 24

Fabrication de 400 essieux de voiture:
A la main.......... 466 h. 40
A la machine....... 43 h. 25

Cotonnade, croisé (500 yards) :
A la main.......... 753 heures
A la machine.......

Bottines fines de dames (100 paires) :

    A la main............ 1996 h. 40
    A la machine......... 173 h. 29

Tables de marbre, 25 pieds carrés :

    A la main........... 6000 heures
    A la machine........ 11 —

D'autre part, M Daniel Bellet, dans ses ouvrages : l'*Evolution de l'Industrie* et *La Machine et la Main-d'œuvre*, rapporte un grand nombre de faits du même ordre :

Alors que les anciens métiers à tisser, qui étaient déjà un grand progrès, exigeaient un ouvrier pour chaque métier, les métiers modernes Northrop peuvent être au nombre d'une cinquantaine sous la direction d'une ouvrière, d'un apprenti et d'un contre-maître.

Tandis que la presse de Gutenberg tirait 300 feuillets par jour, par journée de quatorze heures, la presse dite à retiration (qui est aujourd'hui considérée comme une machine bien vieillie), arrivait à 700 feuillets à l'heure. Quant aux rotatives, qui ont débuté en donnant de 15.000 à 18.000 feuilles à l'heure, elles arrivent maintenant à fournir jusqu'à 50.000 exemplaires d'un journal de huit pages ; journal plié, mis sous bandes, les exemplaires tirés étant comptés au fur et à mesure.

Le haut fourneau s'est transformé, amélioré de façon prodigieuse. Nous n'en sommes plus maintenant à la production de 2 ou 3 tonnes par vingt-quatre heures, qui était encore coutumière des hauts fourneaux au commencement du XIX° siècle ; on leur a donné des proportions et une productivité croissant sans cesse, qui les a menés à 100, à 200, à 400 tonnes par vingt-quatre heures ; et actuellement, dans certains pays tout au moins, cette production est de 700 tonnes... Une tonne de fonte ne comporte pas 4 francs de main-d'œuvre.

Dans l'exécution des travaux du canal de Panama, avec les pelles à vapeur, il a suffi de 300 hommes pour effectuer, dans la tranchée de la Culebra, un cube de déblais qui aurait demandé le concours de 5.400 hommes travaillant à la pelle.

Le déchargement des plates-formes de déblais, au moyen d'un appareil mécanique courant de bout en bout du train, ne nécessite que 70 ouvriers. Avec la vieille méthode à la pelle (encore si couramment employée en Europe), il faudrait 2.700 hommes pour le même travail.

3.000 hommes environ seraient nécessaires pour répandre uniformément les déblais déchargés, alors que ce travail est fait par des machines spéciales avec une cinquantaine d'hommes.

Une machine à creuser les fossés d'irrigation fait plus de 500 mètres par jour de fossés avec un mécanicien et deux manœuvres. Un travailleur manuel ne ferait dans une journée équivalente qu'une dizaine de mètres de fossés.

M. Rathenau signale des machines spécialisées qui ont abaissé le prix de revient obtenu sur des machines à multiples usages dans le rapport de 14 à 1.

Aux Etats-Unis les salaires payés pour la fabrication des rails au laminoir ont été réduits de 15 à 1 et les salaires des réchauffeurs de 90 à 1 par l'usage de machines perfectionnées, et la journée des ouvriers a néanmoins augmenté.

Le travail de certains outils mécaniques en acier rapide est tel que toute comparaison avec le travail à la main devient impossible. C'est ainsi qu'un tour abat 75 kgr. de copeaux métalliques à la minute; qu'un autre tour, de Withworth, coupe l'acier doux avec une vitesse de 50 centimètres par seconde; qu'une fraiseuse raboteuse marche à 90 centimètres par seconde, qu'un foret hélicoïdal perce en 42 secondes une plaque d'acier de 65 millimètres et peut sans réaffutage percer 7.900 de ces trous, correspondant à une longueur totale percée de 520 mètres.

Dans la bijouterie, certains découpoirs, munis de 10 poinçons, découpent 132.000 pièces à l'heure.

La fabrication des conserves de poissons aux Etats-Unis emploie des machines merveilleuses. Les lanières de poissons, qui ont été découpées à la machine dans les saumons nettoyés mécaniquement, sont enfermées dans des boîtes en fer blanc où, toujours mécaniquement, 120 couvercles par minute sont mis en place sur 120 boîtes. Une seule machine est capable de traiter 27.000 saumons en dix heures.

Une machine Bliss, conduite par un seul homme, fabrique plus de 50.000 boîtes à cirage par jour.

Aux usines Baldwin de Philadelphie, on emploie des machines pour le calcul des salaires et le paiement des 15.500 ouvriers qui se fait en 30 minutes.

Dans les usines modernes de l'industrie horlogère, l'outillage est tellement automatique et il réduit la main-d'œuvre à un tel point qu'une montre avec échappement à cylindre remontoir peut être vendue 1 fr. 45.

Dans la verrerie, trois ouvriers desservant deux machines Boucher arrivent assez facilement à fabriquer 4.000 bouteilles dans une journée.

Dans la fabrication des allumettes, la machine *Automat Roller*, avec trois ou quatre servants, qui sont plutôt des surveillants fabrique 50.000 boîtes d'allumettes, ou 3.250.000 allumettes par jour.

La machine Burden, à fabriquer les fers à cheval, produit dans un temps donné, autant de fers que pourraient en fabriquer 500 forgerons.

Dans les grands moulins anglais, il n'entre que 40 centimes de main-d'œuvre par sac de 280 livres anglaises de farine (la livre anglaise est de 453 grammes).

Avec les machines à repasser le linge, le prix de revient

de 100 serviettes (séchage, repassage, calendrage et pliage) est de 20 centimes; celui de 100 draps de 2 francs.

Dans la fabrication du papier, écrivent MM. Georges Renard et Albert Dulac dans l'*Evolution industrielle et agricole depuis cent cinquante ans*, 4 hommes et 4 jeunes filles font l'ouvrage que faisaient naguère 400 hommes. En 1886, dans la construction des machines agricoles, 600 travailleurs obtenaient la même somme de produits que 2.145 en 1866.

Voici d'autres exemples pris en France:

Cent douzaines de chemises, avant 1848, faites entièrement à la main, coûtaient 1.200 journées d'ouvrières; vers 1900, fabriquées à la mécanique, elles n'en réclament plus que 200, six fois moins.

Pour polir à la main une glace d'un mètre carré, il fallait 112 heures; 3 heures 40 suffisent à la machine.

En 1900, on a constaté que la confection d'un billet de la Banque de France n'exigeait plus qu'un vingtième du temps requis jadis.

Il est inutile d'allonger indéfiniment la liste de ces exemples. L'opinion du lecteur est faite. Il savait d'avance que la productivité du travail à la machine est très supérieure à celle du travail à la main, et que celle du travail avec des machines spécialisées l'emporte au moins d'autant sur celle des machines universelles, encore en usage dans la moyenne, et même dans la grande industrie.

Quant à essayer de chiffrer l'excédent de production auquel on pourrait atteindre par l'emploi exclusif des machines les plus perfectionnées, ce serait une œuvre impossible, car il faudrait étudier les conditions de la production non seulement dans chaque industrie, mais dans chaque établissement industriel considéré séparément. D'ailleurs ce serait aussi un travail inutile, car il n'est pas nécessaire d'arriver à des chiffres précis pour démontrer qu'une organisation économique qui trouverait moyen d'appliquer tout le travail humain à la technique la plus parfaite accroîtrait la production industrielle dans des proportions énormes. Et c'est seulement cette conclusion générale qui importe.

*** Il reste pourtant à répondre à une objection: certaines parties du travail, comme le montage ou l'assemblage, la pose et les réparations, nécessiteront toujours le travail à la main.

C'est vrai; mais le quantum de ce travail manuel indispensable se réduirait à fort peu de chose si toute la production était standardisée.

Le montage d'une machine dont chaque pièce a été fabriquée mécaniquement, c'est-à-dire exactement calibrée, peut être fait rapidement par un manœuvre un peu exercé: il ne doit y avoir aucune retouche à faire, aucun coup de lime à donner. Il en est de même dans l'industrie du bois.

La pose peut être facilitée par des dispositifs mécaniques dont la standardisation rendra l'emploi plus facile.

Quant aux réparations, elles seront singulièrement simplifiées, dans certaines industries, par l'emploi des pièces interchangeables. Dans certaines autres, comme celles du vêtement, de la chaussure, etc., on y renoncera la plupart du temps parce que la dépense serait supérieure à l'achat d'un objet neuf.

Il n'en est pas ainsi aujourd'hui parce que les produits arrivent au consommateur grevés des multiples bénéfices de fabricants et d'intermédiaires qui en élèvent notablement le prix. Et d'ailleurs même le prix de revient de la production est déjà élevé puisqu'elle a été toujours faite dans de mauvaises conditions économiques. Dans ces conditions il peut y avoir intérêt à faire durer un objet en le réparant. Mais en régime socialiste, le prix de revient étant extrêmement réduit et la vente étant faite sans bénéfice, on prendra l'habitude de réformer les objets usés ou défraîchis et de les remplacer plutôt que de les réparer. Au surplus il arrivera souvent que les réparations elles-mêmes seront faites à la machine.

Ainsi on peut tenir pour négligeable la fraction de la main-d'œuvre qui devra rester affectée aux travaux manuels, par rapport à son importance actuelle et à l'effectif total des travailleurs.

*** Examinons maintenant la production en régime capitaliste à un autre point de vue, celui de la qualité des produits :

« Le but de la production actuelle étant, non l'utilité générale mais le gain, et ce gain étant limité par la concurrence, chacun s'ingénie à diminuer son prix de revient pour pouvoir vendre moins cher que les autres producteurs similaires ; l'emploi des machines, la réduction du prix de la journée des ouvriers, l'augmentation des heures de travail sont au nombre des moyens employés pour atteindre ce but ; mais ce ne sont pas les seuls : on emploie des matières premières inférieures et parfois on soigne moins la façon. La qualité de la marchandise s'en ressent, il est vrai, et souvent même beaucoup, mais c'est une considération secondaire pour l'industriel capitaliste s'il peut arriver, ce qui lui est ordinairement facile, à laisser à la marchandise son aspect extérieur, de façon à induire en erreur sur sa véritable qualité les connaisseurs superficiels. Dans cette voie regrettable, le fabricant est presque toujours assuré de la complicité du commerçant qui revendra la marchandise : lui ne se trompe pas sur la qualité réelle, mais que lui importe s'il peut partager avec le producteur le bénéfice supplémentaire obtenu ainsi, ou si, sans augmenter son bénéfice il arrive à vendre meilleur marché que ses concurrents, c'est-à-dire davantage. L'industriel et le négociant ont un autre intérêt à vendre des produits de qualité inférieure, bien que donnant l'illusion de la bonne qualité : ces produits s'usent plus vite et on doit les renouveler plus souvent, ce qui, chaque fois, crée en leur faveur un nouveau profit.

« Ce que le commerce recherche avant tout dans une marchandise, c'est l'apparence, l'effet, *l'œil, la main.* On détruit souvent, et sciemment, les qualités de fond pour rendre l'extérieur plus attrayant ; c'est le cas de certaines teintures, apprêts, nettoyages chimiques qui donnent aux tissus un éclat merveilleux, mais corrodent les fibres de la matière textile et occasionnent une usure rapide; c'est le cas des agents chimiques qui ont remplacé l'écorce de chêne dans le tannage des cuirs. Combien nous pourrions citer d'autres exemples!

« Et c'est ainsi que notre époque voit s'affermir de plus en plus le triomphe de la camelote, du faux, du toc. Où sont les habits de fête de nos aïeux, qui se transmettaient à plusieurs générations? Où sont les vieux parapluies de famille inusables, les vieux meubles massifs qui défiaient les ravages du temps, ces mille ustensiles solides qu'on se souvenait d'avoir toujours vus chez ses grands-parents et qu'on laissait intacts à ses enfants? Quelques mois, quelques années au plus ont raison des fragiles créations de l'industrie moderne.

« Encore si la diminution du temps du service était compensée par une diminution correspondante du temps employé pour la fabrication. Mais il n'en est rien; dans quelques industries on peut réaliser une économie de main-d'œuvre en fabriquant de mauvais produits; dans d'autres la dépense est la même; dans d'autres elle est même supérieure. C'est ce qui arrive par exemple lorsqu'on emploie des déchets de coton au lieu de cotons de bonne qualité; cette matière première nécessite un traitement spécial assez coûteux en dehors du travail ordinaire du coton.

« Or, supposons qu'à raison de ces faits, qui ne peuvent rencontrer aucun contradicteur, l'ensemble des objets de consommation dure deux fois moins de temps qu'il ne durerait si la fabrication en était plus consciencieuse. Il en résulte qu'avec la moitié de la main-d'œuvre actuelle, en l'appliquant à une bonne fabrication, on ferait face aux mêmes besoins.

« Telles sont les principales causes du gaspillage de force humaine auquel se livre, en vertu de son principe même, et par conséquent sans remède possible, l'industrie capitaliste. C'est principalement de la force ouvrière, presque exclusivement matérielle, que nous avons parlé; mais que de dépenses intellectuelles viennent s'y ajouter! La lutte contre la concurrence toujours menaçante dévore les cerveaux, absorbe de précieuses facultés; la recherche du capital nécessaire au lancement d'une affaire, à ses développements, aux renouvellements de matériel qui peuvent s'imposer, et aussi aux immobilisations de marchandises à faire pendant les crises économiques, est une source constante de préoccupations et de soucis. Elle est si terrible, la situation créée aux chefs d'industrie par l'instabilité des cours des matières premières, les variations de la consommation, l'incertitude où se trouve chaque producteur sur ce que font ses concurrents! La détermination de la valeur de leurs produits par la loi arbitraire de l'offre et de la demande les expose à de si cruels mécomptes!

« Faut-il passer un marché pour s'assurer l'approvisionnement de matières premières dont on aura besoin? On s'expose à de grosses pertes s'il y a baisse dans les cours. Vaut-il mieux acheter au jour le jour? Ce sera désastreux s'il y a hausse. Dans les deux cas on sera à la merci d'un concurrent mieux informé, plus habile ou simplement plus heureux.

« Faut-il fabriquer beaucoup de ce tissu léger convenant aux toilettes d'été? On en gardera un gros stock si l'année est humide et froide. Même situation pour les gros draps si l'hiver est relativement chaud.

« Mille causes imprévues déconcertent les calculs les plus sages et mettent une maison en péril.

« Un tisseur ignore complètement ce que font les autres tisseurs qui lui cachent leur situation comme il leur cache la sienne. L'un d'eux croit devoir fabriquer une quantité considérable d'une certaine étoffe, qu'il peut établir à un prix de revient satisfaisant et qui, selon ses prévisions, aura un grand écoulement. Il met en marche ses métiers et remplit ses magasins, comme s'il devait approvisionner seul tout le marché. Or dix, vingt de ses concurrents ont eu la même idée, de sorte qu'il y a engorgement et que rien ne se vend. Le plus pressé d'argent se décide à baisser les prix; il est bientôt suivi par un deuxième, qui fait une réduction plus forte et finalement, pour éviter la faillite, on est heureux de liquider bien au-dessous du prix de revient.

« Jadis le champ de la concurrence était limité à une rue, à une ville, à une province. Maintenant il dépasse les frontières; c'est des antipodes que viennent fondre sur nos marchés nationaux des marchandises dont on ne soupçonnait pas l'existence. Comment résister à ces chocs ? Comment les prévoir? Comment s'en défendre même en les prévoyant?

« Les périls croissants de cette situation ont rapproché les industriels divisés par l'antagonisme de leurs intérêts. Ils ont compris la nécessité de s'unir contre l'ennemi extérieur, de se renseigner sur ses moyens d'action, sur les invasions qu'il prépare. De là le développement rapide des chambres syndicales patronales qui permettent, en même temps, d'organiser la résistance contre l'ennemi intérieur: l'ouvrier. Il est intéressant de lire les procès-verbaux des réunions des chambres syndicales patronales lorsqu'ils sont publiés dans les organes corporatifs. On y constate l'anarchie de la production, et les efforts tentés pour y introduire un peu de méthode; on y voit aussi l'insuffisance des remèdes contre une situation qui tient aux principes fondamentaux de la société capitaliste.

« Le plus clair des intelligences, des facultés directrices des chefs d'industrie et de leur haut personnel se consume dans l'éternelle lutte qu'ils doivent soutenir contre ces difficultés sans cesse renaissantes. Combien la production serait accrue s'ils pouvaient s'y consacrer exclusivement ! Que de progrès seraient réalisés ou accélérés ! » (1)

(1) *L'application du système collectiviste*, par Lucien Deslinières.

CHAPITRE II

L'Agriculture.

Dans ce chapitre nous aurons à distinguer entre la petite, la moyenne et la grande culture, de même qu'au chapitre précédent nous avons distingué entre la petite, la moyenne et la grande industrie. Il est clair que plus la surface cultivée par chaque entreprise diminue, plus les méthodes de travail sont imparfaites. Seule la grande culture peut utiliser les machines modernes à haute production : charrues polysocs, tracteurs automobiles, moissonneuses-lieuses, etc.

Et, malheureusement pour la France, elle est essentiellement un pays de petite culture.

*** Dans le classement des établissements agricoles par ordre d'importance, la statistique officielle basée sur le recensement de 1906 avoue qu'elle n'est arrivée qu'à des résultats incertains, faute d'un critérium précis permettant de savoir si la femme et les enfants d'un cultivateur participent ou non à l'exploitation agricole. Les déclarations des intéressés et les méthodes de classement sont variables. C'est ainsi qu'en 1906, les ménages de cultivateurs ont été comptés comme établissements agricoles en plus grand nombre que dans les recensements précédents. D'autre part la doctrine qui permet de déterminer les établissements est sujette à critique. La statistique de 1906 la définit ainsi:

« L'établissement étant un groupe de deux ou plusieurs personnes travaillant en commun en un lieu déterminé, un individu travaillant seul ne compte pas comme établissement, mais deux associés, ou bien le mari et la femme travaillant ensemble sans aide constituent un établissement n'occupant aucun salarié. »

Ce principe est faux: ce n'est pas le groupement de deux ou plusieurs personnes qui constitue l'établissement, c'est le fonds matériel dont l'exploitation est le but du possédant: un petit domaine, une petite boutique, un petit atelier occupant un homme seul n'en sont pas moins des établissements.

L'absurdité du raisonnement des statisticiens officiels sera rendue plus sensible par l'exemple suivant: Un paysan et sa femme cultivent leur terre. Elle est considérée comme un établissement. La femme meurt; le mari continue seul l'exploitation. Le domaine cesse d'être classé comme établissement, bien que rien n'ait été changé dans sa consistance !

*** De cette erreur il résulte que le nombre des établissements agricoles et forestiers, avec lesquels sont groupés à tort ceux de pêche, est inférieur à la réalité.

A ceux qui n'occupent aucun personnel, soit 1.225.361, il faut ajouter une partie des 1.356.181 travailleurs isolés de l'agriculture qui comprennent, la statistique le constate, 614.096 petits patrons. Il faut donc admettre que l'agriculture française comprend environ 1.840.000 petites exploitations n'occupant aucun personnel.

Elle comprend en outre 1.324.261 établissements occupant un personnel, se décomposant ainsi:

De 1 à 5 salariés...................	1.278.878
De 6 à 20 salariés..................	43.387
De 21 à 50 salariés..................	1.785
De 51 à 500 salariés..................	201

Il n'existe pas en France d'établissement agricole occupant

plus de 500 salariés; il n'y en a que deux qui en occupent plus de 200.

En résumé, on peut classer ainsi l'agriculture française:

Très petite culture (sans personnel)	1.840.000	établissements
Petite culture (1 à 5 salariés)..	1.278.878	—
Culture moyenne (de 6 à 20)..	43.387	—
Grande culture (de 21 à 500)..	1.986	—

Ce tableau permet de se rendre compte d'un coup d'œil de l'énorme prédominance de la petite culture paysanne, quant au nombre des entreprises. Cette prédominance est à peine atténuée quant à la répartition du personnel, qui s'établit ainsi:

	Salariés
Etablissements occupant de 1 à 5 salariés....	2.238.652
— occupant de 6 à 10 salariés....	259.749
— occupant plus de 10 salariés..	162.686

*** Pour connaître le nombre total des personnes occupées dans chaque catégorie agricole, il faut ajouter à ces chiffres les chefs d'établissements.

Nous avons vu que 1.840.000 très petites exploitations n'occupent aucun salarié et que 1.324.261 petites exploitations occupent de 1 à 5 salariés. Le nombre de leurs chefs réuni aux 2.238.652 salariés de la petite culture donne un total de 5.402.913 personnes travaillant dans la petite culture, alors que 350.000 environ sont employés dans la culture moyenne et 100.000 environ dans la grande culture.

L'enquête agricole décennale faite par le ministre de l'Agriculture en 1892 — la dernière dont les résultats soient connus — établit le classement des exploitations agricoles non par leur personnel mais par leur superficie.

D'après elle, il existait à cette époque:

Exploitations de moins d'un hectare				....	2.235.000
—	de	1 à	5 hectares	....	1.830.000
—	de	5 à	10 —	....	788.000
—	de	10 à	20 —	....	429.000
—	de	20 à	30 —	....	190.000
—	de	30 à	40 —	....	92.000
—	de	40 à	50 —	....	54.000
—	de	50 à	100 —	....	52.000
—	de	100 à	200 —	....	23.000
—	de	200 à	300 —	....	6.000
—	de plus de	300 —		....	2.000

Total....................(1) 5.672.000

Or, seuls, les travailleurs de la grande culture et une partie de ceux de la moyenne culture emploient un matériel perfectionné. L'immense majorité des travailleurs agricoles, près de cinq millions et demi, ne se servent que d'un outillage à faible rendement.

Et on se plaint que l'agriculture manque de bras !...

*** Nous allons maintenant, comme nous avons fait pour l'industrie, essayer de déterminer la différence de productivité du travail exécuté selon les méthodes de la technique moderne avec le travail exécuté par les méthodes anciennes.

Pour cela nous aurons recours de nouveau à la grande enquête poursuivie aux Etats-Unis sous la direction de M. Carroll D. Wright, commissaire fédéral du travail, que nous

---

(1) Il convient de n'attacher à ces statistiques qu'une valeur très relative. Pourtant, il est difficile de ne pas remarquer l'écart énorme existant entre les chiffres du dénombremnt et ceux de l'Enquête agricole sur le nombre des exploitations. Il peut s'expliquer, au moins en partie, par le fait que cette dernière a dû comprendre dans les propriétés de moins d'un hectare un grand nombre de jardins dépendant de maisons d'habitation et que le Dénombrement n'a pas considérés comme des établissements agricoles.

avons déjà citée au chapitre précédent; elle va nous fournir, sur le travail agricole à la main et à la machine, d'intéressantes comparaisons.

M. Emile Levasseur a reproduit et commenté quelques résultats de cette enquête dans le *Journal de la Société de Statistique de Paris*, de janvier 1900:

La culture d'un acre de terre produisant 20 boisseaux de blé a coûté 3 dollars 55 à la main et 0 d. 66 à la machine.

Le labourage a employé 6 h. 40 avec la charrue en bois traînée par 2 bœufs; avec la charrue munie de dix disques et traînée par 12 chevaux, il a employé une heure. (Il aurait employé moins encore avec un tracteur automobile; mais ce mode de traction n'existait pas alors.)

Les semailles ont pris à la main 1 h. 15 et avec le semoir 15 minutes seulement.

Le hersage a pris 2 h. 30 par l'ancienne méthode et 12 minutes par la nouvelle.

La moisson par l'ancienne méthode est faite à la faucille; le bottelage est fait à la main; le battage est fait au fléau et la paille est mise en meule avec la fourche. La nouvelle méthode emploie la moissonneuse batteuse, à l'aide de laquelle la paille est rangée automatiquement. Ces opérations qui exigeaient 46 heures 40 minutes par l'ancienne méthode se font en une heure par la nouvelle.

L'emploi de la machine a également abaissé de 14 dollars 31 à 4 dollars 23 les frais de culture d'un acre de maïs, bien que le salaire des ouvriers ait été doublé.

La faux représentait déjà un progrès sur la faucille et permettait à deux ouvriers de moissonner un hectare de blé par jour. La moissonneuse lieuse traite dans le même temps, avec un seul homme et deux attelages de deux chevaux, six à sept hectares.

Au fléau un homme bat, par jour, trois hectolitres de

grain. Une batteuse à vapeur servie par six hommes donne aisément cent cinquante hectolitres.

On pourrait multiplier ces exemples; mais à quoi bon? il est évident que, même en agriculture, le travail à la main est beaucoup moins productif que le travail à la machine.

*** Il faut reconnaître que l'outillage agricole de la France s'est beaucoup amélioré. On ne bat presque plus au fléau; on emploie presque partout les charrues en fer et les herses en fer, ainsi que d'autres instruments constituant un certain progrès.

Mais d'autre part, depuis que les chiffres ci-dessus ont été établis, la motoculture s'est introduite dans les grandes exploitations, et comme elle accélère notablement le travail des machines de culture et des machines de récolte, la différence entre la main-d'œuvre nécessaire en petite et en grande culture est restée constante, si même elle ne s'est pas accrue.

Le développement du progrès dans le machinisme agricole est strictement limité, non seulement par l'esprit de routine et par l'insuffisance des ressources du paysan, mais par l'exiguïté de ses pièces de terre. On a vu que 2.235.000 exploitations occupent moins d'un hectare et 1.830.000 de 1 à 5 hectares. Encore si chacune était d'un seul tenant! Mais ces minuscules propriétés sont le plus souvent divisées en plusieurs parcelles. C'est un préjugé tenace à la campagne, lors du partage des successions, de faire entrer dans chaque lot un morceau de chaque pièce de terre, de sorte que le morcellement excessif devient un obstacle à toute bonne culture.

En Allemagne, la loi sur le remembrement, depuis longtemps en vigueur, a permis de réunir en un seul champ les morceaux disparates et souvent éloignés les uns des autres qui constituaient les anciennes propriétés. Il en est résulté un grand progrès. En France où elle a été votée beaucoup plus tard, elle n'a pas encore été appliquée. Pendant la guerre, dans les régions envahies, nos paysans s'indignaient en voyant les Allemands faire sauter les clôtures, combler les fossés et cultiver sur de grandes surfaces. L'exemple a été perdu et, l'ennemi repoussé, ils se sont empressés de rétablir les divisions abolies. Aujourd'hui, ils opposent à la loi salutaire sur le remembrement une résistance passive, s'obstinant à garder leurs héritages morcelés et refusant d'en recevoir l'équivalent d'un seul tenant (1).

Comment employer sur ces champs exigus l'outillage mécanique, si avantageux dans les grandes exploitations? Un tracteur automobile fait d'autant plus de travail qu'il est moins souvent obligé de tourner aux angles des champs. L'idéal pour lui ce sont les vastes plaines américaines dans lesquelles, si l'on en croit un chroniqueur yankee, qui est peut-être de Marseille, un laboureur ouvre un trait de charrue en commençant sa journée et marche droit devant lui sans revenir sur ses pas jusqu'à l'heure du déjeuner! Dans nos petits champs de 50 à 60 mètres de côté, une charrue à cheval est préférable, et même sur les plus petites parcelles, on en est réduit à l'outil manuel.

Que ferait le propriétaire de quelques hectares d'une moissonneuse-lieuse qui coupe six à sept hectares par jour et exécuterait sa besogne en deux ou trois heures, le laissant ensuite inoccupé? Il préfère employer ses bras en s'escrimant de la faux et du râteau.

-----

(1) M. Tisserand, ancien directeur de l'Agriculture au ministère français, a signalé dans un rapport officiel le fait suivant:

« La commune saxonne de Hohenhaida était divisée en 774 parcelles de 57 ares en moyenne. Le nombre des propriétaires était de 35; la majorité ayant été d'avis de faire la *réunion territoriale*, la répartition réduisit le nombre des parcelles à 57, d'une contenance moyenne de 9 hectares 80 ares. De ce fait, 10 hectares de chemins de desserte purent être supprimés. Le tout coûta 8.126 francs. Les conséquences de l'opération ne se firent pas attendre: deux ans plus tard, tous les propriétaires durent élargir leurs greniers à récoltes. »

Les apologistes du système actuel vantent beaucoup le courage et l'esprit d'économie du paysan, dont le bas de laine va alimenter les grandes entreprises et en qui ils voient le fondement de la richesse française.

La vérité, c'est que la culture paysanne est une effroyable gaspilleuse de main-d'œuvre et que si la force qu'elle consomme stérilement était appliquée à un travail scientifique, elle suffirait pour mettre en valeur un pays trois ou quatre fois grand comme la France.

Nous verrons par la suite à quel point elle affaiblt la production nationale et ruine le pays au lieu de l'enrichir.

CHAPITRE III

Manutentions et Transports.

Le nombre des entreprises de manutention et de transports et l'effectif du personnel qu'elles emploient sont beaucoup moins élevés que ceux des entreprises industrielles et agricoles.

Mais il convient tout d'abord de faire observer que ces entreprises n'exécutent pas la totalité des manutentions et transports nécessaires à la production et à la circulation des produits, ainsi qu'à la circulation des personnes : une grande partie de ces travaux sont accomplis par les entreprises industrielles, agricoles et commerciales avec leurs propres moyens.

C'est ainsi qu'un cultivateur va le plus souvent chercher à la gare les engrais et le matériel qu'il reçoit, en utilisant son cheval et sa charrette; qu'il transporte ses récoltes du champ au grenier et souvent du grenier au marché.

C'est ainsi qu'un exploitant de mines manutentionne et transporte lui-même son charbon ou son minerai du puits d'extraction au carreau de la mine et souvent, par une voie ferrée particulière, du carreau à la gare ou au port d'embarquement.

C'est ainsi qu'un commerçant retire de la gare en gros et livre à sa clientèle en demi-gros ou au détail les marchandises qu'il achète et vend.

Tout le personnel employé à ces opérations est compté

par les statistiques comme appartenant à l'industrie, à l'agriculture, au commerce. Les rubriques manutention et transport sont réservées aux établissements qui se chargent exclusivement de les accomplir pour le compte d'entreprises d'une autre nature.

Il ne faut donc pas mesurer les économies de main-d'œuvre qui pourraient être réalisées par une meilleure organisation des manutentions et transports à l'importance du personnel signalé par les statistiques, même en y ajoutant certains éléments comptés à part comme exécutant habituellement des travaux de ce genre.

*** Sous ces réserves, voici, d'après le dénombrement de 1906, les renseignements relatifs aux entreprises de manutention et de transport:

Il existait à cette date 711 entreprises de manutention et 23.787 entreprises de transport; ensemble 24.498.

Le total du personnel affecté à ces services, y compris les ouvriers sans emploi et les travallleurs isolés, était de 395.012 pour les manutentions et de 492.325 pour les transports, soit ensemble 887.337 personnes, chefs, employés et ouvriers.

Là encore on constate la prédominance numérique des petites entreprises:

```
       3.499 n'occupent aucun salarié
      20.212 occupent de    1 à    10 salariés
       1.272    —      de  11 à   100    —
          75    —      de 101 à 1000    —
           8    —      plus de    1000    —
```

Pour 432 établissements, il n'y a pas eu de déclaration.

N'insistons pas trop sur ces statistiques: les différences qu'on trouve entre les divers tableaux où elles sont présentées sont déconcertantes.

Constatons, pour en finir avec elles, que le personnel des chemins de fer figure pour 276.155 dans le total, celui de la navigation maritime pour 24.749 et celui de la navigation fluviale pour 24.779, non compris 2.507 salariés affectés au remorquage des bateaux.

*** Il est évident que toutes les petites entreprises de manutention et transport et une partie des grosses travaillent encore avec un outillage arriéré. C'est également le cas de presque toutes les manutentions et de presque tous les transports effectués par des entreprises agricoles, industrielles et commerciales pour leur propre compte. Pourtant, dans cette branche du travail comme dans l'industrie et l'agriculture, la science a marché à pas de géant. Pour n'en citer que deux exemples dont le premier est emprunté à l'enquête Carroll Wright, le transport de 100 tonnes de minerai de la mine au wagon qui, à la main, était effectué en 200 heures s'effectue à la machine en 2 heures 51.

D'autre part, avec des hottes et des pelles, il fallait 10 heures pour décharger un bateau contenant 1.000 boisseaux de blé; le travail se fait en 15 minutes dans un élévateur.

Ces constatations suffisent à notre thèse: les économies de main-d'œuvre réalisées par la technique moderne sont évidentes.

*** Il faut noter encore que le régime individualiste multiplie inutilement les transports: les opérations du commerce et de la spéculation ont pour effet de déplacer souvent plusieurs fois la même marchandise au lieu de la livrer à la consommation dans le rayon du lieu de production. Et quand c'est le commerce de détail qui livre à sa clientèle, la main-d'œuvre employée au mesurage, au pesage, à la livraison devient très forte par rapport à la valeur de la marchandise.

*** Au commencement de ce chapitre, nous avons parlé surtout des transports; mais la manutention tient une place considérable dans l'emploi de la main-d'œuvre. Elle entre comme élément important dans la plupart des travaux. Les grandes entreprises industrielles la facilitent par de nombreux dispositifs mécaniques qui permettent de mouvoir des masses énormes par l'effort de l'eau, de la vapeur, de l'électricité. Mais dans les petites entreprises, c'est la force humaine à peu près seule qui agit. En agriculture les exploitations munies d'appareils de manutention perfectionnés sont très rares, même dans les grandes fermes. Il est impossible de chiffrer l'économie qui résulterait de la généralisation du matériel moderne dans l'ensemble des travaux, au point de vue manutention et transport; mais on se rend bien compte de son importance.

*** Il ne nous reste, pour terminer ce chapitre, qu'à faire la comparaison des efforts nécessités par l'application des divers modes de transport. Nous emprunterons pour cela les chiffres adoptés par les ingénieurs. Le tableau ci-dessous exprime en kilogrammes l'effort à exercer par tonne de poids utile transporté en palier. Pour les transports sur route, nous admettons une bonne chaussée établie dans des conditions normales. Il est évident que l'effort devrait être beaucoup augmenté sur de mauvais chemins et à plus forte raison pour un roulage à travers les terres. Pour les chemins de fer les chiffres s'appliquent à un train de marchandises à marche lente:

	Par tonne
Voiture attelée	30 à 45 kgs
Camion automobile	25 —
Chemin de fer à voie étroite........	. 5,3 —
— à voie normale......	2,5 —
Tramways	10 —
Câble	10 à 25 —

On voit que le transport sur route exige environ quinze fois plus d'effort que le transport par voie ferrée normale ;

quant aux transports par câble, ils s'effectuent ordinairement sur plan incliné ou sur câble aérien avec une pente plus ou moins forte. Dans ce cas l'effort est nul, et même le wagon qui descend plein remonte le wagon vide.

Le transport par eau, là où il est possible, réalise des économies plus grandes, et qui varient naturellement selon le tonnage, le gabarit, le courant favorable ou contraire, etc.

*** En résumé on voit tout ce qu'une organisation scientifique d'ensemble, appliquant à la totalité de la manutention et des transports les procédés de la technique moderne, permettrait d'économiser de temps et d'effort humain.

DEUXIEME PARTIE

———

LA RICHESSE PERDUE

EN REGIME CAPITALISTE

———

LIVRE PREMIER

———

LE SOL

CHAPITRE PREMIER

L'Utilisation du Sol

La dernière enquête décennale sur l'agriculture française, qui remonte à 1892, évaluait la superficie totale de la France à 52.857.199 hectares.

Sur cette étendue, 2.389.290 hectares constituaient le territoire non agricole, qui comprend l'emplacement des bâtiments, des voies de communication de toutes sortes, des lacs et rivières, des glaciers, etc...

Et par conséquent, 50.467.909 hectares constituaient le territoire agricole.

On distinguait, pour ce dernier, la superficie non cultivée et la superficie cultivée.

La première comprenait 6.226.189 hectares, se décomposant ainsi :

	Hectares
Landes, pâtis, bruyères	3.898.530
Terrains rocheux et montagneux incultes	1.972.994
— marécageux	316.373
Tourbières	38.292

Restait donc pour la surface cultivée 44.241.720 hectares, sur lesquels les terres labourables figuraient pour 25.771.419 hectares.

Le surplus, soit 18.470.301 hectares, comprenait:

	Hectares
Vignes	1.800.489
Prés naturels	4.402.836
Herbages pâturés	1.810.608
Bois et forêts	9.521.568
Cultures arborescentes, etc.	934.800
Total	18.470.301

Une note indique que les herbages pâturés comprenaient les herbages alpestres.

L'enquête décennale précédente, qui datait de 1882, donnait des chiffres peu différents, savoir:

Surface non cultivée :

	Hectares
Landes, pâtis, bruyères	3.889.171
Terrains rocheux et de montagne, incultes	1.958.750
— marécageux	328.297
Tourbières	46.319
Total	6.222.537

Surface cultivée:

	Hectares
Terres labourables	26.017.582
Vignes	2.196.799
Prés naturels	4.115.424
Herbages pâturés permanents	1.171.116
Bois et forêts	9.455.225
Cultures arborescentes en masse	472.870
Vergers	291.825
Jardins de plaisance, parcs	77.338
Total	44.338.179

A défaut d'enquête décennale postérieure à 1892, nous nous sommes reportés à la statistique annuelle de 1913 pour avoir des renseignements plus récents, et, par comparaison entre les chiffres des trois dates: 1882, 1892 et 1913, essayer de nous faire une idée des progrès réalisés par l'agriculture. Mais nous nous sommes heurtés à une classification différente qui semble avoir été adoptée tout exprès pour rendre les rapprochements difficiles et masquer les résultats obtenus, qui sont peu brillants comme on va le voir. Voici exactement le relevé de la statistique de 1913:

	Hectares
Terres labourables	23.651.100
Vignes	1.616.621
Prés naturels	4.908.668
Herbages	1.490.870
Pâturages et pacages...............	3.648.150
Bois et forêts.....................	9.886.701
Cultures arbustives, etc..............	960.410
Cultures maraîchères	266.845
Landes et terres incultes.............	3.793.450
Territoire non compris dans les catégories ci-dessus	2.729.764
Total....................	52.952.579

Nous admettrons tout d'abord que les 2.729.764 hectares, dénommés à la statistique de 1913: *territoire non compris dans les catégories ci-dessus*, représentent ce que les enquêtes exprimaient plus simplement par les mots: *territoire non agricole* et constatons qu'il se serait accru, en vingt ans, de plus de 340.000 hectares, ce qui est beaucoup alors que dans les dix années précédentes il ne s'était accru que de 93.000. Mais passons.

Constatons maintenant que la surface des terres labourables ne cesse de diminuer.

Elle était en 1882 de   26.017.582 hectares
—   en 1892 de   25.771.419   —
—   en 1913 de   23.651.100   —

La différence en moins, depuis trente ans, est de 2 millions 366.482 hectares. C'est beaucoup.

Ajoutons que toutes les terres labourables ne sont pas effectivement labourées. Une partie reste en jachère, c'est-à-dire improductive. C'était un préjugé de l'ancienne culture qu'après avoir demandé une récolte au sol il fallait le laisser se reposer pendant un certain temps. La science moderne a victorieusement établi le contraire. On sait aujourd'hui que la terre peut donner tous les ans une récolte, parfois plusieurs si on prend soin de lui restituer par des engrais appropriés les éléments de fertilité que chaque récolte lui enlève.

Or en 1882, il y avait 3.643.799 hectares en jachères et en 1892, 3.367.518. Le chiffre avait un peu diminué; mais la surface des terres labourables était également moins grande.

La statistique de 1913 ne nous indique pas l'étendue des jachères et c'est une lacune injustifiable. Admettons qu'elle ait encore diminué et soit pour cette année de 3 millions d'hectares.

En même temps que celle des terres labourables, la superficie des vignes a diminué: de 2.196.799 hectares, en 1882, elle est tombée à 1.616.621 hectares en 1913, soit 580.178 hectares de moins.

Par contre, les cultures arborescentes et maraîchères ont un peu augmenté: de 842.033 hectares, compris en 1882 sous diverses dénominations, elles ont passé à 934.800 en 1892 et à 1.227.255 hectares en 1913, soit un accroissement, en trente ans, de 385.222 hectares.

En résumé si la superficie labourée a diminué de 2 millions 366.482 hectares pour les terres et de 580.178 hectares pour les vignes, elle s'est élevée de 385.222 hectares pour les cultures arborescentes et maraîchères. Compensation faite, elle a perdu net 2.561.438 hectares.

⁂ Qu'est devenue cette importante surface?

Assurément elle n'est pas passée aux bois et forêts, car si la statistique de 1913 signale environ 450.000 hectares de plus qu'en 1882, elle prend soin d'ajouter que son chiffre, fourni par l'administration des forêts, contient « les vides, les périmètres de restauration et les vacants ». S'il y a eu extension des forêts, elle a été minime.

La surface abandonnée par la charrue n'a pas été non plus affectée aux prairies, ou du moins elle ne l'a été que partiellement.

On sait que l'usage assigne plus particulièrement le nom de *pré* à une prairie naturelle fauchée et celui *d'herbage* à une prairie naturelle pâturée. Ces deux expressions s'appliquent à des surfaces bien aménagées et bien entretenues, alors que celles de *pâturages, pacages,* s'appliquent à des surfaces à peu près abandonnées et où le bétail ne trouve de nourriture que celle que la nature lui fournit. Or, la surface affectée aux prés et herbages était:

      En 1882 de   5.286.540 hectares
      En 1892 de   6.213.444   —
      En 1913 de   6.399.538   —

L'importante augmentation des herbages pâturés figurant à l'enquête de 1892 s'explique par la note reproduite plus haut, expliquant qu'on y a incorporé les « herbages alpestres » qui ne sont en réalité que des pâturages. Avec ces déclassements dont on ignore l'importance, il est bien difficile de connaître, même approximativement la vérité. Il est probable que quelques centaines de milliers d'hectares ont été conquis par les prairies naturelles; mais ce n'est pas certain.

En tout cas il s'en faut de beaucoup que les 2.561.438 hectares perdus par les terres labourées et les vignes aient été convertis en prairies. S'ils l'avaient été, on devrait constater une évolution de l'agriculture française vers l'élevage et non une régression. Par malheur, c'est bien d'une régression qu'il s'agit, comme on va le voir.

Dans la statistique de 1913 on voit figurer une rubrique qui n'existait pas dans les enquêtes de 1882 et de 1892: celle de *Pâturages et pacages*. Elle représenterait 3.648.150 hectares.

Par contre, la statistique de 1913 ne classe par le territoire inculte avec les détails inscrits aux deux enquêtes. Il le comprend dans une seule ligne: *Landes et terres incultes,* pour 3.793.450 hectares seulement, alors que d'après les enquêtes il s'élevait à 6.220.000 hectares environ. Comme les 2.426.770 hectares de différence ne se sont pas volatilisés, ils se retrouvent évidemment en 1913 sous la rubrique nouvelle: *Pâturages et pacages*, terme équivoque choisi sans doute à dessein pour faire croire que l'étendue des terres incultes a diminué, alors qu'elle a considérablement augmenté en réalité.

Les pâturages et pacages sont en effet des terres incultes, ne donnant qu'un rendement misérable sous la forme de la nourriture de fortune qu'y trouve le bétail.

Pour connaître la situation vraie, il faut donc classer comme sol non cultivé, non seulement les 3.793.450 hectares dits *Landes et terres incultes*, mais les 3.648.150 hectares dits: *Pâturages et Pacages* et on arrive ainsi au total de 7.441.600 hectares. C'est là qu'on pourra retrouver une bonne partie des 2.561.438 hectares cultivés en moins. En effet, en 1882, il n'y avait que 6.226.189 hectares de terrains non cultivés; l'augmentation est de 1.215.411 hectares. Voilà le progrès!

M. Augé-Laribé dans son ouvrage: *L'Evolution de la France agricole*, interprète dans le même sens que nous les chiffres du ministère de l'Agriculture dont il constate également le classement défectueux. Nous le citons textuellement:

« Voit-on diminuer la proportion des terrains incultes? Non, au contraire... L'énorme diminution de la catégorie « landes et terres incultes » s'explique évidemment par l'augmentation de la catégorie « herbages et pâturages ». Si nous réunissons à chaque époque ces deux catégories, nous voyons que la part des landes et pâturages, bien loin de diminuer, s'accroit sensiblement. »

Pourtant, en 1882, le directeur de l'agriculture d'alors, M. Tisserand, parlant dans son rapport des 6.226.189 hectares non cultivés, écrivait:

« Il est impossible de méconnaître qu'en France bien des terrains incultes seraient susceptibles d'être utilisés; *presque tous ceux qui sont en dehors de la région des glaciers pourraient être mis en valeur.* La charrue doit attaquer ceux qui sont propres à la culture arable. Le reste, et c'est la majeure partie, doit constituer ou des pâturages bien soignés, ou bien être mis en état pour la production forestière. *Il y a là une conquête importante à faire.* »

On voit combien il s'en faut qu'à trente ans de date les vœux de M. Tisserand aient été réalisés.

*** On pourrait alléguer qu'il est excessif de considérer comme non cultivés les 3.648.150 hectares de pâturages et pacages et que, si la presque totalité d'entre eux ne sont effectivement l'objet d'aucun aménagement, d'aucun soin cultural, ils n'en apportent pas moins une contribution appréciable à nourriture du bétail. Cela est vrai; mais cette contribution est minime par rapport à ce que pourrait être le produit des mêmes terrains s'ils étaient bien utilisés. Quand on cesse de cultiver une terre labourable pour se contenter de recueillir ses produits spontanés, il y a recul, personne ne peut le contester.

D'ailleurs si les 3.648.150 hectares de pâturages et pacages étaient mis en bon état de production, l'appoint qu'ils fourniraient aux prés et herbages devrait avoir pour conséquence une notable augmentation des animaux de ferme. Or, comparons les chiffres des enquêtes de 1882 et 1892 et de la statistique de 1913. Nous y voyons que le nombre total des animaux de ferme était :

> En 1882 de   49.289.005
> En 1892 de   47.471.178
> En 1913 de   43.156.500

Du moins, puisqu'il y a diminution sur le nombre, est-elle compensée par une augmentation du poids vif? Jugeons-en d'après les enquêtes de 1882 et 1892; malheureusement la statistique de 1913 ne mentionne pas le poids vif:

POIDS VIF MOYEN	En 1882	En 1892
D'un bœuf	281 kg.	287 kg.
D'un mouton	27 —	27 —
D'un porc	82 —	77 —

Ainsi le poids vif moyen de notre bétail n'augmente pas sensiblement puisque la légère élévation constatée sur les bovins est presque compensée par l'abaissement de poids des porcs.

Pourtant d'après les enquêtes de 1882 et 1892, le poids vif total des animaux de ferme serait passé de 6.240.431 tonnes à 6.438.811 tonnes. Cet accroissement s'explique par le fait que, si le troupeau ovin diminue rapidement, la race bovine augmente:

Ainsi, tandis que le nombre des moutons était:

> En 1892 de   23.809.433
> En 1892 de   21.115.713
> En 1913 de   16.131.390

celui des bovidés a été:

En 1882 de 12.996.984
En 1892 de 13.707.997
En 1913 de 14.787.710

On peut donc admettre, dans le silence de la statistique, que le poids vif total du troupeau français était en 1913 d'environ 7.500.000 tonnes, soit un accroissement d'environ 1.300.000 tonnes en trente ans. C'est un résultat médiocre si l'on tient compte des immenses progrès de la science agronomique pendant la même époque, concernant l'alimentation rationnelle du bétail.

En Allemagne, le troupeau bovin est passé de 15 millions 786.764 en 1883 à 20.182.000 en 1913. Il est vrai que les ovins ont baissé dans l'énormes proportions: 19 millions 189.715 en 1883 et 5.803.000 en 1913. Mais par contre les porcins, de 9.206.195 en 1883 se sont élevés en 1913 à 21.923.000. Le poids d'un porc étant environ trois fois celui d'un mouton, la plus-value réalisée est formidable. De plus le poids moyen par tête a considérablement augmenté en Allemagne où la culture devient de plus en plus intensive et où les résidus industriels prennent une place de plus en plus grande dans l'alimentation du bétail.

La comparaison est loin d'être favorable à la France qui, avant la guerre, possédait un sol arable à peine moins étendu et d'une qualité sensiblement supérieure.

*** En France, comme d'ailleurs en Allemagne, on emploie un nombre considérable de chevaux pour les transports et le travail agricole. On en comptait 3.222.080, en 1913, dans notre pays, plus 188.280 mulets et 356.310 ânes. L'avoine, cultivée presque exclusivement pour leur nourriture, occupait en 1913 une superficie de 3.979.270 hectares. Dans un pays organisé par le socialisme, et qui utiliserait intégralement ses forces naturelles, les chevaux, ânes et mulets n'existeraient plus guère qu'à l'état d'échantillon, et on pourrait élever à leur place des animaux de boucherie.

***** Récapitulons maintenant les surfaces laissées sans culture ou cultivées inutilement, d'après la statistique de 1913 :

Landes et terres incultes...........	3.793.450
Pâturages et pacages...............	3.648.150
Jachères (environ)	3.000.000
Avoine	3.979.270
Total...................	**14.420.870**

Si l'on tient compte de l'opinion autorisée de M. Tisserand, rapportée plus haut, que la plus grande partie des terres incultes, presque toutes celles, dit-il, qui sont en dehors de la région des glaciers, pourraient être mises en valeur, on se fait idée du gaspillage de richesse agricole qui est la conséquence du régime individualiste, rien que par le fait des terrains laissés sans culture. Nous allons maintenant rechercher quel parti on tire de ceux qui sont cultivés.

CHAPITRE II

Aménagement des terres et des eaux

On a constaté plus haut l'énorme prédominance de la petite propriété agricole. Elle a presque partout pour conséquence une dispersion de la population Celle-ci, au lieu de s'agglomérer au centre de la commune, se divise en villages et souvent s'éparpille en exploitations isolées, l'habitat du cultivateur étant fixé par lui à proximité des terres qu'il travaille. C'est, il est vrai, une économie de temps et de peine; mais au point de vue social, un tel état de choses présente de grands inconvénients.

Privé du contact de ses semblables, le paysan reste en dehors du courant général de progrès, croupit dans son ignorance et dans son esprit de routine et continue à vivre de la vie du moyen-âge. Le principe salutaire de la division du travail et de l'échange des produits, d'où est sortie la civilisation moderne, est presque sans application pour lui: il s'arrange, en réduisant ses besoins, pour produire lui-même le plus grand nombre possible des objets nécessaires à sa subsistance, surtout en ce qui concerne l'alimentation.

Ainsi, lorsqu'il doit faire le choix de ses cultures, il ne se préoccupe ni des besoins généraux du pays, ni de la qualité spéciale de ses terres qui peuvent convenir à telle récolte et ne pas convenir à telle autre ;son but exclusif est de se procurer directement ce qui est nécessaire à lui, à sa famille, à ses bestiaux.

C'est pourquoi on le voit, en pays de montagnes, labourer des pentes abruptes où son attelage et lui ont peine à garder leur équilibre, pour en tirer une maigre récolte de grains, alors qu'il faudrait les laisser en herbages ou en bois.

Où la chèvre est attachée, il faut qu'elle broute, dit le proverbe. Où le paysan a sa terre, il faut qu'il vive, car que deviendrait-il s'il l'abandonnait ? Si médiocre que soit son existence, il s'y résigne, de crainte du pire, et à force de sobriété, de travail et de patience, il arrive à s'en accommoder.

Mais s'il déployait les mêmes efforts dans une grande exploitation agricole dirigée scientifiquement, il produirait dix fois plus, et au lieu de se borner à satisfaire tant bien que mal ses besoins particuliers, il viendrait en aide à ses semblables, tout en améliorant largement ses conditions d'existence. L'intérêt national et son intérêt propre sont donc lésés par le mauvais usage qu'il fait de ses forces productives.

*** Supposons la propriété privée abolie et toutes les terres à la disposition de la nation. Le premier soin de la direction de l'agriculture serait d'en faire une répartition rationnelle en affectant chaque partie du sol à la culture la mieux adaptée à ses qualités propres, tout en tenant compte des nécessités de la consommation.

On concentrerait la culture des céréales et les cultures industrielles dans les plaines et les terrains à pente douce, où peuvent être employées les machines à grand rendement et on rendrait aux pâturages, à la forêt ou aux cultures arbustives les parties trop déclives du sol.

De cette façon chaque mètre carré rendrait le maximum de ce qu'il peut rendre, car on lui demanderait précisément les produits qu'il est le plus apte à donner.

Sur une surface cultivée réduite, on obtiendrait des récoltes beaucoup plus considérables par la généralisation de la culture intensive, tandis que l'extension des forêts et des pâturages dans les montagnes améliorerait le climat, régulariserait les cours d'eau et préviendrait les inondations.

*** Il resterait alors à réaliser un vaste programme d'améliorations foncières devant lequel, jusqu'à ce jour, le régime individualiste s'est montré impuissant.

Les principales améliorations foncières sont: les défrichements, les nivellements, les amendements, les drainages et les irrigations.

Nous ne dirons rien des défrichements, ni des nivellements qui d'ordinaire en sont la suite, puisque le lecteur a pu se rendre compte, par l'importance croissante des surfaces incultes, combien il y aurait à faire dans cet ordre d'idées.

Les amendements améliorent la qualité d'un sol défectueux par l'apport d'éléments complémentaires. Ainsi on ajoute de la marne aux terres où manque le calcaire, du sable aux terres fortes trop argileuses, de l'argile aux terres sableuses légères.

Aux sceptiques qui allègueraient la disproportion des frais aux résultats dans de telles opérations, citons d'après le livre de M. Victor Cambon, les *Derniers Progrès de l'Allemagne* comment, dans ce pays, on est parvenu à mettre en culture les terres les plus rebelles à toute utilisation: les tourbières.

« Dans la tourbière, un canal principal est creusé pour l'écoulement des eaux, auquel viennent aboutir des canaux perpendiculaires, espacés de 7 à 8 mètrès les uns des autres pour les récoltes annuelles, ou de 20 mètres si l'on veut créer des prairies. Sur les parcelles, ainsi morcelées et assainies, on fait un apport considérable d'amendements et d'engrais, soit, par hectare 2 à 4.000 kilos de chaux, 15 à 20.000 kilos de marne qu'on incopore au sol par un labourage de 20 à 25 centimètres de profondeur. Les amendements étant ainsi mélangés à la tourbe, on applique au terrain 1.600 kilos de kaïnite, 800 kilos de scories Thomas et 200 kilos de nitrate de soude. Toutefois, quand on doit semer des légumineuses, on s'abstient d'épandre des éléments azotés (nitrate), mais on inocule le terrain de ferments de légumineuses. Les engrais potassiques sont toujours les plus indispensables.

« Pour gagner à la culture les grandes tourbières du Nord avec la moindre dépense, on met en œuvre un ensemble de voies ferrées, de wagonnets et d'excavateurs mécaniques, de telle sorte qu'aujourd'hui c'est une opération d'un profit assuré dans la plupart des cas. Bien souvent une première récolte de pommes de terre paye tous les frais de mise en valeur. Les agronomes allemands, après de nombreuses expériences comparatives, ont adopté cette dernière méthode, car si elle donne des rendements moindres que le système hollandais, les prix de revient sont moins élevés et finalement la culture est plus rémunératrice.

« On est surpris de constater que des tourbières, hier incultes, donnent aujourd'hui 2.000 kilos d'orge, 1.600 kilos d'avoine, ou 20.000 kilos de pommes de terre à l'hectare.

« J'ai signalé, entre autres, cet exemple, parce qu'il s'applique à des provinces entières de l'Allemagne du Nord. »

On voit par cette citation tout ce qui reste à faire en France, et tout ce qui pourrait y être fait pour améliorer la qualité d'une grande partie de nos terres.

Ce ne sont ni les idées, ni les possibilités d'action qui nous font défaut, mais l'esprit d'initiative. Pour ne citer qu'un exemple de notre incurie, un ingénieur des ponts et chaussées très distingué, M. Duponchel, a établi scientifiquement la possibilité de fertiliser le sol de la région des Landes, à très peu de frais, au moyen des limons des contreforts occidentaux du plateau de Lannemezan, transportés à l'état d'alluvions artificiels, et de faire, dit-il, « de cette non-valeur actuelle la plus riche province de France ». Mais malgré toutes ses démarches, M. Duponchel n'a pu faire prendre son projet en considération.

******* Parlons maintenant de l'aménagement des eaux qui est la base de toute culture raisonnée, ainsi que le rappelle fort justement M. Abadie dans son ouvrage *Améliorations du sol.*

« S'il n'est pas loisible au cultivateur, dit-il, de disposer à son gré du soleil et des nuages, il peut, dans une assez grande mesure, atténuer les inconvénients qui résultent d'un excès d'humidité ou de sécheresse, en corrigeant l'écoulement des cours d'eau, en desséchant les marécages, en drainant ses terres ou en les irriguant. »

On sait que le drainage a pour objet de donner un écoulement à l'eau qui existe en excès dans certaines terres, tandis que l'irrigation, au contraire, apporte à d'autres l'eau qui leur manque.

Dans son livre : *Drainage et Assainissement agricoles,* M. L. Faure, Inspecteur des Améliorations agricoles, s'exprime ainsi :

« En France, la superficie des étangs et des marais est, en somme assez faible... Celle des marécages atteindrait 185.000 hectares et celle des étangs 25.000 à 30.000 hectares.

« Mais il n'en est pas de même des terrains que le drainage peut améliorer. D'après le rapport présenté à la Commission supérieure pour l'aménagement et l'utilisation agricole des eaux, instituée en 1878 au ministère des Travaux publics, il n'y aurait pas en France moins de 4.000.000 d'hectares susceptibles d'être utilement drainés. Il y en aurait au moins 7.000.000 pour Hervé Mangon, et 9 millions d'après l'exposé des motifs du projet de loi relatif au drainage présenté en 1856 au Corps Législatif. Suivant d'autres évaluations, cette surface serait bien plus considérable encore, et pour Barral, par exemple, elle monterait au bas mot à 12.000.000

d'hectares, c'est-à-dire à près du quart de la superficie totale de notre territoire. »

Comment expliquer qu'il reste encore dans notre pays tant de progrès à réaliser? Dans une certaine mesure, par l'ignorance ou la parcimonie des paysans qui reculent presque toujours devant une dépense, et d'autre part, par la négligence des gros propriétaires qui, le plus souvent, jouissent de grands revenus mobiliers et ne considèrent leurs terres qu'au point de vue des agréments du séjour et de la chasse. Sans aller bien loin de Paris, on trouve en Seine-et-Oise de nombreux domaines laissés dans un état pitoyable, leurs heureux possesseurs y pratiquant presque exclusivement l'élevage du faisan et autre gibier à plume et à poil.

Toutefois il faut reconnaître que, pour les drainages aussi bien que pour les irrigations, dont nous allons parler, le régime individualiste en lui-même est une grave difficulté. Pour opérer rationnellement et économiquement, en effet, il faudrait pouvoir disposer de toute la surface du pays à la fois. Bassin par bassin, vallée par vallée, on dresserait le plan général des drainages et des irrigations à réaliser, en combinant les deux opérations qui se complètent presque toujours. Alors on ne se heurterait à aucun obstacle et on obtiendrait de grands résultats. Mais avec la propriété morcelée, il faut recourir au mécanisme compliqué des syndicats, et le plus souvent on reste dans le statu quo.

Il est impossible d'évaluer la portion du sol français qui pourrait profiter de l'irrigation. Les années sèches, l'eau manque à peu près partout, et un réseau de canaux d'arrosage bien tracés et bien alimentés rendrait des services inappréciables. Les années humides, au contraire, l'utilité de l'eau est moins grande; néanmoins, en dehors même de la région méridionale qui, tout entière, a besoin d'eau en été, il existe, en bien des régions, des plateaux et des pentes arides dont l'irrigation élèverait beaucoup le rendement. Il est clair que les lacs, sources, ruisseaux et rivières de France, bien aménagés, suffiraient parfaitement, les années normales, à un arrosage limité à l'essentiel.

Quant à chiffrer l'augmentation de production qui résulterait de l'adoption des mesures indiquées dans ce chapitre, il faut y renoncer, mais on comprend facilement qu'elle serait énorme.

CHAPITRE III

Infériorité des rendements de l'Agriculture française

La constatation de l'infériorité des rendements actuels de l'agriculture française, par rapport à celle d'autres pays, est la meilleure démonstration de la possibilité de les élever considérablement, car il ne viendra à personne l'idée d'objecter que le sol français est d'une qualité moindre que celle de n'importe quel autre sol : le contraire est de notoriété publique, tout au moins si on restreint la comparaison aux Etats européens.

Pour mettre ce point au-dessus de toute discussion, nous le justifierons par beaucoup de chiffres empruntés à une étude publiée dans la *Revue d'Economie Politique* de mai-juin 1920, par M. Benoit Rambaud, maître de conférences à l'école de Grignon.

Les céréales. — Voici quels sont les rendements moyens par hectare obtenus au cours de la période 1905-1914 dans les pays d'Europe à rendements élevés (en quintaux métriques) :

	Froment
Danemark	30,2
Belgique	24,5
Pays-Bas	23,9
Angleterre	21,8

	Froment
Suisse	21,4
Allemagne	20,6
Suède	20,6
Norvège	16,5
Luxembourg	14,9
France	13,5

	Avoine
Belgique	24,2
Suisse	21,7
Pays-Bas	21,4
Allemagne	19,4
Angleterre	18,4
Danemark	17,7
Luxembourg	15,8
Norvège	15,6
Suède	13,9
France	12,6

Les statistiques des rendements des différentes céréales nous enseignent que :

Pour le blé, la France occupe le dixième rang.
 — l'avoine, — le dixième rang.
 — l'orge, — le onzième rang.
 — le seigle, — le treizième rang.
 — le maïs, — le septième rang

Pour sauver leur amour-propre, nos cultivateurs répètent volontiers que si l'Allemagne obtient de plus hauts rendements en blé que la France, c'est qu'elle ne consacre à la culture du blé que ses terres de premier choix, alors que chez nous on sème du blé dans des terres médiocres. Mais cet argument tombe, ainsi que le fait justement observer M. Rambaud, devant le fait que, pour les céréales autres que le blé, notre infériorité est encore plus marquée.

Pourtant notre agriculture est en progrès; mais ses rendements s'élèvent beaucoup plus lentement que dans bien d'autres pays, ainsi qu'il résulte de ce tableau des variations de rendement du froment au cours de la période de vingt-cinq ans qui a précédé la guerre. Les unités expriment des quintaux:

Pays	1881-1890	1905-1914	Variations
Danemark	18	30,2	+ 12,2
Belgique	20	24,5	+ 4,5
Pays-Bas	18	23,9	+ 5,9
Angleterre	18,8	21,8	+ 3
Suisse	20	21,4	+ 1,4
Allemagne	15	20,6	+ 5,6
France	11	13,5	+ 2,5

Les accroissements de rendement atteignent 67 p. 100 pour le Danemark, 37 p. 100 pour l'Allemagne, 22 p. 100 pour la France. Ainsi donc, nos rendements inférieurs s'élèvent plus lentement qu'en bien d'autres pays.

Graines alimentaires autres que les céréales. — Si nous nous nous référons à la statistique officielle de 1892, les rendements des cultures de fèves, pois, lentilles, haricots, etc., dans les pays dont les données sont comparables s'établissent ainsi (en quintaux):

Belgique	24,44
Norvège	22,03
Angleterre	21,27
Hollande	21,25
Suède	18,76
Danemark	18,24
France	15,21

Notre place n'est point bonne.

Pommes de terre. — Maintenant, si nous passons de ces graines, dont l'importance n'est pas négligeable, à la culture de la pomme de terre, nous constatons que pour ce tubercule qui est la base de l'alimentation animale, nous nous obstinons à conserver une place qui est assez éloignée de la première.

Rendement moyen par hectare (1905-1914 (en quintaux)

Belgique	170
Norvège	153
Angleterre	143,8
Danemark	141,1
Pays-Bas	140
Allemagne	137,4
Luxembourg	120,5
Suède	107,4
Autriche	105,1
France	87,5

Là encore, les progrès sont lents. En trente ans, nos rendements ne se sont élevés que de 6 p. 100, alors qu'en Allemagne ils se sont accrus de 34 p. 100.

Betterave. — Ne tenant compte que des rendements en sucre brut par hectare, les excédents de la production étrangère par rapport à la nôtre ressortent à :

1.189	kilos pour	l'Allemagne
1.216	—	le Danemark.
1.098	—	la Suède
989	—	la Hollande
884	—	la Belgique
502	—	l'Autriche
462	—	l'Espagne
401	—	l'Italie

Ainsi, nous n'arrivons qu'au neuvième rang, après l'Espagne et l'Italie !

*** A quoi tient cette désastreuse infériorité? D'une façon générale, aux errements routiniers de notre agriculture, pour laquelle la plus grande partie des progrès scientifiques les plus récents reste sans application. Mais pour apprécier exactement la situation, il faut descendre dans le détail. On constate alors que, dans certaines exploitations, les moyennes ci-dessus sont beaucoup dépassées, alors que dans d'autres on reste bien en deçà. Evidemment, la question des régions joue un grand rôle dans ces variations : nos belles terres du Nord par exemple, donneront toujours, toutes conditions de culture étant égales, des rendements beaucoup plus forts que le sol maigre de la Sologne. Cependant on observe dans la même région, sur des terres voisines et de qualité égale, des différences énormes. Celles-là tiennent exclusivement à la culture.

Il serait on ne peut plus intéressant de trouver sur les statistiques officielles les rendements moyens respectifs de la petite et de la grande propriété. Mais on y chercherait en vain ce renseignement. Nous avons parcouru également un grand nombre d'ouvrages des auteurs les plus estimés sans rien y découvrir sur cette question dont l'importance, pourtant, n'est pas niable. Nous avons donc dû mener une enquête personnelle auprès de personnalités compétentes de diverses parties de la France, et les réponses concordantes que nous en avons reçues ont confirmé ce que nous supposions *a priori:* les rendements à l'hectare de la propriété paysanne sont presque toujours très inférieurs à ceux de la grande culture menée rationnellement. Les différences sont parfois considérables.

Un tel résultat est dans la logique des choses: tout le monde sait que le paysan n'use encore que très modérément des engrais chimiques, qui constituent le facteur déterminant des grosses récoltes, qu'il ne pratique jamais la sélection des semences et ignore à peu près tout des données scientifiques de l'agriculture moderne. La grande culture, au contraire, entre plus ou moins dans la voie du progrès.

*** Comment un fait aussi patent n'est-il pas plus connu? Pourquoi ne le trouve-t-on indiqué dans aucun ouvrage, dans aucune statistique, dans aucun discours? Quelle explication peut-on donner de cette conspiration du silence?

L'explication est bien simple: la paysannerie de France est le fondement de l'ordre social. Réfractaire à tout changement, elle mérite la confiance sans bornes que mettent en elle nos conservateurs de droite et de gauche. Grâce à elle, cette institution du suffrage universel, acceptée avec tant de répugnance à l'origine, s'est révélée à la pratique une base aussi stable, un instrument aussi sûr que la royauté de droit divin pour perpétuer l'esprit de stagnation. Au point de vue économique, elle n'est pas moins précieuse: l'accumulation de son travail permet le luxe des parasites, et son esprit d'épargne alimente sans cesse les dépôts des banques. Au point de vue politique, elle constitue la majorité dans la plupart des circonscriptions électorales, et même dans les autres, elle est une force que nul candidat ne peut braver. Aussi, dans notre soi-disant démocratie, le paysan est roi. Tout le monde le flatte et le sert. On tremble de le mécontenter et on commet les pires injustices pour se concilier ses faveurs: mesures protectionnistes, exemptions d'impôts, on lui accorde tout. Autant on est pour lui prodigue d'apologies, autant on se garde de la moindre censure, de la moindre désapprobation et même de la moindre constatation des faits qui pourraient lui déplaire. Et voilà pourquoi le rôle néfaste du paysan dans notre économie nationale reste ignoré.

Remarquons d'ailleurs que beaucoup de défenseurs du paysan et de la petite culture sont sincères: ils constatent qu'à force de travail, d'économie, souvent même de privations, les petites exploitations paysannes sont le plus souvent prospères, c'est-à-dire qu'elles donnent, bon an mal an, un excédent de recettes, alors que de gros propriétaires, qui se sont lancés, parfois inconsidérément, dans les innovations scientifiques, y ont écorné leur avoir, parfois même s'y sont ruinés. Il est certain qu'au point de vue des résultats individuels, la petite culture est généralement plus rémunératrice que la grande. Par elle, des millions d'êtres humains vivent dans des conditions d'indépendance et de sécurité qui ne sont pas à mépriser, malgré l'excès de travail et la médiocrité des conditions d'existence qui en sont la rançon. Mais si on se place au point de vue national, on doit reconnaître que l'infériorité des rendements de la culture paysanne, qui oblige la France, avec son sol si riche et sa faible population, à acheter du blé tous les ans à l'étranger pour se nourrir, est l'une des principales causes de la détresse économique à laquelle nous sommes réduits.

Dans les chapitres qui vont suivre, d'autres preuves de l'infériorité des rendements de notre agriculture seront fournies.

CHAPITRE IV

Le Bétail et le Fumier de ferme

Le bétail est nécessaire non seulement à cause de la nourriture et des autres produits qu'il nous fournit, mais par le fumier qui restitue à la terre une partie des éléments de fertilité que chaque récolte lui fait perdre.

Sans un bétail suffisant, il n'y a pas de bonne culture.

Le célèbre agronome Grandeau a écrit à ce sujet :

« Les praticiens les plus expérimentés considèrent comme l'indice d'un bon état cultural la présence sur une exploitation de 500 kilogs de poids vif de bétail par hectare. »

Grandeau ajoutait :

« La situation que révèle l'enquête de 1882 laisse une marge considérable pour atteindre ce but, car c'est à peine si nous dépassons le tiers du chiffre regardé par les agronomes comme devant assurer l'équilibre de la fertilité du sol par la restitution du fumier. La moyenne générale de la France atteint seulement, en effet, 17.887 kilogr. de poids vif de bétail pour 100 hectares cultivés, au lieu de 50.000 kilogr. »

La situation actuelle n'est pas exactement connue, aucune enquête n'ayant été faite depuis 1892, et les statistiques annuelles ne donnant pas le poids vif du bétail, mais seulement le nombre des têtes. Toutefois, nous basant sur l'augmentation du nombre des bovins et admettant une légère progression de leur poids, nous avions cru pouvoir évaluer à 7.500.000 quintaux le poids vif du troupeau français en 1913, ce qui est très probablement un peu exagéré.

En divisant ce chiffre par le nombre d'hectares composant la partie cultivée du territoire national, on arrive à trouver, pour 100 hectares, un poids vif de 22.000 kilogs enregistré par Grandeau. Nous sommes encore bien loin du chiffre de 50.000 kilogs considéré par lui comme l'indice d'un bon état cultural.

*** A cet égard, comme pour les céréales et autres productions végétales, la France est énormément en retard sur les pays les mieux cultivés de l'Europe. M. Rambaud, dans le travail plus haut cité, ne considérant que le gros bétail, donne les chiffres suivants pour 100 hectares :

Belgique	97	têtes
Danemark	89	—
Hollande	85	—
Angleterre	63	—
Allemagne	57	—
Suède	57	—
France	44	—

Le même auteur, comparant les progrès réalisés en France par l'élevage du bétail à ceux obtenus dans les autres pays, a dressé le tableau suivant, qui représente en millions de têtes l'accroissement des effectifs de bovins :

Pays	1867	1905	P. 100 d'augmentation
France	12.700	14.315	12
Angleterre	8.700	11.632	33
Italie	3.700	4.772	27
Belgique	1.200	1.420	18
Danemark	1.200	1.840	53
Hollande	1.400	2.096	49
Suède	1.900	2.689	41
Allemagne	15.800	18.939	20

Il constate que le pourcentage d'accroissement est plus

faible en France que dans tous les pays considérés, et il fait remarquer que, de 1905 à 1914, les différences en faveur de l'étranger se sont accentuées.

Les statistiques officielles françaises ne nous permettent pas les mêmes comparaisons en ce qui touche le poids vif du bétail. Toutefois, si nous admettons que la progression d'amélioration constatée de 1882 à 1892 s'est maintenue jusqu'en 1913, c'est-à-dire pendant 30 ans environ, l'augmentation de poids moyen d'un bovin serait de 18 kgs, soit un peu plus de 6 0/0. Or, d'après M. Rambaud qui reproduit les chiffres de l'auteur allemand Esslen, l'augmentation du poids moyen d'un bovin, de 1880 à 1905, c'est-à-dire en 25 ans, atteint 27 0/0 en Allemagne.

*** La supériorité de l'Allemagne est due, en premier lieu, aux très remarquables travaux scientifiques de ses stations agronomiques, puis à l'application presque générale des méthodes qui en sont la conclusion. C'est le professeur Kellner, chef de la station de Môckern près Leipzig, qui a été le principal auteur de ces belles découvertes. Nous empruntons au livre déjà cité de M. Victor Cambon le résumé de ses recherches :

« Les découvertes antérieures avaient démontré que les aliments ne valent que par trois éléments : la *protéine*, la *matière grasse* et les *féculents* (sucre ou amidon) qu'ils contiennent; mais un point restait indémontré, quoique capital : les matières grasses sont-elles nécessaires à l'engraissement de l'animal ?

« Les féculents peuvent-ils arriver au même but ?

« Cette question divisait encore, il y a trois ans, le monde agronomique savant. C'est à la résoudre, à l'aide de la stalle respiratoire, que le professeur Kellner a consacré onze années. Il est parvenu à démontrer irréfutablement que les féculents des fourrages engendrent de la graisse chez les animaux, et à déterminer exactement quelle quantité de graisse ils produisent ; puis, il a recherché si, dans toutes les substances susceptibles de constituer un aliment, ces trois éléments, protéine, graisse, fécule, possédaient identiquement le même pouvoir digestif et nutritif ; il y a trouvé des différences, les a calculées, en a découvert les causes qui sont le travail de la mastication, le travail automatique de la digestion et diverses fermentations secondaires ; enfin, il a fixé les lois d'après lesquelles l'alimentation doit varier avec la taille et la corpulence des animaux.

« Les procédés mis en œuvre par Kellner sont admirables de précision, et rappellent la méthode expérimentale du plus génial de nos savants français, Claude Bernard. Mais, quand on a pu suivre avec lui l'exposé de ces recherches, analyses, pesées, corrections, calculs thermodynamiques, on reste confondu devant l'étendue de ce travail, et on comprend qu'il lui ait fallu, pendant de longues années sept chimistes assistants uniquement occupés à ces expériences.

« Le résultat a été non pas le renversement des tables anciennes, mais une modification profonde dans leurs applications. Kellner en a dressé de nouvelles qui firent immédiatement loi en Allemagne où tous les agriculteurs ont les yeux tournés vers les stations agronomiques pour en appliquer les découvertes pratiques. »

En France, bien que Grandeau ait signalé dans le *Journal d'agriculture pratique* la haute portée des travaux de Kellner, dont les tables pour l'alimentation du bétail ont été traduites dans notre langue, on n'en tient compte que dans un petit nombre d'exploitations bien dirigées. M. Rambaud écrit à ce sujet :

« Il est évident que la production du bétail est fonction de la quantité de matières alimentaires dont on dispose. Ces matières alimentaires sont de deux catégories : les aliments naturels, foin, paille, herbe, et les aliments concentrés industriels, grains, tourteaux, mélasse et autres résidus de l'industrie. Pour ce qui est des premiers, l'Allemagne a pu développer sa production fourragère, augmenter notablement les rendements de ses prairies grâce à l'emploi de fortes quantités d'engrais commerciaux. En outre, il n'est que trop certain qu'en Allemagne on a su, mieux qu'en France, utiliser les aliments concentrés, tels que les tourteaux, les résidus des brasseries, etc. Enfin, la production et l'importation des aliments concentrés et des résidus de l'industrie sont très supérieures à ce qu'elles sont en France. Pour nous en convaincre, il suffit de consulter les documents statistiques relatifs aux principaux aliments concentrés. »

Et M. Rambaud, par des chiffres extraits de ces documents, établit que l'Allemagne, par sa production et ses importations, arrive à faire consommer par son bétail plus de 13 millions de quintaux d'aliments concentrés, alors qu'en France cette consommation est inférieure à 3 millions de quintaux.

Evidemment, nos paysans ignorent totalement les travaux de Kellner; ils en sont encore à envoyer leur bétail au pâturage et à lui donner un peu de foin, de paille, avec quelques racines pour les vaches laitières.

*** Les chiffres comparatifs de la production du lait dans les divers pays ne sont pas moins lamentables. Les voici, d'après M. Rambaud :

Production annuelle de lait par vache :

Danemark	2.600 kilogs
Suisse	2.980 —
Suède	1.633 —
Hongrie	1.330 —
Angleterre	1.988 —
Allemagne	2.300 —
France	920 —

******* Il n'est pas douteux cependant que les conditions de l'agriculture française, au point de vue du sol et du climat, sont beaucoup meilleures que celles de l'agriculture allemande. Nous obtiendrions donc des résultats supérieurs à ceux de nos voisins si nous appliquions comme eux les méthodes scientifiques. Mais ce progrès suppose la disparition de la propriété paysanne qui ne sera obtenue que par la socialisation préalable de la grande propriété.

Sur quelques exploitations modèles, on a dépassé en France le minimum de 500 kgs de poids vif de bétail par hectare, indispensable au maintien du bon état cultural des terres. On pourrait généraliser ces résultats.

Observons d'ailleurs, au point de vue du fumier, que la plus grande partie des éléments fertilisants que contiennent les excréments des animaux de ferme est perdue quand ils sont au pâturage. L'évaporation et la dessication la détruisent. Nourrir le bétail à l'étable autant que l'hygiène le permet est donc un grand progrès. Mais pour cela il faudrait transformer la plupart des pâturages en prairies ou en terres labourées et ajouter à leurs produits une plus grande quantité de déchets industriels. Cette alimentation améliorerait en outre la qualité et la quantité de la viande. Tout cela est parfaitement réalisable, mais sous un régime immobilier nouveau.

CHAPITRE V

Les Engrais chimiques

Les produits de la digestion du bétail, qui constituent le fumier de ferme, n'étant qu'une partie de la nourriture absorbée, et cette nourriture, dans son ensemble, n'étant elle-même qu'une partie des produits du domaine, il est évident que l'usage du fumier de ferme seul ne suffit pas pour rendre à la terre les éléments de fertilité absorbés par les récoltes.

Il est donc indispensable d'y ajouter des engrais chimiques dont les principaux sont à base d'azote, de phosphore et de potasse.

*** Mais déjà la science agronomique moderne a dépassé le stade des engrais inorganiques : elle étudie actuellement les engrais biochimiques. On a découvert, en effet, que la fertilité des sols est en raison du nombre total des microorganismes de toutes sortes, protozoaires, bactéries, champignons, etc., qu'ils contiennent.

Ces microorganismes n'apportent pas seulement de l'azote, des phosphates, mais encore de la chaleur et de l'acide carbonique, dont on a méconnu le rôle capital à l'intérieur des terres arables.

Ainsi, dans une couche de terre arable de 15 à 30 centimètres, il y a toujours une augmentation de 1 à 2 degrés centigrades due à la respiration des bactéries, ce qui donne par hectare une quantité de chaleur énorme de 4 à 8 millions de calories. Cette énergie calorifique favorise largement la croissance des racines.

En outre, la quantité d'acide carbonique dégagée dans un kilogramme de terre arable de moyenne fertilité, à la même température et pour le même degré d'humidité, est en 24 heures, pour une couche de 36 centimètres d'épaisseur, de 30 milligrammes. Cela fait par hectare, dans une masse de terre argileuse de 5 millions de kilogrammes, une quantité de 150 kilogrammes d'acide carbonique par jour, et pour les 200 jours de la végétation annuelle, 15 millions de litres d'acide carbonique.

Cette énorme quantité d'acide carbonique est absorbée par l'humidité du sol et elle entre en contact avec tous les éléments minéraux : phosphates, silicates de potasse, de soude, de calcium, de magnésium, qu'elle solubilise, qu'elle rend absorbables par les racines.

Cet acide carbonique, s'unissant avec les métaux des sels, engendre des bicarbonates également solubles, qui, absorbés par les plantes, favorisent leur assimilation du carbone. Et, comme l'assimilation protoplasmique des éléments biogènes du sol (métalloïdes et métaux, c'est-à-dire azote, phosphore, soufre, oxygène, hydrogène, et potassium, sodium, calcium. magnésium, fer) est en rapport constant avec l'assimilation chlorophyllienne du carbone, on constate ainsi que la croissance et que la nutrition des végétaux seront singulièrement intensifiées.

La conclusion, c'est qu'en outre des engrais chimiques usuels, il faut intensifier l'activité et la multiplication des bactéries des sols en leur incorporant des engrais biologiques permettant aux meilleurs microbes de s'établir et de s'étendre avec la plus grande rapidité.

Nous avons noté cette évolution de la science pour montrer le champ immense qu'elle ouvre devant les efforts de l'homme. Mais en attendant qu'elle ait abouti à des résultats pratiques, nous ne pouvons faire état que des procédés vérifiés par une expérience constante.

*** La France est, bien entendu, l'un des pays d'Europe qui consomme le moins d'engrais chimiques. Nous trouvons dans le travail déjà cité de M. Rambaud, les chiffres suivants :

Quantité d'engrais employés pour la période 1913-1914 et par hectare de territoire cultivé :

	France	Allemagne
Engrais phosphatés ...Kilos	66	100
— azotés ...... —	10	31
— potassiques ... —	3,47	90

Si nous considérons isolément les engrais potassiques dont l'action pour de nombreuses cultures est déterminante de rendements élevés, nous avons les données suivantes :

En 1899, la répartition des sels de potasse entre les différents pays était :

Allemagne	5.102.000 quintaux
Autriche	164.000 —
Belgique	581.000 —
Angleterre	418.000 —
France	276.000 —

Les documents établis par l'Institut international de Rome indiquent, pour 1913, les quantités de potasse pure consommées par hectare de terre cultivable (en kilos) :

Allemagne	15.293
Pays-Bas	20.004
Belgique	6.767
Norvège	2.604
Danemark	2.535
France	0.899

Voici enfin quelques chiffres extraits du livre de M. Victor Cambon, l'*Allemagne au Travail* :

« Une des causes de l'augmentation de fertilité du pays est la phénoménale consommation d'engrais que les agriculteurs allemands livrent à leurs cultures.

« En sels de potasse de Stassfurt, 2.600.000 tonnes, c'est-à-dire presque la moitié de la production mondiale; en phosphates, 2 millions de tonnes de superphosphates et plus de 900.000 tonnes de scories phosphatées; en matières azotées, le tiers de l'importation du nitrate de soude du Chili, soit 600.000 tonnes, le quart des tourteaux de graines oléagineuses qui, des pays d'outre-mer, viennent en Europe, c'est-à-dire 1.400.000 tonnes. Quant au sulfate d'ammoniaque, en grande partie extrait de la houille, l'Allemagne en consomme les trois quarts de sa production. Or, cette production croît à pas de géant. En 1900 l'Angleterre en produisait 240.000 tonnes, l'Allemagne 130.000; en 1910, l'Angleterre en a extrait 369.000 et l'Allemagne 374.000, tandis qu'en France nous en produisons à peine 50.000 tonnes. »

Ainsi s'explique l'infériorité des rendements de l'agriculture française, et surtout de la culture paysanne à qui l'usage des engrais chimiques est presque inconnu. Cette constatation, de même que les précédentes est nécessaire pour la détermination de la meilleure organisation agricole; elle ne s'inspire d'aucun parti pris contre les paysans qui, ainsi que les autres éléments sociaux, ont leurs qualités avec leurs défauts. Ils sont excusables, notamment en matière d'engrais chimiques, d'en employer si peu. D'abord ils en ignorent la valeur exacte et l'application de chacun aux conditions de leurs sols et de leurs cultures. Puis s'ils se décident à en essayer, on les leur vend si cher, on les trompe si souvent sur le dosage de l'élément actif que beaucoup, déçus, finissent par y renoncer. Ce n'est pas contre les paysans qu'il faut dresser un réquisitoire, c'est contre la société individualiste.

*** Pour employer si peu d'engrais chimiques, la France en est-elle donc dépourvue? Nullement.

L'azote que l'Europe demandait jadis aux nitrates du Chili et qu'on pourrait toujours y trouver en quantités immenses, on peut l'obtenir sur place en l'empruntant à l'atmosphère par l'action de l'étincelle électrique. C'est ainsi qu'est produite la cyanamide ou nitrate de chaux. Une grande quantité d'électricité est nécessaire pour cette fabrication; mais il s'en faut de beaucoup, on l'a vu plus haut, que toutes nos forces hydrauliques soient équipées. Pendant la guerre, nous avions des usines qui produisaient de la cyanamide en abondance. Depuis la paix on laissa tomber la fabrication et ces usines se meurent actuellement.

La cyanamide est un produit peu soluble, et l'azote qu'elle contient s'assimile mal aux plantes; mais on en obtient de l'ammoniaque en la traitant par la vapeur d'eau. Nous étions outillés pour cela et on laisse inactives toutes les installations, sous prétexte que les produits azotés ont baissé de prix.

Le colonel Reboul, qui étudie dans le *Temps* du 14 mai 1922, la question de l'azote au point de vue des explosifs de guerre, constate cette situation qui lui inspire un aveu significatif :

« Dans ces conditions, il est compréhensible que l'industrie privée française ne se décide pas à entreprendre la fabrication synthétique des nitrates. Les usines de Saint-Gobain qui devaient utiliser le procédé Georges Claude, les usines Kuhlmann, qui devaient employer le procédé Haber sont toujours en position d'expectative. Mais que fait l'Etat en la circonstance? Il ne doit pas se laisser guider, lui, par des considérations uniquement commerciales. La production de l'azote, capitale en temps de guerre, présente, pour nous, trop peu d'intérêt en temps de paix, pour décider nos grosses sociétés industrielles à faire un effort dans ce sens. C'est à l'Etat d'agir. »

Voilà bien, prise sur le vif, la mentalité des défenseurs du système de l'entreprise privée: aux particuliers toutes les industries qui laissent des bénéfices; à l'Etat celles qui sont vouées aux déficits. Et ce sont ces mêmes hommes qui accusent ensuite l'Etat de ne pas savoir conduire ses affaires!

En régime socialiste, on produirait tout l'azote nécessaire aux divers usages auxquels il peut être affecté sans avoir égard aux variations des cours. Alors la France, si riche en forces naturelles, aurait autant d'azote qu'elle en pourrait consommer. Cette source presque indéfinie permet de négliger les détritus animaux qui en fournissent également, sauf, bien entendu, ceux qui apportent en outre à la terre l'humus nécessaire à la vie des bactéries.

*** En ce qui concerne le phosphore, la Tunisie, l'Algérie et le Maroc peuvent en fournir à toute l'Europe.

*** Enfin l'Alsace contient des gisements de sels de potasse, inférieurs sans doute à ceux de Stassfurt, qui s'étendent sous un vaste territoire dans l'Allemagne du Nord, mais largement suffisants pour notre agriculture.

Rien ne s'oppose donc en France au progrès agronomique, rien que notre mauvaise organisation sociale.

CHAPITRE VI

La sélection, les croisements.

Certaines races d'animaux de ferme, certaines variétés
végétales donnent à l'homme des produits plus abondants ou
de meilleure qualité et doivent, par conséquent, être préférées
aux autres.

Le professeur Grandeau, ayant cultivé, dans des conditions
identiques, dix-sept variétés de blé, a obtenu pour la moins
prolifique, le Chiddam d'automne, un rendement de 18 quintaux 31 à l'hectare, et pour la plus prolifique, le Square
Head d'Australie, un rendement de 34 quintaux 71. Dans
une autre expérience du même savant, les rendements ont
varié entre 27 quintaux 95 et 43 quintaux 38.

La société d'agriculture de Meaux a obtenu, avec le
Square Head, 56 quintaux à l'hectare.

On voit par ces exemples toute l'importance d'un bon choix
de la variété dans le règne végétal.

Dans le règne animal, on sait combien certaines races l'emportent sur d'autres au point de vue du poids, de la qualité
de la viande, de la quantité du lait, de la finesse et du poids
de la laine, etc...

Mais, dans une race reconnue supérieure, il est des sujets
qui l'emportent sur les autres et ce sont ceux-là qu'il faut choisir pour la reproduction. De même dans un boisseau de blé,

il y a des grains d'une belle venue et des grains chétifs. Ce sont naturellement les premiers qu'il faut confier à la terre.

M. Grandeau cite à ce sujet les expériences du major Hallet en Angleterre, expériences patiemment et intelligemment poursuivies pendant trente ans. En 1857, le major Hallet choisit dans un champ le plus bel épi; il avait 11 centimètres de long et contenait 45 grains. Il tria les plus beaux, les sema et continua cette sélection d'année en année. Douze ans plus tard il obtenait des épis de 20 centimètres contenant 113 à 125 grains.

*** Or, qui ne comprend qu'en régime individualiste la sélection des semences est presque impossible? Le paysan sème tout simplement une partie de ce qu'il a récolté. En régime socialiste, on recueillerait des échantillons de tous les blés, on choisirait les plus beaux, on en trierait les meilleurs grains et on ne sèmerait que ceux-là, en tenant compte bien entendu de l'adaptation des diverses variétés aux conditions particulières de sol et de climat.

Grâce aux dépôts d'étalons, aux syndicats d'élevage pour l'achat de reproducteurs, quelques progrès ont été réalisés quant à la valeur des animaux de ferme; mais il s'en faut de beaucoup qu'ils soient pleinement satisfaisants.

Le croisement est la méthode de reproduction qui unit deux animaux de même espèce, mais de races différentes Elle donne souvent d'excellents résultats; parfois même elle agit dans des cas où la sélection simple reste impuissante, par exemple lorsqu'il s'agit de modifier dans une population ovine les qualités de la laine. Toutefois, dans le plus grand nombre des cas, les agronomes considèrent que si la sélection est une méthode plus lente, elle garde toujours l'avantage d'être sûre, de moins exposer aux variations et aux retours en arrière.

*** Dans l'anarchie individualiste, toutes ces conquêtes de

la science agronomique ne se traduisent que par des applications isolées, imparfaites, et dans l'ensemble l'amélioration des produits reste très inférieure à ce qu'elle pourrait être si elles étaient généralisées par l'intervention d'une direction compétente. Grâce à ces déplorables errements, la France est obligée d'acheter à l'étranger du blé, de la viande, de la laine, des cuirs, alors quelle devrait être en état de pourvoir aux besoins de sa consommation intérieure et d'exporter ses excédents.

CHAPITRE VII

Les Forêts

D'après l'enquête agricole de 1892, il existait en France à cette époque 9.521.568 hectares de forêts, se répartissant ainsi :

Forêts de l'Etat............ 1.089.096 hectares
— des collectivités ..... 2.215.382 —
— des particuliers ...... 6.217.090 —

L'enquête ajoutait :

« La superficie occupée par les forêts décroit sensiblement en France.

« La production totale des forêts de France est de 27.587.308 mètres cubes ; elle est loin de suffire aux besoins de la consommation. »

*** Au congrès pour l'avancement des sciences tenu à Montpellier en juillet 1922, la question forestière en France a été exposée avec une précision parfaite par M. Paul Descombes qui a insisté d'une façon particulière sur les méfaits du déboisement.

Les forêts françaises, a-t-il dit, ont subi, depuis un peu plus d'un siècle, deux terribles saignées, l'une au début du dix-neuvième siècle, l'autre au cours de la grande guerre de 1914-1918.

Sur les 52 millions d'hectares que contient la France. sans compter l'Alsace et la Lorraine, l'aire forestière ne dépasse pas 10 millions d'hectares. Or, le taux normal de boisement étant égal au tiers, on voit que la France a un déficit de 7 millions d'hectares de bois.

L'effort forestier du dix-neuvième siècle n'a réparé qu'un dixième du désastre causé dans nos forêts par la Révolution, qui a eu pour effet d'abaisser en huit ans le taux général de boisement de 27 à 17,5 0/0. Malgré les reboisements d'utilité publique effectués sur plus d'un million d'hectares dans les dunes, les landes de Gascogne, la Sologne, les Dombes. les montagnes, l'augmentation de l'aire forestière était seulement de 600.000 hectares en 1910. C'est bien peu, dit M. Descombes, vis-à-vis des 2 à 3 millions d'hectares' qui forment les bassins supérieurs de nos rivières torrentielles et de 6 à 7 millions d'hectares de terres incultes, dénudées qui sont éparpillées dans nos régions montagneuses.

En quarante ans, on n'a pas fait le septième des reboisements prévus en 1860 par le ministère des finances.

Pendant la guerre, la crise du charbon, la crise des transports, la nécessité de faire des baraquements et de consolider les tranchées, ont été cause d'énormes dommages dans nos massifs forestiers.

Les déboisements ont coûté à la France plus de 50 milliards, d'après M. Paul Descombes. Si la France avait conservé son boisement du dix-huitième siècle, soit environ 27 0/0, les premières installations de houille blanche eussent été trois fois moins chères. On aurait pu, dès avant la guerre, équiper les deux tiers des forces motrices existantes et on n'aurait pas manqué de charbon pendant les hostilités.

Un programme de régénération forestière s'impose. Il semble qu'on pourrait, par un effort raisonnable et qui ne serait pas trop dispendieux, reboiser 4 millions d'hectares. Sa réalisation aurait coûté, avant la guerre, 1 milliard 700 millions et aurait demandé un délai de vingt ans. Avant trois quarts de siècle, la France disposerait ainsi de tous les bois d'œuvre nécessaires à sa consommation.

Dans un autre travail, relatif aux particularités météorologiques des Cévennes, M. Paul Descombes signale la disparition des châtaigniers dans le Plateau Central. Ce déboisement a été déterminé surtout par les industriels allemands, qui avaient acheté avant la guerre nos forêts de châtaigniers pour en extraire le tannin contenu dans l'écorce de ces arbres Des dévastations analogues ont eu lieu en Corse, où le châtaignier a également presque disparu.

La régénération forestière, a conclu M. Descombes, est donc indispensable. Elle aurait pour effet de conjurer l'inondation, d'alimenter les voies navigables, de suppléer à l'insuffisance de nos gisements houillers, de fournir les bois nécessaires à l'industrie. Il suffit, pour obtenir tout cela, de restituer à nos montagnes leur manteau de verdure.

Il y a peu de chose à ajouter à ce tableau. Toutefois, si nous le rapprochons des chiffres donnés au chapitre Ier du présent livre sur l'étendue des surfaces incultes et improductives, on constate que la terre ne manquerait pas pour reconstituer nos forêts.

*** La nécessité des reboisements en montagne n'est d'ailleurs contestée par personne. En France la question a été étudiée et expérimentée; il n'y a plus qu'à entrer dans l'exécution. Le ministère de l'Agriculture a publié sur ce sujet, en 1911, un magnifique ouvrage en trois volumes superbement illustrés, ayant pour titre : *Restauration et conservation des terrains en montagne*, pour rendre compte au Parlement des travaux exécutés en application de la loi du 4 avril 1882. On y lit le passage suivant :

« L'ère des tâtonnements est passée pour l'exécution des travaux de reboisement; des mécomptes ne se produisent que tout à fait exceptionnellement. La sûreté des procédés employés pour combattre les inondations à leurs sources, qui ne consistent en somme qu'en une succession de petits moyens, est aujourd'hui reconnue.

« Les faits sont là, qui établissent la valeur de nos procédés. Le sol rendu stable et reconstitué, l'aridité et la nudité des pentes disparaissant sous la végétation forestière et herbacée, le torrent boueux et menaçant changé en un ruisseau inoffensif et même bienfaisant, voilà ce qu'à produit, dans maints endroits, l'application de la loi du 4 avril 1882. Partout, dans les régions soumises à l'application de la loi, apparaît l'efficacité des travaux de reboisement... Les effets des crues subites ont été sensiblement atténués. »

Et pourtant le rapport constate qu'on n'a, nulle part, cherché à créer de vastes étendues forestières, qui auraient été infiniment plus efficaces pour la régularisation des cours d'eau. On s'est borné à exécuter les travaux les plus urgents, dans les périmètres où les érosions présentent « des dangers nés ou actuels ». L'œuvre entreprise aurait donné des résultats infiniments plus décisifs si l'on avait pu opérer plus en grand :

« La grande forêt agit comme une énorme éponge; elle a pour effet de retarder le rassemblement, puis l'écoulement des eaux, d'en diminuer la masse et d'en emmagasiner la plus grande partie pour livrer ensuite à la sortie des montagnes, au grand profit de l'industrie et de l'agriculture, des eaux déchargées, coulant avec des vitesses ralenties ou brisées. »

*** La principale cause de la lenteur du reboisement est l'insuffisance des crédits affectés à cette opération, pourtant d'une utilité si évidente. La plupart du temps, l'Etat n'est pas propriétaire des terrains à reboiser. Il doit les acheter, au prix de formalités interminables et de sacrifices excessifs, les possesseurs de ces terrains les lui faisant, naturellement, payer le plus cher possible. Or on sait que les budgets, même en temps de paix et de prospérité, sont toujours bouclés trop juste et que les fonds, prodigués inconsidérément dans certains cas, manquent toujours pour les œuvres les plus nécessaires.

Mais l'obstacle financier n'est pas le seul. Pour chaque projet de reboisement local, il faut compter avec l'opposition de la population d'alentour. C'est que chaque parcelle reboisée est interdite au parcours et que les habitants des villages voisins voient réduire ainsi la nourriture de leurs chèvres et de leurs moutons. La perte de quelques francs par an leur fait méconnaître l'immense intérêt du reboisement et les avantages qu'eux-mêmes, la plupart du temps, en retireraient par la suite. On voit des villages de montagne, menacés d'engloutissement par l'éboulement de terres glissantes qui les dominent, se refuser au reboisement qui pourrait empêcher ces redoutables avalanches et rester exposés à une catastrophe plutôt que de diminuer légèrement leurs troupeaux. Chaque fois qu'un reboisement est annoncé, tout le pays d'alentour est en émoi, un pétitionnement s'organise, les conseils municipaux prennent des délibérations, les députés assaillent de leurs réclamations le ministre de l'agriculture. Cette résistance opiniâtre finit par décourager l'administration des forêts qui d'ailleurs, comme toutes les administrations, ne pousse pas le souci du bien public jusqu'au sacrifice de sa tranquillité.

*** D'ailleurs, pendant que l'Etat, avec les maigres subsides qui lui sont accordés, s'efforce d'accroître la surface forestière, les particuliers, qui possèdent les deux tiers des forêts françaises, détruisent leurs arbres sans scrupule chaque fois qu'ils croient y trouver un profit. On sent, sur cette question comme sur toutes les autres, qu'il n'y a pas de solution possible tant qu'il subsistera des intérêts privés en opposition, par leur nature même, avec l'intérêt général.

DEUXIEME PARTIE

LIVRE II

LE SOUS-SOL

CHAPITRE UNIQUE

Nos richesses minérales connues et inconnues

D'après la *Statistique de l'Industrie Minérale* en France et en Algérie pour l'année 1919, publication officielle du ministère des Travaux publics, il existait en France, à la fin de l'année 1919, 2.171 concessions de mines, couvrant 1.356.212 hectares.

Sur ces concessions, 621 seulement étaient exploitées. Elles se décomposaient ainsi :

	CONCESSIONS	
Nature des substances	Instituées	Exploitées
Combustibles minéraux	760	333
Minerais de fer.................	510	130
Autres minerais métallifères.......	387	69
Sources salées, sel gemme et potasse..	317	63
Pétrole, schistes bitumineux, asphalte		621
Nos richesses mnérales connues et inconnues		
et substances diverses	197	26
Ensemble.........	2.171	621

La *Statistique* fait observer que la proportion des concessions exploitées qui était, en 1913, de 35 0/0, est tombée à 29 0/0 en 1919.

Il résulte des indications portées aux tableaux de ce document que le nombre des concessionnaires ayant abandonné leurs concessions est déduit des chiffres ci-dessus. Les 1.550 concessions non exploitées ont donc toujours un titulaire qui, tout en n'exploitant pas, ne renonce pas à ses droits, ce qui permet de supposer qu'il leur attribue une certaine valeur.

*** Comment se fait-il qu'après avoir demandé une concession minière et l'avoir obtenue, un particulier ne l'exploite pas?

Dans certains cas, il n'arrive pas à réunir les capitaux qui seraient nécessaires à cette exploitation. Parfois aussi, il attend la création de voies de communication économiques indispensables à l'évacuation de ses produits. Le plus souvent il n'exploite pas pour ne pas se faire concurrence à lui-même, parce qu'il possède des exploitations similaires en activité et qu'il ne veut pas avilir les prix de vente en jetant sur le marché une trop grande quantité de produits. Il a demandé la concession non pour l'exploiter, mais pour empêcher un autre de l'exploiter, et aussi pour la tenir en réserve au cas où ses concessions en activité viendraient à s'épuiser.

Ainsi, soit par des difficultés inhérentes au régime individualiste, soit pour créer la cherté par la raréfaction artificielle du produit, la production minière reste de beaucoup au-dessous de ce qu'elle pourrait être sous un régime qui ne s'inspirerait que de l'intérêt général.

*** Si nous considérons maintenant les concessions exploitées, nous constatons que beaucoup d'entre elles sont loin de produire leur maximum. Leur extraction est ralentie soit par la volonté des exploitants de raréfier les produits pour élever les cours, soit par le manque de débouchés, soit par d'autres motifs.

Le manque de débouchés ne tient pas, en général, à ce que

tous les besoins sont satisfaits par les marchandises existantes, mais à ce que beaucoup de besoins ne peuvent avoir satisfaction faute de ressources suffisantes pour acheter ces marchandises. Dans l'état de crise chronique qui se fait sentir depuis la guerre, chacun limite ses achats au strict nécessaire et se prive de beaucoup d'objets d'une utilité moins pressante.

Ce sont là des défauts inhérents à l'anarchie individualiste où les ressources de chacun ne sont pas équivalentes à ses besoins et où la production n'est pas équivalente à la consommation normale.

En régime socialiste où, automatiquement la production serait élevée à la hauteur des besoins élargis, l'exploitation des mines serait réglée sur la demande de la métallurgie. Elle serait donc beaucoup plus active.

*** Il faut noter qu'en outre des gisements minéraux et métallifères qui ont fait l'objet d'une concession, il en est d'autres qui n'en sont encore qu'à la période préparatoire, celle des recherches. Leur nombre, d'après la statistique de 1919, était de 136.

D'autres gisements à fleur de sol, constituant non des mines, mais des minières, ne font pas l'objet de concessions.

*** A titre d'indication, citons, d'après la *Statistique de l'Industrie minérale* pour 1919, la quantité de tonnes des divers minéraux extraits des mines concédées, y compris celles d'Alsace-Lorraine :

	Tonnes
Combustibles minéraux	22.441.000
Minerai de fer	9.196.500
— de plomb, d'argent et de zinc	24.300
Pyrites de fer	118.300
Minerai de cuivre	40
— manganèse	7.000

	Tonnes
Minerai d'antimoine	4.100
— aurifère	12.200
— tungstène	11.500
— arsenic	600
Substances bitumineuses	106.300
Minerai de soufre	2.200
Graphite	650
Sel gemme	739.000
Sels de potasse	492.000

Plus, provenant d'exploitations non concédées :

Tourbe	71.000
Minerai de fer	216.000
Sel gemme	597.500
Bauxite	159.100

*** Les ressources de la France en houille, ainsi qu'on l'a vu au chapitre premier du Livre II, sont des plus médiocres. Elle ne possède qu'un seul bassin houiller vraiment riche et d'un avenir assez long: celui du Nord et du Pas-de-Calais.

Par contre, sous le rapport du minerai de fer, la France est le pays le mieux pourvu de toute l'Europe. D'après les évaluations de l'*Indicateur de la production française* pour 1922, nos réserves en fer seraient :

Pour le bassin de Meurthe-et-Moselle de 3 milliards de tonnes;

Pour le bassin de Normandie, de 700 millions de tonnes;

—   d'Anjou, de 1 milliard de tonnes;

—   des Pyrénées, de 100 millions de tonnes.

En ce qui concerne les métaux autres que le fer, aucune des 387 concessions accordées ne paraît avoir d'importance. La pénurie de ces métaux sur notre sol métropolitain, dans l'état actuel de la connaissance du sous-sol, est à peu près complète.

Il n'en est heureusement pas de même de nos colonies, et notamment de l'Afrique du Nord, qui est un prolongement de la France. Mais comme nous consacrerons un livre spécial aux colonies, nous n'en parlons pas à ce chapitre.

***** A aucune époque, le sous-sol français n'a fait l'objet d'une prospection méthodique. C'est le hasard, aidé quelquefois par certaines recherches particulières, qui a amené la découverte des gisements concédés. Mais il est absolument certain qu'une partie considérable de nos richesses minérales est encore inconnue.

La preuve c'est que la série des découvertes est ininterrompue. Ainsi l'importance des gisements ferrifères de Lorraine n'a été reconnue qu'à une époque relativement récente. Celle des bassins de Normandie et d'Anjou est encore postérieure.

La houille a été trouvée depuis peu, en quantité considérable, en Lorraine, en Normandie et dans la région lyonnaise. Elle n'y fait encore l'objet d'aucune exploitation.

Qui sait ce qu'on découvrira demain ?

En régime socialiste ou tout serait organisé, le service des mines prendrait de grands développements. Pourvu de toutes les ressources nécessaires à l'accomplissement de sa tâche, il se livrerait à une étude minutieuse de notre sous-sol, faisant pratiquer des sondages et les poussant à la profondeur jugée nécessaire. Il n'est pas douteux que, dans un délai relativement court, il arriverait ainsi à augmenter considérablement nos disponibilités minérales.

LIVRE III

LES COLONIES

※ ※ ※

CHAPITRE PREMIER

La situation économique de notre domaine colonial

Tout le monde est d'accord pour reconnaître que la France est loin, bien loin de tirer de ses magnifiques possessions coloniales, la totalité des richesses qu'elles pourraient produire. Nous en trouvons, notamment, l'aveu attristé dans les colonnes du journal gouvernemental le plus autorisé, le *Temps*, du 23 décembre 1922 :

« Nous ne saurions trop le redire: c'est par l'exploitation à la fois méthodique et intensive de nos colonies au point de vue économique que nous pouvons courir notre meilleure chance de relèvement d'après-guerre; c'est en leur demandant une partie des 23 milliards de denrées et de matières premières que nous importons de l'étranger qu'il nous sera possible de nous libérer de cette servitude du change, qui finirait par nous paralyser. Songez que la France ne fait actuellement venir de ses prolongements d'outre-mer que le vingtième en laine, le centième en coton, beaucoup moins du centième en soie, de ce qu'ils sont susceptibles de lui fournir! On ne peut que s'étonner et presque s'indigner de ce mal, lorsqu'on songe à quel point le remède est à notre portée, dépend de nos seules initiatives et de notre seule volonté. »

Ces lignes sont tellement décisives que nous pourrions arrêter là ce chapitre destiné à établir l'impuissance du régime individualiste en matière d'exploitation coloniale. Mais une telle condamnation serait trop sommaire. Il faut la motiver plus fortement, ce qui va nous amener à l'aggraver encore.

*** On ne connaît malheureusement guère la situation exacte de nos colonies. Les rapports administratifs la dépeignent avec un optimisme aussi exagéré que le sont souvent les critiques adverses. Il est difficile de discerner la vérité au milieu de ces contradictions. Pour ne pas encourir le reproche de noircir à plaisir le tableau, dans l'intérêt de notre thèse, nous nous appuierons presque toujours sur les documents officiels.

Le plus récent et le plus complet est un « projet de loi portant fixation d'un programme général de mise en valeur des colonies françaises » déposé le 12 avril 1921 sur le bureau de la Chambre par M. Albert Sarraut, ministre des Colonies, et qui, deux ans plus tard, n'était pas encore venu en discussion, malgré toute la publicité organisée en sa faveur.

A vrai dire, ce projet de loi n'est pas un projet d'exécution de travaux publics au sens ordinaire du mot puisqu'il se borne à l'énumération sommaire, d'après les rapports des gouverneurs généraux, des créations et améliorations reconnues nécessaires, sans aucun plan ni devis estimatif à l'appui, et par conséquent, sans demande d'ouverture de crédits pour en couvrir les dépenses. Le vote d'un tel programme aurait un caractère purement platonique et maints députés se sont demandé quel intérêt il présenterait, alors que chaque colonie aura par la suite à déposer des projets fermes et sérieusement étudiés des travaux qu'elle jugera utiles et à solliciter, avec ou sans garantie de l'Etat, l'autorisation d'émettre des emprunts pour en faire les frais.

Mais tel qu'il est, et quelle qu'en soient la valeur et la portée pratique, le projet Sarraut nous apporte des renseignements précis et des appréciations intéressantes. Nous allons y puiser.

*** L'ensemble, des colonies, protectorats et territoires à mandat placés sous l'administration française est divisé par le projet Sarraut en huit groupes, savoir :

Afrique du Nord (*Algérie, Tunisie, Maroc*).

Afrique occidentale (*Sénégal, Mauritanie, Soudan français, Haute-Volta, Guinée, Côte d'Ivoire, Dahomey, Territoire de Zinder, plus le Togo, pays à mandat*).

Afrique équatoriale (*Gabon, Moyen Congo, Oubanghi-Chari-Tchad, plus le Cameroun, pays à mandat*).

Madagascar et Comores.

Groupe asiatique (*Cochinchine, Cambodge, Annam, Laos, Tonkin, Kouang-Tchéou-Wang*).

Gouvernements autonomes (*Côte des Somalis, Réunion, Inde, Saint-Pierre-Miquelon, Martinique, Guadeloupe et dépendances, Guyane*).

Nouvelle-Calédonie et dépendances.

Divers.

Voici maintenant la surface en kilomètres carrés et la population de ces divers groupes :

	Kmq.	Habitants
Afrique du Nord..........	1.300.518	13.300.029
Afrique occidentale (1)	4.465.000	12.238.216
Afrique équatoriale (2)......	2.225.870	2.860.868
Madagascar et Comores.....	582.180	3.382.161
Groupe asiatique	710.842	18.983.203
Gouvernements autonomes ...	239.080	1.108.367
Nouvelle-Calédonie	20.000	47.505
Divers	3.060	31.901
Totaux.............	9.546.550	51.952.250

En résumé notre domaine colonial a une superficie qui

(1) Non compris le Togo.
(2) Non compris le Cameroun.

représente environ dix-huit fois celle de la France métropolitaine et une population supérieure seulement de 30 0/0 à la population française.

*** L'ensemble de nos colonies, y compris le Cameroun et le Togo, a importé en 1920 des marchandises d'une valeur de .... Fr.   7.278.880.515   »
Il a exporté.....................   4.728.503.208   »

Telles sont du moins, les indications qu'on trouve à la page 133 du livre où M. Albert Sarraut a publié son projet de loi.

Mais à la page 145, on lit des chiffres tout différents, sans aucune explication de cette différence. Elle paraît être imputable à ce que l'Afrique du Nord qui ne relève pas du ministère des Colonies, n'a pas été comprise dans le deuxième total. Pourtant les chiffres de la page 133, après déduction de la part de l'Afrique du Nord, ne concordent pas avec ceux de la page 145, et on trouve à la page 142 d'autres chiffres encore différents. Voici ceux de la page 145; ils se réfèrent à l'année 1920 :

Importations de France......	770	millions
— de l'étranger...	2.234	—
Exportations en France.....	1.199	—
— à l'étranger....	1.340	—

Il résulte de ces chiffres que la France, qui supporte tous les frais d'établissement et d'administration de ses colonies, ne leur fournit guère que le quart des produits qu'elles achètent.

« Une telle situation ne peut durer », ajoute M. Albert Sarraut. D'accord; mais elle existe, et il importe de signaler cette conséquence peu satisfaisante du régime économique actuel.

*** Pourtant c'est ordinairement sur l'augmentation du commerce extérieur de nos colonies que les apologistes de ce régime se basent pour vanter l'excellence de nos méthodes et la prospérité qui en résulte.

L'un d'eux, M. Pierre Mille, triomphe de ce que le chiffre total des importations et exportations coloniales est passé de 900 millions en 1900 à 12 milliards en 1920, qu'il ramène avec raison à 5 milliards pour tenir compte de l'abaissement de la valeur du franc.

L'augmentation est forte, en effet; elle paraît même énorme au premier coup d'œil. Mais il faut la réduire d'abord de 650 millions représentant le trafic de l'Algérie et de la Tunisie en 1900, non compris dans les 900 millions ; puis de 500 millions représentant en 1920 le trafic du Maroc qui n'était pas en notre possession en 1900. (Ce trafic a été en réalité de 1 milliard 270 millions; nous le ramenons à 500 millions de francs-or).

Ainsi en réalité, le commerce extérieur de nos colonies serait passé, en vingt ans, de 1.550 millions à 4 milliards 500 millions — Maroc à part. Ce n'est pas merveilleux pour des pays où l'on est parti à peu près de zéro et où la marge d'augmentation était par conséquent si large. Et si l'on déduisait de ces chiffres celles de nos exportations qui constituent des dépenses de l'Etat, c'est-à-dire des charges et non des bénéfices, le résultat réel ne justifierait aucun enthousiasme.

*** Mais considérer les chiffres d'entrées et de sorties dans nos ports coloniaux, c'est une vue trop superficielle des choses. Il faut pénétrer à l'intérieur et voir ce qui s'y passe.

C'est encore le projet Sarraut qui va nous guider dans cette recherche. On y trouve un inventaire des ressources coloniales fort incomplet, fort étriqué sans doute, car il a été dressé au point de vue des possibilités restreintes du régime actuel, en dehors duquel M. Sarraut ne voit rien. Mais tel qu'il est, il suffira de le rapprocher de ce que nous avons, jusqu'à ce jour, tiré, de nos colonies pour faire éclater aux yeux les plus prévenus l'impuissance des entreprises privées auxquelles M. Sarraut garde toute sa confiance, à accomplir l'œuvre de mise en valeur pour laquelle il fait appel à leur concours.

« Notre domaine d'outre-mer, constate-t-il au début de ce travail, tient en réserve la plupart des matières premières qui sont l'aliment fondamental de notre industrie. »

Suit l'énumération de ces richesses :

Houille. — Nos colonies, principalement l'Indo-Chine, possèdent des gisements houillers dont l'importance minimum est évaluée à 12 milliards de tonnes — c'est-à-dire de quoi fournir à la France pendant 400 ans les 30 millions de tonnes qu'elle achète annuellement à l'étranger.

Coton. — La production actuelle de nos colonies est de 10 à 12.000 ton., provenant en grande partie du Cambodge. M. Sarraut indique que la variété indigène du coton cambodgien est d'une qualité tout à fait supérieure. C'est au point que les planteurs des colonies anglaises de l'océan Indien viennent au Cambodge pour renouveler leurs semences.

Il suffirait, dit-il, de cultiver un million d'hectares en coton pour fournir tout le coton dont la France a besoin.

Or, il existe au Cambodge « deux ou trois millions d'hectares de terres rouges, d'une fertilité incomparable » et convenant on ne peut mieux aux plantations cotonnières.

M. Sarraut signale, il est vrai, deux difficultés : la rareté relative de la main-d'œuvre et l'élévation du cours de la piastre. Il reconnaît d'ailleurs qu'on peut suppléer à la première par l'importation de la main-d'œuvre malaise ou chinoise. La seconde n'est sans doute que temporaire. En tout cas ni l'une ni l'autre n'existerait dans une organisation socialiste.

D'ailleurs le coton peut également être cultivé dans la plupart de nos colonies. Il semble qu'on se soit exagéré la production possible en Afrique du Nord ; mais l'Afrique occidentale, et principalement le bassin du Moyen Niger, peut, après l'aménagement des eaux de ce fleuve, rivaliser avec l'Egypte.

L'étude de cette question a été faite en 1919-1920 par la mission Belime dont le rapport, cité par M. Sarraut, est un document officiel du gouvernement général de l'Afrique occidentale. Nous le résumons en quelques lignes :

Le Soudan est la partie de notre Ouest-Africain où la nature du sol comme les conditions climatériques favorisent le mieux la culture du cotonnier. Il y a au Sénégal, au nord de la forêt de la Côte d'Ivoire et surtout au Dahomey, des centres de production importants. Aucun d'eux n'approche comme étendue le champ cotonnier soudanais qui couvre plus de 150.000 kilomètres carrés (15 millions d'hectares).

Mais le coton produit en culture sèche dans cette vaste région est défectueux au point de vue de la qualité comme au point de vue de la quantité. Pour avoir les gros rendements et le coton à longue soie, l'irrigation est indispensable.

Heureusement le Niger et son principal affluent, le Bani, peuvent fournir toute l'eau nécessaire.

Le rapport Belime constate que, par la création des canaux d'irrigation de Nyamina, de Ségou et de Sansanding, on peut irriguer 1.850.000 hectares. Il ajoute :

« Un réservoir pouvant emmagasiner douze cents millions de mètres cubes, soit à peu près la capacité du réservoir d'Assouan avant sa modification de 1912, suffirait pour porter les plaines nigériennes vers les limites de leur possibilité agricole. Ce réservoir serait à établir entre Bamako et Siguiri sur l'un des passages rocheux qui paraissent favorables à l'édification d'un mur en maçonnerie. C'est une œuvre qui s'imposera à son heure et qu'un avenir, qui n'est peut-être pas très lointain, verra se réaliser. »

A ce moment la production du coton du Soudan français atteindra à peu près celle de l'Egypte.

En même temps — car la culture du coton doit alterner

avec celle d'autres plantes — les terres irriguées fourniront à la métropole des quantités considérables d'oléagineux et de céréales. La graine du coton est d'ailleurs un excellent oléagineux.

Avec de telles possibilités, on voit que c'est pour la France un programme bien modeste que de borner son ambition à alimenter son industrie nationale. Elle peut fournir du coton à l'Europe entière. Et cependant, réduite à l'objectif envisagé, quel intérêt aurait l'exploitation de nos champs cotonniers ! Deux chiffres extraits du projet Sarraut, vont le préciser :

En 1920, la France a importé pour 3.055.308.653 francs de coton.

Sur cette somme énorme, les importations de nos colonies figurent pour 32.318.020 francs... un peu plus du centième !

La question du coton ne se pose pas seulement pour nous sous la forme d'une dépense plus ou moins forte à effectuer chaque année. La situation de notre industrie est infiniment plus grave.

En 1914 on estimait à 250.000 tonnes la quantité annuelle de coton qui suffisait au ravitalllement de nos filatures, lesquelles comprenaient alors 7.500.000 broches. Le retour de l'Alsace-Lorraine à la France a porté ce chiffre à 9 millions de broches qui consomment environ 300.000 tonnes de coton brut.

Nous tirons ce coton de l'Inde anglaise, de l'Egypte et surtout des Etats-Unis. Ce dernier pays produisait en 1914, 2.500.000 tonnes, soit les cinq huitièmes de la production mondiale.

Or, les Etats-Unis tendent à manufacturer eux-mêmes leur coton et à en restreindre la culture, par suite des ravages de certains parasites. L'Europe est à la veille de manquer de coton et en particulier l'Angleterre, qui dispose de 60 millions de broches. L'Angleterre s'efforcera donc de se réserver la production de l'Inde et de l'Egypte, nous privant ainsi de notre matière première.

Ainsi la France a intérêt à produire dans ses colonies le coton dont elle a besoin, non seulement pour éviter des achats à l'étranger, que le taux des changes rend ruineux, mais surtout parce qu'elle est menacée de ne pouvoir s'en procurer nulle part d'ici à quelques années.

Soie. — La France a importé, en 1920, pour 1 milliard 601.920.300 francs de soie. Dans ce total, la production coloniale figure pour 5.678.500 francs!

« L'Indo-Chine, dit le projet Sarraut, se trouve dans des conditions exceptionnellement favorables pour la culture de la soie.

... « Il ne manque à ce pays qu'une organisation scientifique et industrielle de la production pour devenir un grand producteur pouvant rivaliser avec la Chine et le Japon. »

M. Sarraut parle surtout de l'Indo-Chine qu'il connaît particulièrement pour en avoir été gouverneur général. Mais bien d'autres colonies pourraient également produire de la soie. Un climat tropical n'est nullement nécessaire pour la culture du mûrier et l'élevage du ver. Non seulement le climat tempéré de l'Afrique du Nord y suffit parfaitement, mais le midi de la France convient fort bien à cette production qui y a été très prospère. Si elle a périclité depuis, cela tient aux ravages des parasites du ver à soie, ravages qu'on peut éviter par les procédés scientifiques aujourd'hui bien déterminés, mais dont l'application exige des installations moins sommaires que celles des petits élevages individuels. Comme le dit fort bien M. Sarraut, une « organisation scientifique et industrielle » est indispensable pour pratiquer avec succès l'industrie séricicole. Jusqu'à présent, le régime capitaliste n'a pas su la créer. Y réussira-t-il mieux à l'avenir? Obtiendra-t-il aux colonies ce qu'il a été impuissant à réaliser en France pour sauver nos magnaneries du Midi ? On peut en douter.

Laines. — Chiffre total de nos importations en 1920.................... Fr. 2.922.359.130

Part contributive des colonies........ 111.050.290 soit environ un vingt-septième de l'importation totale.

Nos colonies pourraient parfaitement fournir la totalité de la laine que nous achetons à l'étranger. Rien que l'Afrique du Nord y suffirait. La preuve de cette affirmation prendrait trop de place dans cet ouvrage. Elle a été faite très complètement ailleurs (1). Expliquons en deux mots que la plus grande partie des pâturages naturels grossiers dont se contente le mouton africain ne sont pas actuellement utilisés, faute de points d'eau pour abreuver les troupeaux. Il serait facile d'en créer par divers moyens. Il faudrait aussi améliorer la qualité de la laine par sélection et croisements. Tout cela est simple et pratique. La question est depuis longtemps étudiée et résolue... sur le papier. Mais on ne passe pas à l'exécution.

Café. — Nous en consommons annuellement un million et demi de quintaux qui, en 1920, nous ont coûté 910 millions 947.820 fr.

Nos colonies nous fournissent 34.000 quintaux, environ un quarante-quatrième, d'une valeur de 19.753.500 francs.

Ecoutons M. Albert Sarraut :

« Pour récolter les 150.000 à 200.000 tonnes de café que la France consomme actuellement, il faudrait planter de 300 à 400 millions d'arbres sur 300.000 à 400.000 hectares et fixer sur les plantations 200 à 250.000 travailleurs. C'est là une tâche qui paraît irréalisable. *Non point que la super-*

---

(1) Voir la *France Nord-Africaine*, par Lucien Deslinières. Un fort volume de 732 pages. Prix 12 fr. franco. FRANCE-EDITION, 19, rue Gazan, Paris.

ficie à cultiver soit trop vaste par rapport à la superficie immense des terres de nos colonies; mais la main-d'œuvre adéquate ne pourrait être rassemblée, sans parler des capitaux qui devraient attendre six à sept ans la rémunération d'une culture arbustive fragile et à progrès lents. »

Ainsi c'est M. le ministre des Colonies lui-même qui dénonce — sans le vouloir, il est vrai — l'un des plus graves défauts du régime individualiste : les capitaux ne s'engagent dans une affaire que si elle leur promet des bénéfices immédats. Ils ne se soucient pas de placements à longue échéance. Et c'est, précisément, la principale cause de l'impuissance de l'initiative privée à mettre en valeur notre domaine colonial, cette opération exigeant des avances considérables pour des rendements éloignés. On verra plus loin que le régime socialiste n'aurait pas besoin de capitaux et ne manquerait pas de main-d'œuvre.

Oléagineux. — Importations totales en 1920 : 6.602.638 quintaux métriques, d'une valeur de 1.252.450.499 francs.

Importations coloniales : 3.571.842 quintaux, d'une valeur de 622.979.881 francs.

Nos colonies nous fournissent donc près de la moitié des oléagineux dont nous avons besoin, sous forme d'arachides, coprah, amandes de palme, karité, palmistes, sésame, ricin et soja. Ce sont surtout Madagascar, l'Indo-Chine, la Guadeloupe et la Nouvelle-Calédonie qui nous envoient ces produits. M. Sarraut écrit à ce sujet :

« Nos colonies peuvent répondre entièrement pour ces produits à la demande métropolitaine par une exploitation plus complète et plus rationnelle des palmeraies et des champs de culture d'arachides existants et par la substitution du traitement mécanique des fruits aux procédés rustiques employés actuellement... Il n'y a qu'à vouloir; il n'y a qu'à se baisser et ramasser. »

On n'est pas plus affirmatif.

Mais pour mesurer toute l'importance de la question des oléagineux il ne faut pas se borner à envisager la consommation actuelle. Il faut viser à remplacer par des huiles végétales que nos colonies peuvent nous fournir en surabondance, les huiles minérales dont la France a importé, en 1920, 8.047.000 tonnes, c'est-à-dire environ douze fois plus que d'huiles végétales.

Il semble qu'on ne doive pas fonder de grands espoirs sur la production du pétrole en France et aux colonies : les exploitations de Péchelbronn, en Alsace, ne fournissent qu'une cinquantaine de mille tonnes par an; celles de l'Algérie n'ont que des rendements minimes; au Maroc les recherches n'ont pas donné de résultats concluants; à Madagascar, dit M. Sarraut, « la crise financière semble avoir brisé pour les entreprises privées l'élan de leurs recherches ». D'une étude récente de M. Lucien Dumas, directeur du service des mines à Madagascar, il résulte d'ailleurs que si l'existence du pétrole est certaine dans la grande île, on n'est encore fixé ni sur son importance ni sur les possibilités pratiques de son exploitation.

Le pétrole et ses dérivés ont été jusqu'à ce jour presque exclusivement employés pour les moteurs à explosion dont l'usage se répand de plus en plus, surtout dans l'automobilisme. Mais leur prix excessif, surélevé encore par le taux du change, devient pour la France une charge telle que, depuis plusieurs années, on cherche activement à les remplacer par un « carburant national ». Les essais poursuivis dans cette voie ne sont pas restés infructueux. Il existe aujourd'hui un moteur utilisant les huiles végétales. Il n'est pas encore tout à fait au point au moment où nous écrivons, mais on arrivera certainement à lui donner le degré de perfection depuis longtemps obtenu, non sans tâtonnements, pour les moteurs à essence minérale.

Il s'agira alors, non pas de doubler notre production coloniale d'oléagineux, mais de la multiplier par vingt-cinq, pour suffire à tous nos besoins, et même par trente, le pouvoir calorifique des huiles végétales étant un peu inférieur à celui du pétrole.

Sera-ce possible ? L'affirmative ne nous paraît pas douteuse.

M. Sarraut n'a pas envisagé une telle extension; cependant il ne paraît pas la considérer comme chimérique, puisqu'il a écrit: « Il n'y a qu'à vouloir, il n'y a qu'à se baisser et ramasser. »

Il est manifeste que la mise en valeur du sol de nos colonies n'est pas même commencée. On se borne à exporter les récoltes indigènes et à recueillir en partie les produits spontanés. Des surfaces énormes pourraient donc être ajoutées à celles qui produisent actuellement des oléagineux.

L'Afrique du Nord pourrait reconstituer son antique forêt d'oliviers qui, disent les historiens arabes, s'étendait du golfe de Gabès à l'Atlantique. Une telle œuvre est parfaitement réalisable avec du temps et une organisation méthodique.

La culture cotonnière, étendue aux millions d'hectares qui s'y prêtent particulièrement, nous donnerait, en outre du textile des quantités d'huile très considérables.

Le Sénégal est le plus grand centre de production de l'arachide de notre domaine colonial. Pourtant de vastes espaces y restent encore incultes. Cette plante n'exige aucune irrigation. Sa culture, très simple, est parfaitement adaptée au tempérament du noir et au climat subtropical.

M. Henri Cosnier, sénateur, ancien commissaire général à la production agricole dans l'Afrique du Nord et les colonies, qui a fait un voyage d'exploration de six mois dans nos colonies ouest-africaines, résume ainsi sa conclusion dans un article de *Colonies et Marine* du 15 février 1920 :

« Je rapporte de ce long voyage l'impression générale

d'une variété et d'une puissance de production dont l'immense majorité de nos concitoyens n'a aucune idée. Et aussi la conviction profonde que si notre pays, qui a besoin de s'appuyer sur des colonies productives, n'intervient pas directement pour écarter les méthodes routinières, nous n'en tirerons rien de plus. »

En ce qui concerne l'arachide, il dit que sa production cantonnée à la Sénégambie, est susceptible de s'étendre aux régions à sols légers possédant une saison sèche prolongée qui permette une dessication et une conservation faciles des graines, pourvu, bien entendu qu'elles disposent d'une voie ferrée pour l'exportation.

Selon lui, l'extension de l'aire de l'arachide est surtout fonction de l'extension du réseau ferré, au Sénégal et dans les colonies voisines. Il constate en outre que, par suite de la mauvaise culture, les rendements sont faibles ou très faibles et qu'on pourrait les relever beaucoup.

Mais les arbres à fruits oléagineux occupent encore, dans les régions chaudes, une place autrement importante que celle prise par l'arachide. Deux essences, le cocotier et le palmier à huile, tiennent le premier rang, l'un surtout en Asie et en Océanie, le second surtout en Afrique.

M. Cosnier évalue ainsi les superficies occupées par le palmier à huile et le nombre d'arbres qu'elles contiennent :

	Hectares	Arbres
Dahomey	600.000	36 millions
Togo	200.000	12 —
Côte d'Ivoire	700.000	42 —
Guinée	250.000	15 —
Totaux........	1.750.000	105 —

Il ajoute : Les palmeraies de notre Afrique Occidentale, estimées avec toute la prudence possible, pourraient fournir

à l'exportation, défalcation faite de la consommation locale,
en tonnes :

	Huiles	Amandes
Dahomey	142.000	115.000
Togo	36.000	39.000
Côte d'Ivoire	222.000	210.000
Guinée	14.000	26.000
Au total.........	410.000	390.000

Elles fournissent, au maximum, en tonnes :

	Huiles	Amandes
Dahomey	16.252	39.346
Togo	4.013	13.286
Côte d'Ivoire	6.949	6.014
Guinée	281	5.172
Au total..........	27.495	63.818

Ainsi, selon M. Cosnier, qui ne fait état que des forêts existantes, nos colonies de l'ouest africain pourraient, rien que
par une meilleure exploitation, nous fournir quinze fois plus
d'huile et six fois plus d'amandes que nous n'en recevons
actuellement. Il suffirait pour cela, dit-il, 1° d'exploiter la
totalité des arbres fructifères; 2° d'extraire l'huile par des
procédés scientifiques qui en augmenteraient notablement la
quantité.

Il ajoute d'ailleurs fort sagement que l'avenir de la production de l'huile de palme est dans la plantation méthodique
du palmier dans « les immenses régions propres à cette culture ». C'est ce qui se fait en Malaisie sur une grande
échelle.

Les données qui précèdent permettent de conclure en toute
certitude à la possibilité de multiplier par vingt-cinq et même

trente la production oléagineuse actuelle, de façon à ne plus avoir à importer de pétrole.

On pourra objecter, il est vrai, que la possibilité d'une substitution des huiles végétales aux essences minérales actuellement employées par l'automobilisme et l'aviation n'est pas encore expérimentalement démontrée, les essais heureux faits jusqu'à ce jour portant principalement sur des moteurs fixes, dont le poids n'est pas limité. Mais d'autre part les accumulateurs électriques font des progrès rapides et sans doute ils arriveront avant peu à remplacer les moteurs à explosion. D'ailleurs il ne paraît pas du tout chimérique de tirer de nos huiles végétales une essence analogue à celle que donne la rectification du pétrole brut. Le problème est même résolu en laboratoire. M. A. Mailhe rend compte dans le *Génie Civil* du 28 octobre 1822 des expériences poursuivies dans ce sens. C'est en désoxygénant les huiles qu'on arrive à les transformer en une essence pouvant être utilisée dans toutes espèces de moteur. L'auteur ajoute que les huiles de lin, de colza, d'arachides, de palme, de requin ont conduit à un carburant sensiblement identique. Par malheur le procédé est compliqué et par conséquent coûteux. Mais cet inconvénient peut être diminué par un perfectionnement de la méthode suivie. D'une façon ou d'une autre, le problème sera donc résolu si nous avons assez de carburants pour produire la force nécessaire.

Viandes fraîches ou conservées. — Nos importations totales, en 1920, se sont élevées à 904.679.795 fr.; la part de nos colonies a été de 286.565.760, un peu moins du tiers.

Pourtant nous avons à Madagascar environ 10 millions de bovins et autant dans l'Afrique occidentale. Ce bétail, il est vrai, est généralement de qualité médiocre; mais il pourrait être amélioré.

Remarquons que la France, avec 39 millions d'habitants

ne possédait en 1922 que 13 millions et demi de bovins, alors que Madagascar en a presque autant pour une population douze fois moindre.

Si la viande était plus abondante, elle se vendrait meilleur marché et la France en consommerait beaucoup plus. Or ses colonies pourraient l'approvisionner largement. L'Afrique du Nord, qui est à nos portes et où les bovins sont de trop petite taille et trop maigres pour être exportés, nous fournirait à elle seule le complément de notre consommation si l'on savait tirer partie de ses ressources. Comme pour la question des laines, qui est connexe, nous renvoyons pour l'étude plus complète de cette question à notre livre : *la France Nord-Africaine.*

Les mesures proposées dans cet ouvrage pour l'Afrique du Nord, appliquées avec quelques variantes à nos autres colonies, nous permettraient de devenir gros exportateurs de viande, au lieu de rester tributaires de l'étranger pour cet aliment de première nécessité.

Cuirs et peaux. — Importations totales en 1920 .... Fr. 747.256.900
Part de nos colonies sur cette somme....   137.574.850

L'augmentation de la production de la viande dans les colonies entraînerait une augmentation parallèle des cuirs et peaux et nous permettrait également d'en être exportateurs.

Métaux et minerais. — Importation totale en 1920..................... Fr. 2.164.016.980
Importation de nos colonies..........   56.007.068

La France, très pauvre en minerais, sauf en minerai de fer, a besoin d'en importer beaucoup; mais ses colonies en sont riches, et quand on constate qu'elles n'arrivent à lui fournir que le quarantième de ce qu'elle achète à l'étranger, on peut mesurer l'impuissance organisatrice de son régime économique.

En Algérie, 108 concessions sont instituées; 38 seulement sont exploitées; il a été délivré en outre 33 permis de recherches.

En dehors de 738.000 tonnes de minerai de fer extraites en 1919, les mines algériennes ont produit 8.375 tonnes de minerai de plomb, 13.293 tonnes de minerai de zinc, 530 tonnes de minerai de cuivre, 11.507 tonnes de pyrites de fer, 1.200 tonnes de minerai de mercure.

La Tunisie a produit la même année :

Minerai de fer............. 308.105 tonnes
— de zinc............. 40.253 —
— de plomb.......... 4.576 —
— mixte.............. 9.722 —
Phosphates de chaux....... 822.000 —

Au Maroc, d'après la *Statistique de l'Industrie minière* à qui sont empruntés les chiffres ci-dessus, des permis de recherche ont été institués. Ils visent principalement des gisements de fer, manganèse, plomb, zinc, cuivre, argent, or, pétrole et phosphate. Les seuls gisements exploités jusqu'à ce jour ont été ceux de manganèse qui ont produit près de 4.000 tonnes.

Dans les autres colonies presque toutes nos exploitations minières sont en décroissance.

La production totale de l'or est tombée, de 7.173 kgs en 1910 à 2.300 kgs en 1920, provenant principalement de la Guyane et de Madagascar.

Les mines de nickel de la Nouvelle-Calédonie, de 1 million 570.000 quintaux de minerai en 1912, sont descendues à 742.000 quintaux en 1921.

Les gisements de chrome de la même colonie, qui sont les plus riches du monde, produisaient 551.790 quintaux en 1918 contre 228.620 quintaux en 1921.

Pour le zinc, la production qui était de 360.000 quintaux en 1915, s'est abaissée à 71.980 quintaux en 1920.

Le cuivre est l'un des métaux qui nous sont les plus nécessaires. Nous en importons environ 100.000 tonnes par an. La France n'en a pas. L'Algérie nous fournit environ 500 tonnes de minerai par an. Mais elle en envoie des quantités beaucoup plus considérables en Angleterre, ce qui s'explique par le fait que la plupart de ses mines de cuivre ont été concédées à des sociétés anglaises. L'Indo-Chine en a des gisements qu'on croit importants; mais elle commence à peine à les exploiter. A Madagascar on trouve de nombreux affleurements cuprifères; mais ils ne sont ni exploités, ni même reconnus. C'est l'Afrique équatoriale française, dans la région du Moyen Congo qui paraît sous ce rapport la plus favorisée de nos colonies. D'après M. du Vivier de Streel, elle pourrait d'ici peu exporter 15 à 20.000 tonnes par an. On croit que l'Indo-Chine arriverait aux deux tiers de cette production. Il paraît certain qu'une prospection complète de notre domaine colonial nous révélerait des ressources suffisantes pour nos besoins.

Il existe dans l'Afrique du Nord, en Indo-Chine, au Congo, en Nouvelle-Calédonie, d'importants gisements de manganèse; mais sauf au Maroc où on commence à peine à les exploiter, on n'en a encore tiré aucun parti.

L'Afrique du Nord est l'un des pays du monde les plus riches en phosphate de chaux; la Tunisie en exportait 1 million 650.000 tonnes en 1913; les gisements algériens du Sud-Constantinois paraissent encore plus puissants que ceux de Tunisie dont ils sont le prolongement. Le Maroc semble plus favorisé que ses voisins. Ses gisements d'El Boroudj l'emportent, dit-on, sur ceux d'Algérie et de Tunisie sous le rapport de la teneur aussi bien que sous celui de la quantité. On trouve encore des phosphates en Indo-Chine et à Madagascar.

En régime socialiste, l'exploitation de ces richesses serait organisée méthodiquement. Notre agriculture métropolitaine et coloniale en emploierait la plus grande partie, alors qu'aujourd'hui, elle en use avec parcimonie (66 kg. d'engrais phosphaté en moyenne par hectare en 1914). Le surplus serait vendu à des pays moins favorisés.

Un mot seulement des pierres précieuses qui abondent au Cambodge, au Laos et surtout à Madagascar.

M. Sarraut conclut avec raison que « la France peut trouver dans son empire colonial tous les métaux que travaille son industrie. »

Bois. — Même contraste dérisoire entre le chiffre de nos importations de bois en 1920 et celui de la part contributive de nos colonies. Le premier est de 880.672.802 francs, le second de 15.449.250 francs, soit le cinquante-sixième environ !

Mais nos colonies manqueraient-elles de bois? Ecoutons le projet Sarraut qui commente ces chiffres :

« Quand on possède des domaines forestiers aussi vastes que ceux de l'Afrique équatoriale, de la Côte d'Ivoire, de la Guyane et de l'Indo-Chine, c'est une situation qui doit prendre fin...

« Nos forêts coloniales couvrent 90 millions d'hectares (deux fois la superficie de la France) dont 60 millions dans nos colonies de l'Atlantique. Les évaluations auxquelles on est parvenu pour la Côte d'Ivoire, le Gabon, le Cameroun et la Guyane indiquent des ressources pratiquement illimitées pourvu que soit assurée la régénération des bonnes essences. »

Un peu plus loin, M. Sarraut cite ce détail :

« Nous avons acheté pendant la guerre, en Amérique, pour le service aéronautique, des bois d'acajou qui venaient de la Côte d'Ivoire ».

Un député, M. Georges Barthélemy, écrit dans l'*Ere Nouvelle* du 7 juillet 1922 :

« Je crois de mon devoir de vous signaler l'étonnement qui s'est emparé de moi, tout récemment, à Bordeaux, en voyant, sur les quais, embarquer à destination de Dakar, *huit wagons de traverses en bois, originaires de Suède.*

« C'est un comble !...

« La Suède fournissant l'A. O. F. si riche par ses forêts de la Côte d'Ivoire, en traverses de chemin de fer ! »

Ces deux faits donnent une idée de l'anarchie qui préside à l'administration de nos colonies.

Pour apprécier l'importance de notre domaine forestier colonial, il faut savoir que toutes nos forêts de France, domaniales et privées, atteignent à peine 10 millions d'hectares. Celles de nos colonies sont donc neuf fois plus étendues.

Ce serait une erreur de croire que les essences qui les peuplent sont sans valeur : non seulement on y trouve en abondance les bois précieux d'ébénisterie; mais d'autres espèces peuvent parfaitement remplacer le chêne, le sapin et le peuplier, nos principaux bois ouvrables d'usage courant.

Nous montrerons plus loin comment s'explique notre incurie et comment le régime socialiste y mettra fin.

Pâtes de cellulose. — Importations totales en 1920 ....Fr. 508.240.380
Part des colonies...................... 83.300
Pourtant, ajoute le projet Sarraut, « presque toutes nos colonies produisent en quantités plus ou moins considérables des matières propres à l'industrie du papier ».

Ecorces tannantes. — Celle du palétuvier est de beaucoup la plus intéressante par sa teneur en tannin et la quantité qu'on peut en recueillir. Le palétuvier, arbre maritime, croit en abondance sur le littoral de la plupart de nos colonies. Or, observe le projet Sarraut « sauf à Madagascar où on a exporté 35.000 tonnes par an, rien jusqu'ici n'a été entrepris pour l'exploitation industrielle de ce produit ».

Caoutchouc. — Importations totales en
1920 .... Fr.   285.803.235
   Part des colonies 47.992.500
Le caoutchouc africain a beaucoup souffert de la crise de
surproduction du Para, en 1912, qui amena l'effondrement
des cours. Jusqu'à cette époque, il fournissait 25 pour 100 de
la production mondiale ; aujourd'hui sa part n'est que de
3 à 4 0/0. Le caoutchouc du Para, d'une qualité supérieure,
est un produit de plantations, alors que celui d'Afrique est
un produit de cueillette. Les Anglais ont commencé à planter au Gold Coast la liane brésilienne, l'hévéa, dont le rendement en latex est plus considérable. Si la France organisait
méthodiquement la récolte du caoutchouc spontané et les
plantations complémentaires indispensables, ses colonies afri-
caines — sans parler de celles d'Asie et d'Amérique suffiraient largement à ses besoins en caoutchouc. Mais il faudrait
de plus que cette industrie fut à l'abri des fluctuations du marché mondial. Ces conditions sont irréalisables sous le régime
actuel.

Poissons de mer. — Importations totales
en 1920 .... Fr.   332.147.840
   De nos colonies 175.416.130
« Les ressources de nos colonies devraient nous permettre
de nous passer de l'étranger », ajoute M. Sarraut.

Tabac. — Importations totales en 1920.   246.235.329
De nos colonies .... Fr.   43.991.606
M. Sarraut fait suivre ces chiffres de cette appréciation :
« La plupart de nos importations coloniales de tabac viennent de l'Algérie; mais d'autres parties de notre domaine
extérieur peuvent être mises à contribution : Si l'on s'en rapporte aux essais poursuivis dans nos colonies, tous les espoirs
sont ouverts dans cette voie ».

Sucre. — Importations totales en 1920   2.090.587.042
De nos colonies................. Fr.   95.097.222

Cette situation désastreuse est due en grande partie à la destruction de nos sucreries du Nord; mais une utilisation sérieuse des ressources de nos colonies permettrait à la France non seulement de se passer du sucre étranger, mais d'être elle-même grosse exportatrice de ce produit.

En effet ce sont nos vieilles colonies à peu près seules : Réunion, Martinique, Guadeloupe, qui nous envoient du sucre. Pourtant, dit M. Sarraut, la canne à sucre pourrait être cultivée en Indo-Chine. Il ne parle pas de nos autres colonies dans la plupart desquelles la canne végéterait tout aussi bien. Dans certaines autres, la betterave réussirait mieux et le même résultat serait atteint. Le sorgho et mainte autre plante pourraient également nous donner du sucre. Nos ressources sont immenses; le régime individualiste n'en tire aucun parti.

Cacao. — Importations totales en 1920   275.074.920
De nos colonies................ Fr.   12.451.050
Mêmes observations que pour le sucre.

Jute. — Importations totales en 1920.   146.759.450
De nos colonies 923.500

Toutes nos colonies équatoriales pourraient nous fournir ce textile.

*** Après avoir ainsi passé en revue les importations des principaux produits, M. Sarraut donne le chiffre global de nos importations en 1920. Il est de: Fr.   32.954.561.827

Sur lequel la part de nos colonies est de   2.594.389.823

Et il commente cette situation en ces termes :

« Les ressources de nos colonies sont immenses, inépuisables; on les voit; on les touche. Continuerons-nous à les contempler sans faire ce qui est nécessaire pour les exploiter ? »

M. Albert Sarraut n'est d'ailleurs pas le seul ministre des colonies qui ait jeté ce cri de détresse. Tous ses prédécesseurs, avec plus ou moins de retentissement, ont tenu un langage analogue. Ils n'ont abouti à rien. M. Sarraut sera-t-il plus heureux? Il est permis d'en douter, car la solution du problème n'est pas dans les mains d'un ministre, ni même du Parlement. L'impuissance de nos gouvernants tient au régime économique lui-même.

*** M. Sarraut souligne encore cette impuissance en exposant l'état arriéré de notre outillage économique aux colonies.

S'agit-il des chemins de fer ? Notre immense domaine colonial n'en possède que 5.000 kilomètres (1).

« Nous n'avons pas eu jusqu'à ce jour, dit-il, une politique ferroviaire à larges vues. Nos efforts ont été fragmentaires. Aucune colonie ne possède encore une grande ligne complète ».

Voici maintenant pour les ports :

« Nous n'avons, dans toutes nos colonies que trois ports au sens moderne du mot : Dakar, Saïgon et Haïphong. Tous les autres ne sont que des rades médiocrement aménagées et incapables de suffire à un accroissement de trafic. »

L'irrigation des terres est, dans tous les pays chauds, la condition indispensable d'une production agricole intensive. L'énumération que fait M. Sarraut des travaux que nous avons accomplis dans ce sens tient en deux lignes : En Indo-Chine : 33.000 hectares irrigués dans une région, 7.044 dans une autre; un nouveau programme en cours d'exécution pour 450.000 hectares. A Madagascar 200 hectares, plus quel-

---

(1) Pour donner à ce chiffre toute sa signification, il suffit de le rapprocher du nombre de kilomètres de voies ferrées dont dispose une seule gare allemande, celle de Duisbourg : il est de 853 kilomètres !

ques bribes. Ailleurs rien. La faillite de notre administration, en matière d'irrigation, est constatée dans *la France Nord-Africaine*, ouvrage déjà cité (1).

Les conclusions de M. Albert Sarraut sont, sans qu'il paraisse s'en douter, un réquisitoire accablant contre le régime individualiste :

« C'est un détestable système que d'entamer des travaux au hasard, en ordre dispersé, sans plan préconçu, sans la vision et le souci d'un intérêt supérieur aux contingences ou aux convenances particulières ».

Que le système pratiqué jusqu'à ce jour soit détestable, nous n'y contredirons point. Mais il est inhérent au régime de l'entreprise privée qui est une pure anarchie.

Assez de « tours de force » et de « colonisation en jardinets », s'écrie M. Albert Sarraut. Nos colonies doivent être des « centres de production » et non plus des « musées d'échantillons ».

... « Il est temps de mettre de l'ordre dans ce désarroi... »

Nous sommes de plus en plus de son avis. Seulement il n'y a qu'un moyen de faire de la colonisation sérieuse : nous l'indiquerons plus loin.

*** Devant des constatations officielles aussi pénibles, la première question qui vient à l'esprit est celle-ci : Nous avons aux colonies un personnel nombreux et qui nous coûte fort cher. Que fait-il donc ?

C'est bien simple : il administre. C'est sa fonction et il n'en a pas d'autres. Administrer, c'est maintenir dans l'ordre et l'obéissance la foule des indigènes, assurer la protection des colons européens, ouvrir, quand on a des crédits, quelques voies de communication, bâtir quelques forts et rési-

---

(1) *La France Nord Africaine*, par Lucien Deslinières. FRANCE-EDITION. 19, rue Gazan, Paris. Prix : 12 fr. franco.

dences, dans la mesure du possible faire un peu d'hygiène ;
et surtout noircir du papier : remplir des états, faire des rapports et de la correspondance. Tout cela n'a rien de commun
avec la colonisation qui est la mise en valeur d'un pays. Mais
les attributions de nos fonctionnaires coloniaux ne vont pas
plus loin. Eussent-ils le goût et les aptitudes colonisatrices,
dont beaucoup sont d'ailleurs dépourvus, ils n'auraient aucun
moyen d'action à leur disposition. Tout au plus créent-ils
parfois quelques champs d'expériences, de quoi envoyer,
ainsi que le remarque M. Sarraut, des échantillons au Musée
Colonial de Paris. On n'a jamais entendu dire qu'il leur fût
possible, même s'ils le désiraient, de défricher, d'ensemencer,
de récolter. Ils font leur besogne spéciale; rien de plus.

Ce n'est pas leur faute s'ils sont réduits à ce rôle passif.
D'aucuns le déplorent et voudraient prendre des initiatives.
Ceux qui l'ont tenté ont généralement vu leur zèle mal récom-
pensé et n'y sont pas revenus.

Un document autorisé, cité à titre d'exemple, va nous
montrer à la fois le bon vouloir dont certains d'entre eux font
preuve et le néant des résultats obtenus. Il s'agit d'un exposé
présenté au nom du Syndicat des Agriculteurs du Soudan
français, par son secrétaire général M. Dudognon à M. Georges Barthélemy député et délégué au Conseil supérieur des
Colonies; nous en extrayons ce passage :

« Jusqu'à présent, qu'avons-nous exporté ? Rien ou presque rien comparativement aux immenses terrains de culture
qui peuvent être mis en valeur.

« Cet état de choses se continuera tant que l'esprit et les
méthodes de cultures indigènes ne seront pas modifiées.

« L'Administration a fait tout ce qu'elle a pu dans ce
pays pour que l'indigène augmente la superficie de ses lou-
gans, pour qu'il change ses façons culturales ; nombreuses
sont les tournées faites par des administrateurs et des agents
du service de l'agriculture pour éduquer les cultivateurs en ce

sens. Que constatons-nous ? La faillite complète de ce système...

« Il n'y a aucune différence entre les superficies cultivées lors de notre arrivée et les surfaces actuelles; il n'y a aucune différence entre les méthodes de cultures indigènes d'il y a quarante ans et celles d'aujourd'hui, malgré les exemples et les encouragements. »

Voilà, pris sur le vif, le vice radical du système : le rôle de nos administrateurs se borne à donner des conseils que personne ne suit. Il leur est interdit de faire par eux-mêmes.

Il est donc souverainement injuste de faire peser sur eux, sur leur incapacité qui, après tout, n'est pas aussi grande qu'on le dit parfois, ou sur leur incurie, la responsabilité de l'avortement trop indiscutable de notre œuvre coloniale. S'en prendre aux personnes est d'ailleurs un moyen adroit de détourner les responsabilités réelles qui doivent être attribuées au système.

*** Ce n'est pas à dire que ceux qui représentent la France dans nos colonies soient toujours sans reproche. Il est trop naturel que, loin de tout contrôle, investis de pouvoirs absolus, ils en abusent souvent. Citons à ce sujet, pour donner tous les sons de cloche, le tableau sinistre qu'a brossé M. René Maran dans *Batouala* de la situation en Afrique équatoriale :

... « Dans tel petit village de l'Ouahm (Oubanghi-Chari) en 1918, on ne comptait plus que 1.080 individus sur les 10.000 que l'on avait recensés sept ans auparavant...

... « On a parlé de la richesse de cet immense pays; que n'a-t-on dit que la famine y était maîtresse ?

... « Qu'importe que dix, vingt, ou même cent indigènes aient cherché, en un jour d'innommable détresse, parmi le crottin des chevaux appartenant aux rapaces qui se prétendent leurs bienfaiteurs, les grains de maïs ou de mil non digérés dont ils devaient faire leur nourriture !

... « Après tout s'ils crèvent de faim, par milliers, comme des mouches, c'est que l'on met en valeur leur pays. Ne disparaissent que ceux qui ne s'adaptent pas à la civilisation.

... « Civilisation, civilisation... tu bâtis ton royaume sur des cadavres. Quoi que tu veuilles, quoi que tu fasses, tu te meus dans le mensonge. A ta vue les larmes de sourdre et la douleur de crier. Tu es la force qui prime le droit. Tu n'es pas un flambeau, mais un incendie...

... « Au cours d'une interpellation à la Chambre, le ministre de la Guerre, M. André Lefèvre, ne craignit pas de dire que certains fonctionnaires français avaient cru pouvoir se conduire en Alsace-Lorraine reconquise, comme s'ils étaient au Congo français.

... « De telles paroles prouvent à la fois que l'on sait ce qui se passe en ces terres lointaines et que, jusqu'ici, l'on n'a pas essayé de remédier aux abus, aux malversations et aux atrocités qui y abondent.

... « La vie coloniale avilit peu à peu. Rares sont, même parmi les fonctionnaires, les coloniaux qui cultivent leur esprit. Ils n'ont pas la force de résister à l'ambiance. On s'habitue à l'alcool.

... « La subdivision de Grimari... était très riche en caoutchouc et très peuplée. Des plantations de toutes sortes couvraient son étendue. Elle regorgeait de poules et de cabris.

... « Sept ans ont suffi pour la ruiner de fond en comble. Les villages se sont disséminés, les plantations ont disparu, cabris et poules ont été anéantis. Quant aux indigènes, débilités par les travaux incessants, excessifs et non rétribués, on les a mis dans l'impossibilité de consacrer à leurs semailles, même le temps nécessaire. Ils ont vu la maladie s'installer chez eux, la famine les envahir et leur nombre diminuer... Pourtant ils descendaient d'une famille robuste... âpre au mal, dure à la fatigue. »

Plus loin l'auteur, par la bouche d'un de ses personnages,

accuse les Français d'accabler les indigènes d'impôts arbitraires sans employer leur produit, ainsi qu'ils l'avaient promis, à construire des villages, des routes, des ponts, des chemins de fer.

... « Notre travail n'alimente que l'impôt, lorsqu'il ne remplit pas les poches de nos commandants.

« Nous ne sommes que des chairs à impôt. Nous ne sommes que des bêtes de portage. Des bêtes ? Même pas. Un chien ? Ils le nourrissent et soignent leur cheval. Nous sommes moins que ces animaux. »

Il est vrai que dans les milieux coloniaux, on a vivement protesté contre les affirmations de M. René Maran; mais de nombreux témoignages se sont élevés en sa faveur, et il semble bien difficile d'admettre que toutes ces accusations aient été forgées à plaisir.

*** Ainsi dans les régions où les administrateurs coloniaux font leur devoir, ils n'obtiennent que des résultats nuls; dans celles où ils lâchent la bride à leurs mauvais instincts, ils ruinent le pays et affament la population.

L'avortement de notre œuvre coloniale, le lecteur s'en rend compte déjà, est dû à l'absence d'organisation qui caractérise le régime individualiste. C'est ce que nous allons mettre plus complètement en lumière au chapitre suivant.

CHAPITRE II

Causes de l'avortement de notre œuvre coloniale

Une société basée sur le principe de l'individualisme intro-
duit forcément ce principe dans toutes les manifestations de
son activité économique. C'est pourquoi la grande œuvre de
colonisation, à laquelle s'attache un intérêt national si considérable, ne pouvait avoir pour levier que l'initiative individuelle orientée vers le profit individuel.

On a montré aux gens hardis des pays neufs ouverts à leurs
entreprises, et où ils avaient, au prix, il est vrai, de risques plus
grands, plus de chances de s'enrichir vite qu'en restant dans
leur pays natal. On les a invités à venir y tenter la fortune.
Et ils y sont venus avec la ferme intention de la réaliser
aussi rapidement que possible.

Certes on savait bien qu'ils venaient poursuivre exclusivement leur avantage propre, sans songer qu'ils collaboraient en
même temps à une œuvre d'intérêt national, sans souci de
diriger leurs efforts de préférence dans les voies les plus utiles
à cette œuvre. Mais on se disait : le but sera atteint quand
même, car pour faire leur fortune, ils coloniseront le pays.

En un mot, on n'a compté que sur les initiatives spontanées.
On s'en est remis à leur action, éparse et forcément incohé-
rente, du soin de mettre nos colonies en valeur.

Cette initiative a été exercée tantôt par de simples travailleurs ne possédant que leurs bras, tantôt par de petits moyens ou gros capitalistes, tantôt par des sociétés plus puissantes encore. Ses modes d'action : travail, agriculture, commerce, industrie, transports, banque, spéculation, etc., ont été divers ; mais l'objectif est resté invariablement le profit individuel. Le peu qui a été fait dans nos colonies n'a pas d'autre source.

******* Or l'isolement économique de l'initiative privée est pour elle une grande faiblesse, surtout dans les colonies où tout est à créer. Le colon se trouve toujours en présence de besoins supérieurs à ses ressources. A raison de sa nature anarchique, de l'absence de toute méthode qui la caractérisent, l'initiative privée réduit dans une proportion désastreuse ses propres moyens d'action, alors que l'entente, l'association avec ses semblables pourraient les multiplier et les féconder.

Qu'il s'agisse d'exploiter un domaine agricole, une mine, une forêt, elle se heurte à l'absence de moyens de transport, de canaux d'irrigation, etc. ; arrive-t-elle à créer des produits, il n'est pas certain qu'elle leur trouvera des débouchés, les acheteurs auxquels elle s'adressera ayant déjà leurs fournisseurs habituels et hésitant à essayer un produit nouveau, même s'il leur est vendu un peu moins cher.

Ainsi s'expliquent les échecs si nombreux des tentatives faites pour créer des établissements aux colonies. Que de téméraires s'y sont ruinés, ou même y ont trouvé la mort ! Leur exemple a jeté le discrédit sur les entreprises coloniales et en a détourné la plupart des activités prêtes à s'y engager.

******* D'ailleurs, le mobile de toute initiative privée étant le profit, il s'ensuit nécessairement qu'on ne doit pas compter sur elle chaque fois qu'elle ne voit pas au bout de son effort une récompense certaine, ou tout au moins presque assurée.

Dans cette œuvre complexe qu'est la colonisation d'un vaste territoire, on se trouve pourtant à chaque pas en présence de nécessités impérieuses auxquelles il faut parer, de besoins inéluctables qu'il faut satisfaire ; il est certaines institutions, certains organismes politiques et administratifs, certains outils économiques dont la création est la condition *sine qua non* du développement, de l'existence même de toute colonie. Mais si l'intérêt général les exige, l'intérêt particulier refuse de s'en charger parce qu'il n'a rien à y gagner. Dans bien des cas, d'ailleurs, il manquerait de compétence ou de moyens ; la nature particulariste, l'objectif limité de son action le rendent impropre à toute vue d'ensemble, à toute organisation généralisée.

Ainsi la conquête et l'occupation militaire d'une colonie, les frais d'administration générale, la création d'écoles, de tribunaux, de services sanitaires, de routes, etc., restent à la charge de l'Etat.

Certains services publics, dont les dépenses sont toujours, aux colonies, plus fortes que les recettes, tels que les postes et télégraphes ne sont pas davantage revendiqués par l'initiative privée.

Elle ne s'intéresse aux chemins de fer que si l'Etat lui assure de forts bénéfices sur les frais d'établissement et accorde à ses capitaux une garantie d'intérêts.

Elle ne crée de ports qu'avec le concours financier de l'Etat et en se réservant la plus forte part des bénéfices.

En somme, partout où il y a des dépenses non rémunérables à supporter, partout où le rendement est incertain, l'Etat ne peut compter que sur lui-même. A lui tout ce qui coûte sans rapporter ; à l'initiative privée tout ce qui promet de gros revenus avec un minimum de risques. Telle est, selon la conception dominante, la démarcation entre l'action nationale et l'action privée. L'Etat est l'éternelle dupe.

******* Il ne suffit pas, d'ailleurs, qu'une entreprise soit susceptible de donner des bénéfices pour que l'initiative privée s'en occupe *ipso facto*. Nombre d'affaires agricoles, minières, industrielles, commerciales, financières qui seraient fructueuses ne se font pas, tout simplement parce que ceux qui pourraient les traiter ne les connaissent pas, ou que ceux qui les connaissent ont déjà engagé ailleurs leur activité et leurs capitaux, qui ne peuvent tout embrasser.

D'autres affaires restent en souffrance, parce que leurs initiateurs ne peuvent arriver à constituer un groupement de capitaux assez fort pour les entreprendre.

D'autres parce qu'un élément fait défaut à leur mise en œuvre : une belle forêt, une riche mine ne seront pas exploitées s'il n'existe pas de voie ferrée et de port capables d'assurer le transport à bon marché de leurs produits.

D'autres parce que le revenu à en retirer ne fournirait pas une rente suffisante aux capitaux qu'ils nécessiteraient : par exemple l'assainissement d'un marécage, le défrichement d'une région broussailleuse ou rocheuse, l'irrigation d'un bassin étendu, etc...

D'autres parce que le revenu ne peut arriver que tardivement, comme les plantations d'arbres fruitiers et forestiers.

Ainsi, parmi l'ensemble des créations qui seraient nécessaires pour mettre complètement en valeur le territoire colonisé, l'initiative privée n'en réalisera que quelques-unes. Et encore elles ne seront pas groupées sur un même point, mais dispersées, par ci par là, au hasard des inspirations particulières qui s'y seront donné cours, sans programme arrêté d'avance, sans même se concerter entre elles. Donc, non seulement l'œuvre reste inachevée, mais elle est informe et il en résulte une grande déperdition de forces économiques.

*** Mais si l'entreprise privée boude sur les entreprises non fructueuses et néglige une grande partie de celles qui pourraient rémunérer ses efforts, il en est par contre qui la tentent singulièrement et auxquelles elle donne presque toujours la préférence, bien qu'aucun intérêt général n'y soit attaché, et qu'elles aillent même à l'encontre de l'intérêt général : telles sont la spéculation immobilière, les prêts usuraires, le commerce des liqueurs alcooliques, etc...

Enfin, c'est se montrer beaucoup trop indulgent pour l'intérêt privé que de constater simplement qu'il ne seconde pas dans une assez large mesure l'intérêt général. Il fait bien pis : il se dresse contre lui dans un nombre infini de cas. C'est à ses dépens qu'il cherche des satisfactions, et par là il se montre non seulement un médiocre auxiliaire, mais un ennemi franchement malfaisant.

******* Toutes ces considérations expliquent pourquoi la mise en valeur de nos colonies n'a pas même été ébauchée. Au lieu de cultiver les terres, d'exploiter les mines et les forêts, ce qui constitue la véritable, la seule colonisation, on s'est borné à créer des comptoirs pour vendre les marchandises importées d'Europe et acheter les produits offerts par les indigènes. Les quelques voies de communications qui ont été établies, les quelques ports qui ont été aménagés ne l'ont été qu'aux frais de l'Etat ou avec sa large participation financière. Une bonne partie des rares mines exploitées appartiennent à des étrangers.

Manifestement la doctrine du laissez-faire est impuissante à accomplir une œuvre de colonisation au sens complet du mot. Là où il faudrait un plan d'ensemble, une concentration des efforts, elle ne met en jeu que des forces insuffisantes, dispersées qui ne tendent même pas vers le but général : telle est la conséquence fatale du régime individualiste.

Nous verrons plus loin ce que sera la colonisation socialiste.

LIVRE IV

LES CAPITAUX

CHAPITRE UNIQUE

Gaspillage des Capitaux.

Nous ne prenons pas ici le mot « capitaux » dans leur sens général qui exprime l'ensemble des valeurs utilisables. Nous ne voulons parler que des rondelles de métal et des vignettes de papier qui sont la représentation, plus ou moins fictive, des véritables capitaux; ou en d'autres termes de l'argent à valeur réelle, aujourd'hui disparu de la circulation et de la monnaie fiduciaire qui a pris sa place.

L'argent n'est pas seulement le nerf de la guerre; il est celui de toute entreprise, privée ou publique. Aucune n'est possible quand on ne possède pas une quantité suffisante de ces chiffons de papier, sans valeur propre et sans gage, qui, en cas de liquidation générale, ne pourraient être échangés contre rien.

On s'habitue à tout, et personne ne paraît se rendre compte de ce qu'une telle situation a de paradoxal. A plus forte raison ne soupçonne-t-on pas que, dans un système social meilleur, il serait parfaitement possible de se passer de capitaux. A cet égard, ce qu'il y a de plus attristant, c'est que les socialistes, ignorant entièrement les bases fondamentales de l'économie du régime qu'ils veulent instaurer, ne sont pas plus éclairés que leurs adversaires. Ils parlent sans cesse de nationaliser le crédit et aucun d'eux ne paraît se douter que le socialisme ne *nationalisera* pas le crédit, mais qu'il le *supprimera* purement et simplement.

Cette question est si peu connue, même des spécialistes, que nous nous exposons à être couvert de ridicule ou pris en pitié par la plupart de nos lecteurs pour oser énoncer sérieusement cette proposition qu'ils considéreront comme une énormité, à savoir que le maintien et le développement considérable de la production, la mise en valeur de nos colonies, le captage des forces naturelles, et en général tous les travaux d'amélioration et d'embellissement, peuvent s'exécuter sans le moindre capital.

Nous prions cependant les sceptiques de vouloir bien accepter provisoirement notre affirmation, si fantastique qu'elle leur paraisse. Nous promettons de leur en apporter la preuve complète et décisive dans les *Principes d'Economie socialiste* qui suivront de près le présent ouvrage.

Quoiqu'il en soit, d'ailleurs, il est un fait bien avéré, c'est que dans la société actuelle, les capitaux sont le levier indispensable de toutes les activités, c'est-à-dire la chose la plus précieuse qui soit au monde, économiquement parlant.

*** Cela étant, il semble qu'on devrait apporter à la conservation de cette inestimable substance les soins les plus minutieux et les plus constants. Eh bien, non! on gaspille l'argent à plaisir, partout et sans cesse ; on tarit dans sa source la richesse qu'il pourrait multiplier.

Il ne s'agit pas seulement des prodigues qui dissipent leur fortune en superfluités au lieu de l'employer à féconder le travail, ni des avares imbéciles qui laissent la leur improductive au fond de leurs cachettes. Nous avons principalement en vue l'action dolosive de la haute finance, qui draine l'épargne de la France et trop souvent l'engloutit dans des entreprises aléatoires à l'étranger.

On a vu plus haut tout ce qui nous reste à faire en France

pour compléter notre outillage économique, améliorer notre agriculture, développer notre industrie, mettre nos colonies en valeur. Pourtant la France est le pays du monde où l'esprit d'épargne est le plus développé. Avant la guerre on évaluait à deux, et même à trois milliards, le montant des économies annuelles mises à la disposition de l'Etat ou des entreprises utiles.

Avec de telles ressources que ne pouvait-on réaliser !

Par malheur la plus grande partie de l'épargne est confiée aux établissements de crédit et placée sur leurs conseils. Or quel est le rôle de ces « grands magasins financiers » comme les a qualifiés M. Paul Leroy-Beaulieu ?

Disposant, sur leur nombreuse clientèle, d'une influence considérable, ils lui indiquent les placements qu'ils jugent les plus avantageux. Et même quand les clients ne viennent pas à leurs guichets, ils les font relancer à domicile par des *démarcheurs*. Le plus souvent, leurs recommandations sont écoutées.

Quels placements font-ils opérer ainsi ? Les plus avantageux en effet, non pour le naïf gogo, mais pour eux-mêmes, c'est-à-dire ceux sur lesquels leur commission est la plus forte. Or ce sont précisément les valeurs les plus douteuses qui leur laissent la plus forte marge de bénéfices; et parmi elles les valeurs étrangères dont les détenteurs, en quête d'argent comptant, consentent pour s'en procurer les plus gros sacrifices.

Encore s'ils se bornaient à encaisser une commission, même excessive, le mal serait limité; mais par le moyen des syndicats d'émission, ils font subir aux valeurs des majorations énormes, à leur profit; ou encore ils introduisent en France des valeurs étrangères à des cours beaucoup supérieurs à ceux qui sont cotés dans les pays d'origine.

Si les grands établissements de crédit étaient un peu soucieux de l'intérêt national, ou si l'Etat exerçait sur leurs opérations un contrôle effectif, ils auraient dirigé l'épargne française vers les valeurs industrielles françaises et favorisé la création de sociétés pour l'exploitation de nos richesses coloniales. Quels services ils auraient pu, de la sorte, rendre au pays ! Mais dominés par l'idée du gain immédiat, ils ont alimenté les entreprises étrangères, nos concurrentes, au détriment des nôtres.

*** L'écrivain Lysis — qui depuis... — a publié en 1908 un livre intitulé : *Contre l'oligarchie financière en France* et qui eut un grand retentissement. Il y dénonce impitoyablement les manœuvres inqualifiables des grands établissements de crédit et signale les dangers de l'exode des capitaux français à l'étranger qui en sont la conséquence. Extrayons-en quelques passages :

« Si curieux que cela paraissse, le placement des valeurs étrangères en France n'est soumis à aucune restriction. Ce commerce relève de l'initiative individuelle comme tous les autres négoces. Les banquiers sont libres d'exporter l'argent français à l'étranger...

... « En France, si l'on excepte deux établissements spéciaux qui ne font pas d'émissions, la Banque de France et le Crédit Foncier, toute notre puissance financière est centralisée dans quatre sociétés de crédit, le *Crédit Lyonnais*, la *Société Générale*, le *Comptoir National d'Escompte*, le *Crédit Industriel et Commercial*, et dans une banque d'affaires : la *Banque de Paris et des Pays-Bas*. Or ces banques forment un consortium et font toutes les grandes émissions en commun.

... « Les emprunts ne viennent pas tout seuls; il faut donc aller les chercher. Cette besogne incombe à des intermédiaires constitués en syndicats d'apporteurs. Ce syndicat prélève une commission qui est rarement inférieure à 5 p. 100 du produit de l'émission. Le plus curieux, nous est-il affirmé, c'est que *les principaux administrateurs des établissements de crédit ou leurs hommes de paille font souvent partie des syndicats d'apporteurs.* Cette manière d'agir est parfaitement admise; elle se pratique couramment.

« En dehors de ce premier syndicat, la banque qui conduit les opérations constitue un *syndicat de garantie.* Elle fait appel pour cela aux autres grandes banques à charge de revanche. Ce syndicat s'assure une commission fixe qui est également de 5 p. 100 environ du produit de l'émission.

... « Le défunt président et fondateur du Crédit Lyonnais, Henri Germain, estimait à deux milliards de francs la somme que l'épargne française place tous les ans à la Bourse. Sur ces deux milliards annuels, il évaluait qu'*un milliard et demi en moyenne sont placés en fonds d'Etat étrangers.*

... « Exemples des majorations que nos grandes banques font subir au cours des valeurs étrangères en introduisant celles-ci sur le marché français :

« *Naphtes de Bakou,* cotés à Saint-Pétersbourg 1,026 fr., introduits à Paris à 1.525 francs.

« *Cartoucheries de Toula,* cotées à Saint-Pétersbourg, 405 francs, introduites à Paris à 645 francs.

« *Machines Hartmann,* cotées à Saint-Pétersbourg 452 fr. 50, introduites à Paris à 607 francs.

« *Usines Maltzoff,* cotées à Saint-Pétersbourg 670 fr., introduites à Paris à 1.360 francs.

... « Extrait de la déposition de M. Charles de Lesseps au procès du Panama sur la nécessité d'allouer de grosses rémunérations aux établissements de crédit :

« *Demande.* — L'émission à lots a lieu après la formation d'un syndicat. Ce syndicat était de nature particulière. Il est à remarquer qu'il n'offrait pas de chances aléatoires préjudiciables à ses membres. Chaque syndicataire versait 2 fr. 50 par titre et, moyennant cette légère avance, il était stipulé un bénéfice de 20 francs à chacune des obligations. *Les syndicataires ont retiré 15 millions ?*

« *Réponse.* — Je le crois. »

Dans son livre, Lysis citait fragmentairement les pertes éprouvées par l'épargne française, du fait des grands établissements de crédit, sans les totaliser. Dans un article qu'il a publié depuis dans l'*Humanité* du 19 novembre 1915, il évalue à 40 milliards l'argent français exporté par nos financiers. C'est d'ailleurs à peu près le chiffre auquel on évaluait avant la guerre notre portefeuille de valeurs étrangères.

*** Que reste-t-il actuellement aux porteurs de ces valeurs ?

Un économiste bien informé qui a signé du pseudonyme *Trustee* un livre substantiel ayant pour titre : le *Bilan de la Guerre*, écrit à ce sujet :

... « Des tranches formidables de notre portefeuille étranger subissent une dévalorisation sensible. C'est le cas de toutes les valeurs russes, fonds d'Etat, actions ou obligations industrielles... Les fonds ottomans sont à la même enseigne... Les fonds serbes, bulgares, roumains méritent des réserves. Les fonds autrichiens valent ce que peut valoir le papier d'un pays en pleine banqueroute. Les valeurs industrielles allemandes subissent le contre-coup de la grave crise économique que traverse le Reich.

... « Nombre d'états sud-américains, qui ont englouti tant de capitaux français, ont profité de la guerre pour faillir à leur signature... »

Ainsi non seulement la totalité des quarante milliards exportés à l'étranger a été perdue pour la mise en valeur de la France et des colonies ; mais la plus grande partie de cette énorme somme ne pourra être récupérée par ceux qui l'ont placée !

Tels sont les résultats du régime capitaliste.

TROISIEME PARTIE

—

RECUPERATION PAR LE SOCIALISME

DES

FORCES ET RICHESSES PERDUES

—

LIVRE PREMIER

ORGANISATION DE LA PRODUCTION

EN REGIME SOCIALISTE

■ ■ ■

CHAPITRE PREMIER

Caractères généraux de la Production socialiste

La preuve que le Socialisme, c'est-à-dire l'*Association générale*, sera en mesure de récupérer toutes les forces et toutes les richesses actuellement gaspillées ou négligées, faute d'organisation, est déjà faite dans les deux premières parties de ce livre.

L'importance de ces pertes, en effet, ne pouvait être évaluée même approximativement, que par comparaison entre le régime individualiste et celui de l'association. Sur chacun des points étudiés, on a donc été amené à mettre en parallèle le présent et l'avenir, et par là indiquer comment et pourquoi le socialisme tirera un bien meilleur parti des moyens de production qui existent dès aujourd'hui.

Pourtant cette démonstration doit être complétée.

*** *L'Association générale*, c'est la solidarisation des intérêts, aujourd'hui opposés; c'est la concentration des efforts aujourd'hui dispersés; c'est l'utilisation intégrale et immédiate de tous les progrès techniques; c'est la synthèse de toutes les sciences, ramenées à leur but primordial : l'amélioration matérielle des conditions de vie des hommes, et comme conséquence, leur élévation intellectuelle et morale.

Ainsi considéré, le socialisme apparaît comme une science

nouvelle, la science de la vie sociale, qui est le couronnement des autres, puisque, seule, elle peut leur permettre de porter tous leurs fruits.

Et cette science repose toute entière sur une idée bien simple : l'association est meilleure que la lutte. Qui oserait soutenir le contraire ? Personne. Le vieux proverbe : l'union fait la force n'a jamais trouvé de contradicteurs. Toutes les petites collectivités privées qui se développent de plus en plus, et où l'homme cherche auprès de ses semblables un appui contre la faiblesse résultant de son isolement, sont la preuve vivante de la supériorité de ce principe. D'où vient donc que, par une timidité poussée jusqu'à l'inconséquence, on ait toujours reculé devant son extension à la grande collectivité humaine ?

Sans doute du préjugé persistant, né d'un long atavisme et renouvelé par une fausse interprétation de la science moderne, que la lutte pour la vie est une loi fatale à laquelle l'homme tenterait en vain de se soustraire.

Depuis qu'il existe sur la terre, l'homme a toujours eu à se défendre non seulement contre la force aveugle des éléments, non seulement contre les attaques de la brute, mais surtout contre celles de ses semblables, ses pires ennemis. Il ne conçoit donc la vie que comme un combat incessant. Pourtant les lumières de la science, l'adoucissement des mœurs résultant d'une plus haute civilisation, et aussi cette éternelle aspiration vers la paix, qui le poursuit au milieu même de ses luttes, avaient fini par lui faire entrevoir un avenir meilleur, où le règne des lois substitué à celui de la force assurerait à tous la sécurité.

*** Mais Darwin, dans ses études sur le transformisme, a remis en faveur l'idée de lutte pour la vie en la montrant comme un fait général, conséquence de la limitation des matières nutritives existant à la surface du globe. Evidemment l'homme primitif a subi cette loi biologique. Il l'a subie même dans les âges intermédiaires; il la subit encore aujourd'hui sous des formes atténuées. Mais est-ce à dire qu'elle ait pour lui le caractère inexorable et fatal qu'elle revêt, pour les êtres non pensants, et qu'il soit condamné à en porter éternellement le poids ?

Non, cent fois non ! Son sort ne saurait être celui de la brute, et cela résulte clairement des constatations mêmes du grand savant : les animaux et les végétaux sont réduits à se disputer les matières nutritives, en quantité forcément limitée, qui *existent* à la surface du globe. Mais, par son intelligence et son industrie, l'homme est capable d'en *créer* de nouvelles. La science moderne lui permet même de produire beaucoup au delà de ses besoins, non seulement les matières nutritives, mais les autres objets dont l'usage lui est indispensable. Dans ces conditions, au lieu de continuer à lutter contre son prochain pour essayer d'obtenir une meilleure part de la production, n'a-t-il pas un intérêt manifeste à s'associer à lui pour accroître l'ensemble des produits d'utilité commune et s'en assurer ainsi, paisiblement, une quantité suffisante ?

Rien n'est plus certain, et il ressort avec évidence des termes dans lesquels Darwin a formulé sa loi du *struggle for life*, que l'homme peut, et doit par conséquent s'en affranchir.

*** Par malheur, après les grands génies scientifiques qui nous montrent des horizons nouveaux, viennent les ergoteurs qui dénaturent leurs belles découvertes. Et il en fourmille à notre époque.

Ils ont apporté, et hélas! ont réussi à faire prévaloir, le funeste sophisme de l'assimilation des sciences sociales aux sciences naturelles, oubliant que la matière inanimée et les êtres non pensants, n'ayant ni conscience ni volonté, sont sans influence sur leurs propres destinées, tandis que l'homme, doué de raison, peut dans une large mesure déterminer les siennes. Cette simple observation marque une différence fondamentale entre les méthodes des deux catégories de sciences. Alors que, dans l'ordre naturel, régi par des lois invariables, il faut se borner à rechercher et à énoncer ces lois, dans l'ordre social, il faut, tout en tenant compte des résistances possibles, agir sur l'esprit de l'homme pour l'amener à améliorer ses conditions d'existence.

Mais l'erreur l'a emporté sur la vérité, et au lieu de nous acheminer vers l'harmonie sociale, les travaux de Darwin, dont l'influence a été énorme sur la mentalité moderne, sont venus renforcer la thèse barbare des partisans de l'éternité des luttes entre les hommes. Il n'y a pas à se dissimuler que, consciemment ou non, la plupart des cerveaux en sont profondément imbus. Et les nombreuses associations privées que nous citions tout à l'heure, sont le plus souvent des groupements d'intérêts similaires constitués pour combattre avec plus de succès des intérêts opposés.

Pourtant il n'est pas de préjugé invincible : tous cèdent tôt ou tard à la voix de la raison. Peu à peu on parviendra à déraciner celui-là, et alors l'heure du socialisme aura sonné.

Lui-même, vraisemblablement, ne s'établira pas sans luttes; peut-être la violence des oppositions qu'il rencontrera ne cédera qu'à la force révolutionnaire. Cela, on ne peut le prévoir. Ce qui est certain c'est que, lorsqu'il sera organisé et affermi, l'ère des conflits sera close et l'harmonie universelle définitive.

*** L'application du principe de l'Association générale modifiera complètement la structure de la société. Actuellement chacun ne pense qu'à soi et n'agit que dans son intérêt propre, sans aucune préoccupation des nécessités générales. Les uns produisent, les autres trafiquent, au hasard de leurs goûts, de leurs aptitudes et de leurs possibilités. Dans l'ensemble, ces actions isolées arrivent tant bien que mal à pourvoir aux besoins de la plupart des hommes; mais l'absence de toute solidarité économique entre individus expose un grand nombre d'entre eux au dénument. D'ailleurs il est évident qu'au sein d'une telle anarchie la production doit forcément rester limitée.

Le régime socialiste substituera à l'incohérence individualiste une organisation dirigée exclusivement vers l'intérêt commun.

Il considérera la France et ses colonies comme un seul domaine à exploiter, et après un inventaire de toutes leurs ressources il dressera le plan méthodique de leur mise en valeur, en fonction des moyens d'action dont il disposera. Dans ce plan, tous les éléments de richesse auront leur utilisation, tous les hommes auront le rôle qu'ils sont capables de tenir. Rien ne sera négligé, rien ne sera perdu.

Et comme tous les travaux seront dirigés par la science, ils s'exécuteront selon les règles de la technique la plus perfectionnée. Tout effort humain aura donc son maximum de productivité.

Théoriquement nul ne peut contester la supériorité d'une telle organisation. Les objections ne portent que sur la possibilité de la mettre en pratique. Nous répondrons de point en point à celles qui ont été formulées jusqu'à ce jour. Mais dès à présent, nous posons cette question aux adversaires de bonne foi : En présence d'un idéal aussi magnifique, devant les difficultés et les dangers de la situation actuelle, le devoir de tout ami de l'humanité n'est-il pas d'accepter loyalement le principe d'une transformation sociale et de travailler à écarter les obstacles qui nous en séparent, plutôt que de rester confiné dans une opposition stérile et de retarder ainsi le moment de la délivrance ?

La supériorité de l'action collective de la nation sur l'action privée a, du reste, pendant la guerre, été établie expérimentalement. Sous la pression de nécessités impérieuses, l'Etat a dû étendre son domaine et ses attributions, en sacrifiant les intérêts particuliers dont les appétits insatiables, s'ils n'avaient pas été réfrénés, auraient conduit le pays à sa perte. L'Etat s'est improvisé industriel et commerçant Evidemment il n'était pas préparé à ce rôle nouveau et il ne l'a pas toujours rempli dans la perfection. Il y a eu des fautes et des abus ; mais dans l'ensemble son intervention a sauvé la situation.

*** Nous avons déjà cité, au chapitre Ier du livre II de la Ire partie, un exemple saisissant des avantages de la concentration des efforts : le rapport officiel des ingénieurs du Board of Trade proposant de grouper en 16 grandes stations supercentrales les 600 entreprises chargées de fournir la force électrique dans le Royaume Uni, et établissant qu'on arriverait ainsi à produire avec 25 millions de tonnes de charbon par an la quantité d'énergie qui en exigeait 80 millions de tonnes.

Nous ne savons pas d'ailleurs si ce magnifique projet a été mis à exécution ; il lésait directement les intérêts des 600 firmes productrices d'électricité et qu'il aurait fallu sacrifier ; de plus il réduisait désastreusement la production des houillères, au grand préjudice des actionnaires et des ouvriers mineurs. Car en régime capitaliste toute réforme produit autant de mal qu'elle peut faire de bien. Au contraire, en régime socialiste où il n'y aurait plus d'actionnaires, et où tous les travailleurs seraient assurés de leur salaire, cette grande transformation aurait été réalisée aussitôt que conçue. Mais le fait seul que sa possibilité et ses avantages ont été scientifiquement démontrés suffit à notre thèse.

*** L'Angleterre nous a fourni une autre preuve non moins éclatante de la puissance de l'action nationale. Les désastres infligés à sa marine marchande par les torpillages allemands l'ont amenée à réorganiser ses chantiers navals sous la direction de l'Etat. Nous avons signalé cette transformation au chapitre Ier du livre III de la 1re partie ; mais il n'est pas inutile d'en avoir la confirmation par un témoin peu suspect d'étatisme. Laissons donc la parole au journal le *Temps* du 3 novembre 1917 :

« Jadis chaque chantier, géré par une société privée, construisait au hasard des commandes, des navires de tous types et de tous les tonnages. Il fallait dresser un plan nouveau pour toute unité mise sur cale. Les pièces entrant dans sa construction étaient fabriquées spécialement pour elle .D'où un prix de revient excessif et beaucoup de temps de perdu.

« L'Etat au contraire, en prenant le contrôle de tous les chantiers, a établi un modèle unique de bâtiment, une sorte d'étalon qu'on nomme « Standart » et qu'on construit, selon les besoins, à 3.500 ou 8.000 tonnes. Inutile de dire que le « Standart » a été étudié avec soin et qu'il réalise tous les perfectionnements de la science nautique.

« De cette façon, toutes les pièces se font en série et sont interchangeables. On obtient ainsi une économie de dépenses et une accélération du travail dont, seuls, peuvent se faire idée ceux qui connaissent la technique moderne. »

... « Ce seront des millions de tonnes de navires marchands que possédera l'Etat anglais à la fin de la guerre, et avec ces millions de tonnes il pourra reprendre la lutte commerciale sur toutes les mers du globe, faire la concurrence aux autres marines pour retrouver sa suprématie maritime et remettre l'Angleterre dans sa situation de plus grand marché du monde. »

La prévision du *Temps* a été justifiée par les événements ; mais comment, après une telle apologie de l'action de l'Etat, le grand journal conservateur ose-t-il quotidiennement la dénigrer pour vanter les bienfaits des entreprises privées ?

✳✳✳ Les Etats-Unis, eux aussi, ont fait la même constatation : leurs chemins de fer sont la propriété de nombreuses Compagnies qui, au lieu d'être groupées en réseaux régionaux, desservent parfois simultanément les mêmes villes. Ainsi quatre Compagnies différentes donnaient accès au port de New-York. Il arriva que ce port et les lignes convergeant vers lui se trouvèrent embouteillés par suite de l'importance anormale du trafic. Que fit le gouvernement fédéral ? Il prit le contrôle des lignes en question et organisa méthodiquement la circulation : les unes furent réservées aux trains rapides, les autres aux trains omnibus, les autres enfin aux marchandises. Le seul fait que, sur chaque ligne, il ne circulait plus que des trains de vitesse uniforme et la régularisation du retour des wagons vides suffirent à supprimer l'encombrement.

✳✳✳ La France a éprouvé les mêmes difficultés. Dans un discours documenté, prononcé à la Chambre le 28 juin 1918, M. Clémentel ministre du Commerce et de l'Industrie, a lumineusement établi que la France et tous les Etats belligérants auraient été, au cours de la guerre, frappés d'une paralysie économique complète et victimes de la famine si chacun des Etats intéressés n'avait pris en main une partie de la production et des transports et régularisé les écarts fantastiques des cours, résultant de la loi de l'offre et de la demande sur le marché libre.

D'autre part, un homme qui ne saurait être soupçonné de malveillance à l'égard des entreprises privées, M. Loucheur, appelé au ministère pendant la guerre et exposant à la tribune de la Chambre le 20 juillet 1917, la question du charbon, déclarait :

« Je n'ai trouvé, à la situation actuelle, qu'un remède radical, c'est la mainmise complète par l'Etat sur les mines françaises et sur leur production, ainsi que sur tout le charbon importé d'Angleterre. »

Après des paroles aussi autorisées, et aussi décisives, on peut dire que la cause est entendue et il devient superflu de rappeler dans le détail les abus commis en France pendant la guerre par le commerce et l'industrie privés, les mesures prises par l'Etat pour y mettre un terme et les résultats qu'elles ont eus.

*** Peut-on raisonnablement soutenir qu'un système qui, dans la terrible crise de 1914-1918, a assuré le salut du pays, devait perdre son efficacité à partir du rétablissement de la paix ? N'est-il pas certain, au contraire, que, continué et généralisé, il aurait conjuré la crise économique ultérieure et relevé rapidement la production ? C'est l'évidence même ; pourtant les grands intérêts privés, comprimés pendant la tourmente, ont repris leur virulence dans l'aveulissement de l'opinion. Non seulement ils ont récupéré leurs anciennes positions ; mais ils empiètent chaque jour un peu plus sur ce qui était avant la guerre le domaine de l'Etat. Et l'intérêt général est de plus en plus sacrifié à leurs convoitises.

Une campagne de presse, soudoyée par eux, égare le public, d'ailleurs indifférent à ces problèmes vitaux. Ils ne se contentent plus de vanter leurs mérites, ils attaquent âprement les entreprises nationales, sans reculer devant le mensonge pour les déconsidérer. L'une de celles qui ont été tout particulièrement en butte à leurs critiques était la création par l'Etat d'une flotte marchande pour suppléer à celle qui nous manquait. Sur ce point pourtant, plus que sur tous les autres peut-être, les défenseurs des abus du régime auraient dû avoir la pudeur de se taire. Pensent-ils donc que tout le monde a oublié ce qui s'était passé avant la guerree ? Alors, l'Etat n'avait jamais eu la pensée de se faire constructeur de navires et armateur. Une telle conception eût déchaîné des tempêtes si elle s'était produite. On a donc respecté scrupuleusement ce domaine de la sacro-sainte initiative privée. Est-ce à dire que l'Etat n'a eu à faire aucun sacrifice pour développer la marine marchande ? Que non pas !

Il est intervenu pour distribuer des primes, afin d'encourager l'initiative privée qui mettait peu d'empressement à construire des bateaux et avait besoin d'un stimulant énergique. L'Etat s'est-il montré parcimonieux et doit-on le rendre responsable pour cette raison de l'infériorité de notre flotte de commerce ? Non : il a jeté à pleines mains à un petit nombre de constructeurs et armateurs ou soi-disant tels, l'or des contribuables. Dans une interview à un rédacteur du *Temps*, publiée par ce journal le 28 septembre 1915, M. Georges Bureau, sous-secrétaire d'Etat de la marine marchande, a fait cette déclaration :

« Depuis 1881, l'Etat a versé, au titre des primes à la construction et à la navigation et des subventions postales, plus *d'un milliard et demi*. Constatons que les résultats obtenus ne correspondent pas aux sacrifices consentis. »

Plus d'un milliard et demi ! Si au lieu de gaspiller les ressources nationales dans des conditions particulièrement scandaleuses — de l'avis de tous ceux qui connaissent bien la question — l'Etat avait employé cette énorme somme à construire sur ses chantiers des navires marchands, la France ne serait pas tombée au-dessous de la Norvège pour le tonnage de sa flotte commerciale, et le prix du fret n'eût pas été presque décuplé pendant la guerre !

Au surplus nous répondrons plus complètement, dans la quatrième partie du présent ouvrage, aux critiques dirigées contre la gestion de l'Etat, en même temps qu'à d'autres objections.

*** On dit souvent : à quoi bon s'exposer aux dangers d'un changement de régime pour augmenter la production ? La société actuelle est parfaitement capable de produire. Elle produit même trop, puisque, fréquemment, des crises de surproduction viennent y jeter le trouble et que, même en temps normal, elle est obligée de chercher constamment de nouveaux débouchés, à l'étranger et aux colonies, ce qui engendre des compétitions, des conflits et parfois des guerres.

Oui, cela est vrai; la production capitaliste dépasse souvent les possibilités d'écoulement; mais même dans ces périodes d'hyperactivité, elle reste toujours au-dessous des besoins. L'explication de cette contradiction apparente est l'une des plus décisives justifications du socialisme.

*** Et d'abord pourquoi la production capitaliste arrive-t-elle à se développer au delà de ce que peut absorber le marché ? Parce qu'elle est désordonnée. Chaque producteur ignore ce que font ses concurrents rapprochés, et à plus forte raison ce que préparent les producteurs similaires du monde entier. Quand les renseignements incomplets dont il dispose lui font penser qu'une certaine marchandise se vendra en grande quantité et à un prix avantageux, il la met en fabrication, accélère le travail, fait faire à son personnel des heures supplémentaires et arrive à en créer de gros stocks. Mais s'il s'est trompé dans ses prévisions et que l'article ne soit pas du goût des acheteurs, ou si un grand nombre d'autres producteurs ont suivi le même raisonnement que lui, l'offre dépassant la demande, les prix s'effondrent ou même la mévente se produit. C'est pour se prémunir contre un tel danger, qui a causé bien des ruines, que beaucoup d'industriels ont créé des trusts, des cartels, des syndicats nationaux et internationaux pour limiter la production et maintenir les hauts prix. Mais malgré les développements pris par ces organisations, elles laissent encore bien des branches de la production en dehors d'elles : l'agriculture notamment échappe tout à fait à leur réglementation.

*** En régime socialiste, les besoins de la consommation sont déterminés exactement par le montant des ventes des magasins nationaux comprenant la consommation intérieure, plus l'exportation. Rien n'est plus facile. Actuellement, malgré les difficultés qu'on éprouve à pénétrer dans le secret des affaires privées, la statistique arrive bien à connaître l'importance de la consommation de la plupart des objets. Ces difficultés disparaîtront dans les magasins sociaux dont la comptabilité sera organisée pour fournir rapidement les indications nécessaires.

Donc on saura, sans erreur possible, la quantité de chaque article à produire. D'autre part, on aura la liste des établissements qui auront à les fabriquer et le rendement possible de chacun. On pourra donc régler la production de façon à atteindre les quantités nécessaires, ou à les dépasser légèrement pour parer à de légères augmentations de la demande, mais sans jamais s'exposer à en voir une grande partie frappée de mévente.

Et la production, ainsi fixée une fois par an, s'exécutera selon un rythme absolument régulier d'un bout de l'année à l'autre, sans connaître les crises d'accélération fiévreuse suivies de ralentissement anormal, qui jettent le désarroi dans l'industrie capitaliste.

Les directeurs des usines socialistes ne connaîtront aucune des préoccupations qui angoissent continuellement nos chefs d'industrie : ils n'auront à rechercher ni les matières premières — qui seront fournies par les services qualifiés, ni la main-d'œuvre — dont un contingent suffisant sera mis à leur disposition, ni l'écoulement de leurs produits à des prix rémunérateurs — puisque la destination leur en sera indiquée, abstraction faite de toute question de prix.

*** Ici peut se placer une sérieuse objection : Pour les produits agricoles, toute prévision exacte de leur quantité est impossible, puisque l'importance des récoltes dépend non seulement des surfaces cultivées, mais aussi des circonstances météorologiques. Cela est vrai; mais il est facile de parer à ces irrégularités par des magasins de réserve qui recueilleront l'excédent des récoltes surabondantes pour le remettre dans la circulation les années déficitaires. Tout est possible avec une organisation, et c'est là un exemple frappant de la supériorité du socialisme.

*** Revenons maintenant à la question principale : Comment se fait-il que, tout en dépassant souvent ses possibilités d'écoulement, la production capitaliste reste toujours au-dessous des besoins ?

C'est bien simple : en régime capitaliste, aucune garantie d'existence n'est accordée aux non-possédants. Ni les employeurs, ni l'Etat ne sont tenus de pourvoir à leur subsistance. Non seulement les patrons n'ont à cet égard aucune obligation, mais l'implacable concurrence les oblige — eussent-ils l'intention de se montrer humains et généreux envers leur personnel — à diminuer le plus possible la rétribution de leur main-d'œuvre. Pour atteindre ce but, ils substituent partout où ils le peuvent la machine à l'homme et rognent sur les salaires autant que le leur permet la passivité des intéressés.

Or il est évident que, plus la paye du chef de famille est réduite et plus il faut limiter les achats, fût-ce au-dessous du nécessaire.

Les socialistes ont donc raison de faire observer que tout en cherchant sans cesse au loin des débouchés nouveaux, le régime capitaliste tarit lui-même ceux qu'il trouverait à sa portée.

Ce n'est pas tout : en dehors des individus valides qui peuvent participer au travail, il y a ceux qui ne peuvent pas travailler et qui ne possèdent aucune ressource : orphelins, veuves avec enfants, vieillards, malades, blessés, infirmes, etc. A cette armée de miséreux, l'assistance publique et la bienfaisance privée accordent bien quelques secours, mais combien précaires et insuffisants ! Il s'en faut qu'ils consomment dans la mesure de leurs besoins. Pour eux, la surproduction n'existe jamais. Les étoffes, les vêtements, les aliments qui leur manquent peuvent s'entasser dans les magasins ou s'exporter à vil prix. Ils n'en ont aucune part. S'il s'agit de denrées périssables, on les laissera se détériorer et on les jettera au fumier plutôt que de les distribuer aux pauvres affamés. Comment un régime où de pareilles horreurs sont la règle ne serait-il pas condamné à disparaître ?

*** Evidemment, ces conséquences de l'individualisme peuvent, dans une certaine mesure, être atténuées par des institutions d'assistance et de prévoyance plus développées qu'elles ne le sont en France. Mais elles ne peuvent pas être entièrement évitées, car elles tiennent à la nature même du régime.

D'ailleurs au point de vue d'une augmentation de l'ensemble des facultés de consommation, de tels palliatifs ne donneraient qu'un résultat insignifiant : tous se traduiraient, en effet, par une augmentation des charges de la production, d'où élévation des prix de vente, et par une élévation des dépenses publiques, d'où augmentation des impôts. Par suite de leur incidence, les impôts sont à peu près tous supportés, quelle que soit leur assiette, par la masse des consommateurs. Or cette masse se compose principalement de gens qui dépensent tout ce qu'ils gagnent. Si à ceux-là on enlève par l'impôt une part de leurs ressources, ils achèteront moins. Ainsi donc ce que les pauvres consommeront en plus par suite d'une assistance plus large, les contribuables le consommeront en moins et le résultat sera à peu près nul.

En régime socialiste, au contraire, tout être humain pourra consommer dans la mesure exacte de ses besoins; les valides à charge par eux de participer au travail, les incapables de travail et les dispensés de travail sans condition. Aux premiers, l'organisation de la production garantira leur salaire, même pour les jours de repos, même pour les cas tout à fait exceptionnels de chômage forcé. Aux seconds, la solidarité sociale accordera, non pas les misérables secours de l'assistance publique et des œuvres privées actuelles, mais l'équivalent des salaires qu'ils gagneraient en travaillant, c'est-à-dire un peu plus que le nécessaire, ou même beaucoup plus. La production ne sera donc pas restreinte par le manque de ressources d'une partie des consommateurs.

*** Une cause appréciable de diminution de la production en régime capitaliste est le conflit d'intérêts permanent qui oppose les employeurs aux salariés, et qui a pour objet la rétribution et les conditions du travail. Les troubles qui en résultent deviennent plus fréquents à mesure que se renforcent les organisations syndicales qui permettent aux patrons et aux ouvriers de lutter avec plus de chances de succès. Ordinairement ce sont les ouvriers qui se mettent en grève; parfois aussi les patrons déclarent le *lock-out*.

En régime socialiste, il ne pourra y avoir d'interruption du travail pour ce motif. D'abord le salaire minimum, accordé aux travailleurs les moins capables, sera toujours largement suffisant pour pourvoir à leurs besoins. Les augmentations successives qu'ils recevront, en proportion des services rendus, seront accordées seulement à ceux que leurs camarades d'atelier, leurs pairs, en auront jugés dignes. A vrai dire, il se pourrait que l'avancement accepté par les ouvriers fût refusé par le chef d'atelier ou encore qu'une mesure disciplinaire prise par ce dernier parût arbitraire et qu'il en résultât un certain mécontentement. Il se pourrait aussi que certaines professions jugeassent insuffisante la rétribution qui leur serait affectée, par rapport à certaines autres. Mais ces divergences ne légitimeraient pas une cessation concertée du travail, car elles se résoudraient facilement par les voies légales, pour peu que les intéressés y missent de bon vouloir, et c'est pourquoi ils seraient sans excuse de recourir à la force.

N'oublions pas que ce qui envenime aujourd'hui de tels conflits, c'est que le patron a presque toujours intérêt à repousser les réclamations qui lui sont présentées, même lorsqu'en son for intérieur il en reconnaît la justice. Au contraire, en régime socialiste, nul ne pourra trouver un avantage personnel dans la méconnaissance du droit d'autrui. Quand une revendication sera formulée, soit isolément, soit collectivement, elle sera toujours examinée dans un esprit de conciliation et d'équité, et son rejet, s'il est prononcé, sera motivé par des considérations qui souvent ouvriront les yeux aux protestataires.

Ce serait sans doute être trop optimiste que d'espérer que les travailleurs montreront, dès la mise en vigueur des institutions socialistes, une parfaite compréhension de leurs devoirs. Habitués à la brutalité des mœurs actuelles, où le plus fort, ouvrier ou patron, impose sa loi à la partie adverse sans aucun souci de justice, ils auront évidemment besoin d'une rééducation pour se rendre compte qu'on n'agit pas sous un régime de solidarité comme sous un régime de lutte. Dans la période transitoire, il y aura encore probablement quelques grèves ; mais le mal ira en diminuant rapidement pour disparaître tout à fait.

*** D'ailleurs les grèves, malgré leur fréquence, ne diminuent le travail global que dans une proportion médiocre. Autrement importante — on l'a constaté au chapitre II du livre I de la première partie — est la déperdition de forces résultant du chômage involontaire, qui a été reconnue équivalente à la cessation de travail permanente de 1.472.000 personnes.

On a déjà vu au présent chapitre que la régularité du travail en régime socialiste, mettrait fin aux crises d'accélération et de ralentissement qui se produisent actuellement. Elle ferait donc disparaître la principale cause du chômage. Mais il faut revenir sur cette question.

Malgré les efforts constants des chefs d'industrie actuels, dans le but de se procurer des commandes assez fortes, et assez bien réparties sur le cours de l'année, pour assurer la marche normale de leur établissement, ils n'y réussissent pas toujours et se voient souvent obligés de diminuer temporairement les heures ou les jours de travail, et même de congédier une partie de leur personnel. Cela est inévitable dans l'état d'inorganisation de la société individualiste.

De plus, dans certaines professions, le chômage reparaît régulièrement avec les saisons.

Pourtant, dans le moment même où telle usine ralentit son travail, telle autre, plus ou moins éloignée, aurait besoin d'accélérer le sien et manque de personnel. Le service du placement des chômeurs, laissé presque entièrement à l'initiative privée, est tout à fait au-dessous de sa tâche et incapable de remédier au mal. D'ailleurs, fût-il en état de procurer un emploi à un père de famille, à cent lieues de son domicile, l'intéressé ne pourrait supporter les dépenses d'un déménagement et les aléas de la recherche d'un nouveau home. Il préférerait attendre la reprise du travail sur place.

*** En régime socialiste, il y aura à la mairie de chaque commune un bureau de placement où les chômeurs, s'ils s'en trouve exceptionnellement, seront tenus de se faire inscrire sous peine de perdre leur droit au salaire. Les listes, classées par professions, seront concentrées au chef-lieu du département, puis au siège du gouvernement et on donnera immédiatement du travail aux inscrits. Mais le plus souvent ce travail leur sera assuré sans sortir de leur commune. Dans les cas, très rares, de déplacements, la gratuité des transports les facilitera. Enfin les ouvriers de toutes professions seront classés sur leur demande, ou selon leur situation de famille, en *sédentaires et mobiles*. Les premiers, qui seront en général des pères de famille d'un certain âge, seront rarement déplacés. Les autres, au contraire, se transporteront sur tous les points où la main-d'œuvre fera défaut.

Il existera toujours un grand nombre de chantiers où le travail pourra indifféremment être accéléré, ralenti, ou même suspendu. Selon les disponibilités ou les besoins de la main-d'œuvre dans la région, on accroîtra, on diminuera ou on congédiera leur personnel.

Le passage d'un travail à un autre, relativement rare aujourd'hui, sera fréquent en régime socialiste, surtout pour les travailleurs *mobiles*. Il· sera facilité par l'évolution de la technique qui se manifeste déjà et qui sera infiniment plus sensible lorsque l'automatisme des machines sera généralisé. Alors que l'emploi des outils à main, ou même des machines à multiples usages, exige des connaissances spéciales et un apprentissage plus ou moins long, le premier venu, et souvent une femme ou un adolescent, apprend en quelques heures à desservir des machines automatiques. Ainsi en dehors d'un nombre restreint de spécialistes, qui seront toujours nécessaires, la masse des travailleurs n'aura plus de profession déterminée. Elle sera apte à passer d'une industrie à une autre, ou même du travail des champs à celui des usines. Cela existe déjà, d'ailleurs, dans certains pays et certaines provinces de la France.

C'est pourquoi, au moment des labours, des semailles et des récoltes, les campagnes ne manqueront plus de bras : on y enverra une partie des ouvriers des villes et particulièrement des mécaniciens, indispensables pour mettre en œuvre un matériel à grand rendement actionné par l'électricité. Et pendant l'hiver, ce sera aux campagnes à envoyer des travailleurs dans les villes.

D'ailleurs dans les premières années du régime socialiste, il y aura une telle masse de travaux d'amélioration et de réfection, urbains et ruraux, que le chômage ne sera pas à craindre. Et plus tard, quand le gros de la transformation aura été effectué et que la production sera devenue surabondante, on diminuera la durée du travail quotidien et on augmentera le nombre des jours de congé pour que le chômage ne puisse encore pas se produire.

*** Une autre cause considérable de réduction de la production en régime capitaliste est la concurrence de l'étranger. Alors que sous le socialisme, où tout reposera sur une organisation générale, on ne demandera à l'extérieur que les choses que notre pays ne pourra pas ou ne voudra pas produire lui-même, les industriels du monde entier peuvent, dans l'anarchie actuelle, nous imposer leurs marchandises. Il suffit pour cela qu'ils soient placés dans de meilleures conditions économiques de production, ou favorisés par un état des changes avantageux pour eux, ou simplement soutenus par des primes à l'exportation de leur gouvernement. Ils trouvent toujours acheteurs, dans le commerce privé, si leurs prix sont inférieurs à ceux des similaires français. La lutte contre cet envahissement de nos marchés est un des soucis constants des pouvoirs publics. Ils font ordinairement appel, dans ce cas, à une élévation des droits de douane, et ce moyen de défense n'est pas sans efficacité; mais il provoque presque toujours des représailles contre nos exportations, et, tout compensé, notre production nationale n'y gagne guère.

Il est évident que l'Association générale étant seule acquéreur à la place du commerce privé, et seule juge de ce qu'il convient d'importer, limiterait ses achats à ses besoins stricts et immuniserait notre industrie contre les dangers de la concurrence étrangère.

*** Voici encore une cause de préjudice à notre production, inhérente au régime individualiste. Parmi les établissements producteurs, il en est qui sont la propriété d'étrangers. Leur nombre s'est beaucoup accru depuis la guerre. Le capital anglo-saxon, à la faveur de l'élévation des changes, s'est principalement implanté chez nous. Il y est représenté, notamment, par de nombreuses banques qui étendent de plus en plus le rayon de leurs affaires. Que ce soit en créant des entreprises exclusivement étrangères, ou en prenant des participations à des entreprises française, ou simplement en leur faisant des avances, elles tirent à elles, c'est-à-dire à leur pays d'origine, une part de plus en plus considérable des bénéfices de notre production et appauvrissent ainsi notre pays. Sans doute la main-d'œuvre occupée dans ces conditions est, le plus souvent, en grande partie française ; sans doute les produits fabriqués peuvent être vendus en France : il n'en est pas moins vrai que le prélèvement ainsi opéré sur notre richesse nationale, après toutes les atteintes qu'elle a subies, est une lourde perte ajoutée aux autres.

L'instauration du régime socialiste ne supprimera pas du jour au lendemain les établissements étrangers. Pour éviter des difficultés diplomatiques, on ne les fera pas entrer obligatoirement dans l'Association générale. Mais le changement profond des conditions économiques leur créera de tels embarras, les placera parfois devant de telles impossibilités que leurs propriétaires proposeront d'eux-mêmes un rachat amiable auquel les services compétents se prêteront toujours volontiers. A l'avenir d'ailleurs, aucun nouvel établissement ne pourra se créer, par les mêmes raisons qui empêcheront la création d'établissements privés français.

CHAPITRE II

La Production Industrielle

Dans ce chapitre, de même que dans le suivant, nous supposerons le socialisme parvenu à son entier développement, c'est-à-dire en possession de la totalité des moyens de production et de transport. Alors seulement, cela se conçoit, son organisation ne sera plus entravée par les survivances des entreprises privées et atteindra le plus haut degré de perfection. Quant à la période transitoire, elle sera marquée par plusieurs étapes, dont la première constituera déjà un grand progrès sur l'état actuel, et dont chacune des autres apportera des progrès nouveaux. Les mesures à prendre au cours de cette période feront l'objet d'un ouvrage spécial.

Il n'entre pas davantage dans le cadre de celui-ci d'exposer dans ses détails l'organisation socialiste et d'en montrer le fonctionnement. Ce sera encore le sujet d'un livre séparé. Nous en indiquerons seulement l'essentiel, pour expliquer et justifier l'augmentation de la production qu'elle entraînera, en complétant sur quelques points les indications portées au chapitre II du livre préliminaire.

*** La direction centrale de la production industrielle n'aura pour attributions que de coordonner l'action des branches principales, lesquelles auront, dans l'exécution des commandes, et sous réserve bien entendu, de l'application des lois générales, une autonomie à peu près complète.

On conçoit facilement ce que seront ces grandes divisions de l'industrie; elles existent dès aujourd'hui. Citons à titre énonciatif l'Alimentation, le Vêtement, l'Ameublement, la Métallurgie, les Mines, les Produits chimiques, le Textile, le Bois, le Papier, les Cuirs et Peaux, etc. Chacune comportera des subdivisions qu'il est inutile d'énumérer. A la tête de chaque division et de chaque subdivision sera placé un directeur assisté d'un Conseil technique, composé des compétences les plus notoires.

En dehors de l'industrie proprement dite, il y aura un grand service de la Force motrice, avec les divisions et subdivisions qu'il comportera et, naturellement, le grand service des Transports avec des organes analogues.

La construction des bâtiments pour l'habitation, l'administration, l'industrie, les magasins de gros et de détail et en général tout ce qui constitue actuellement le service des Ponts et Chaussées, formeront aussi un service distinct des précédents, mais dans lequel on pourra faire entrer les constructions navales.

En général il sera très facile de bien définir le rôle de chaque service, division ou subdivision, de façon qu'aucun n'empiète sur ses voisins.

Ainsi le service de la Force Motrice fournira de l'énergie à tous les autres; mais il recevra ses machines de la subdivision de la Mécanique et fera exécuter les travaux qu'il aura étudiés par le service des Bâtiments et Travaux publics.

Le service des Transports recevra ses bateaux et navires des Constructions Navales, ses locomotives de la Mécanique et fera construire ses voies ferrées par les Bâtiments et Travaux publics.

L'Alimentation recevra ses matières premières de l'Agriculture ou du Commerce extérieur et livrera ses produits aux magasins nationaux.

Le Vêtement recevra ses matières premières du Textile, des Cuirs et peaux, etc., et livrera ses produits aux magasins nationaux.

La Métallurgie recevra ses matières premières des Mines et livrera ses produits à la Mécanique, aux Bâtiments et Travaux publics, etc., etc...

*** Ainsi organisés, l'industrie et les services connexes échapperont complètement au reproche adressé au socialisme par certains esprits superficiels, d'embrasser sous une même direction un si grand nombre d'objets qu'il doive en résulter une complication inextricable et un gâchis complet.

Non seulement chaque branche, mais chaque division, chaque subdivision, et même chaque usine aura sa direction autonome qui, pour l'exécution des commandes qu'elle recevra de l'organisme supérieur, aura toute latitude dans son action.

Cette liberté aura pour corollaire la responsabilité des chefs et des ouvriers. Contrairement à un préjugé soigneusement entretenu par ses adversaires, le socialisme, loin de faire disparaître tout stimulant au travail, excitera au plus haut point l'émulation de tous, d'une part en prenant des sanctions contre ceux qui négligeraient leurs devoirs (rétrogradation, privation d'avancement, etc.), d'autre part en instituant à tous les degrés des primes à la production.

Il aura donc tous les avantages du régime individualiste, encore élargis, avec ceux d'une organisation plus puissante.

*** Tout d'abord, on constituera, dans chaque subdivision ou section, un Comité de Standardisation qui aura pour mission, ainsi que son nom l'indique, de déterminer les types de chaque produit, de chaque objet auquel il conviendra de ramener la production, beaucoup trop diversifiée par la concurrence, sans aucun avantage réel pour l'acheteur.

Par exemple, en automobilisme, on peut admettre la nécessité d'avoir des moteurs de 5, 10, 15, 20, 30, 40, 50 et 100 chevaux, des carrosseries de cinq ou six modèles différents, peinture et décoration à part. Mais tous les moteurs de chaque force seront absolument uniformes; fabriquées en grandes séries avec un outillage automatique, leurs pièces seront rigoureusement interchangeables et d'un prix de revient infime.

Bien entendu les comités de standardisation ne fixeront définitivement aucun type sans l'avoir mûrement étudié et expérimenté, et s'être assurés ainsi qu'il réunit toutes les qualités, dont chacune était la caractéristique d'une marque de l'industrie privée, sans en avoir les défauts. On arrivera ainsi à la perfection technique, en même temps qu'à un accroissement énorme de la production et à une diminution non moins forte de ses frais.

Les types à mettre en fabrication étant établis, on créera pour chacun d'eux une usine spéciale, ou selon les besoins, plusieurs usines dans diverses régions; ou encore on fera faire une partie des pièces dans une usine, une autre partie dans une usine différente et l'assemblage dans une troisième, selon qu'on y verra avantage. Ainsi pour reprendre notre exemple de l'automobile, il pourra y avoir des usines distinctes pour les châssis, les moteurs, les roues, les pneus, la carrosserie et le montage. Ces questions seront tranchées par des techniciens compétents, au mieux des intérêts de la collectivité.

Il est évident que la standardisation ne s'applique pas seulement à la mécanique, mais à la presque totalité des branches de la production.

Dans beaucoup d'entre elles l'aiguillon de la concurrence a poussé les industriels privés à multiplier les créations de fantaisie pour essayer de séduire le client par l'attrait de la nouveauté. Quant à lutter entre eux sur le terrain de la qualité, c'est ce à quoi, en général, ils sont beaucoup moins enclins. C'est ainsi qu'ils ont créé la mode et qu'ils la changent si souvent pour augmenter leurs ventes et les faire porter sur des articles à gros bénéfices. Or, toutes ces inventions factices ne répondent à aucune utilité réelle. Evidemment la standardisation socialiste n'imposera pas l'uniformité du vêtement, de l'ameublement, etc.; mais le malheur ne serait pas grand si, au lieu d'avoir le choix, par exemple, entre deux mille échantillons de drap, on n'avait à choisir qu'entre vingt.

Et ce sont précisément ces changements continuels de fabrication qui sont coûteux par la mise en train qu'exige chacun d'eux et la perte de temps qu'elle entraîne. Un métier à tisser qui battra d'un bout de l'année à l'autre sur la même étoffe sera infiniment plus productif que s'il avait dû produire beaucoup de sortes différentes. Il en est ainsi pour toutes les branches de l'industrie.

*** On parle beaucoup, depuis quelques années, d'une méthode créée par l'ingénieur américain Taylor dans le but d'intensifier la productivité du travail. Le principe du taylorisme consiste en la suppression de tout geste, de tout déplacement inutile. Par une observation attentive, on arrive à déterminer le minimum de mouvements indispensables à chaque opération et, par une éducation spéciale de l'ouvrier, on l'habitue à s'y conformer. Cette méthode a donné des résultats extraordinaires. Mais en général elle se heurte au mauvais vouloir des travailleurs qui y voient un moyen de les obliger à produire davantage.

En régime socialiste, le taylorisme ne pourra avoir en vue aucune exploitation du travail, puisque tous les produits seront vendus sans bénéfice; et l'ouvrier ne tardera pas à comprendre que, le total de la production étant fixé d'avance, plus ils exécuteront rapidement leur tâche, moins ils auront d'heures de présence à l'atelier. Dès lors ils ne résisteront plus à ce progrès qui profitera à toute la collectivité en même temps qu'à eux.

*** On a compris par les critiques de la production industrielle en régime individualiste, portées au chapitre Ier du livre III de la première partie, que l'organisation socialiste ferait disparaître tous les petits et moyens ateliers et qu'elle transformerait les grands en assignant à chacun la fabrication d'un seul objet au moyen d'un outillage spécial et automatique. Il n'existera donc plus que des usines géantes réparties sur le territoire métropolitain et colonial en tenant compte à la fois de la proximité des matières premières et du rayon d'écoulement des produits.

Les conséquences d'une telle organisation, au point de vue de l'augmentation de la production, ressortent si lumineusement des explications fournies au cours de cet ouvrage qu'il est inutile d'insister. Quant à chiffrer l'accroissement qui sera obtenu, il n'y a pas à y songer, à raison de la diversité infinie des conditions de la production. Mais nul ne pourra contester qu'il s'élèvera beaucoup au-dessus des besoins, si élargis qu'on les admette.

*** Aux vastes établissements de l'industrie socialiste, c'est l'électricité qui fournira l'énergie; l'électricité, reconnue par la science moderne le moyen de distribution le plus pratique de la force motrice. Son application d'ailleurs sera généralisée, car en outre de l'industrie, elle pourvoira aux besoins de l'agriculture, des transports, de toutes les manutentions, ainsi qu'à l'éclairage et au chauffage publics et privés.

On a vu au livre II de la première partie que, sans même faire entrer en ligne de compte l'énergie que peuvent fournir nos combustibles, et à plus forte raison sans avoir à en importer de l'étranger, nous trouverons dans nos forces hydrauliques et atmosphériques plus de puissance que nous ne pourrons en employer.

En régime capitaliste l'usage de l'électricité, bien qu'il se répande de plus en plus, restera toujours limité par son prix de revient. Il faut compter avec les énormes frais d'établissement des usines de prise de force et les frais de transport augmentés des déperditions au cours du trajet, plus l'amortissement de ces installations, l'intérêt des capitaux et enfin les bénéfices des entreprises.

Le socialisme — on le comprendra mieux après la lecture de notre prochain ouvrage sur l'*Economie Socialiste* — n'aura à tenir compte d'aucun de ces éléments qui n'existeront pas pour lui. Le fait d'opérer toujours avec des appareils à grande puissance réduira d'ailleurs dans une forte proportion les déperditions résultant du transport de l'énergie.

« Les spécialistes, écrit M. Marcel Porte dans la *Revue d'Economie Politique* de mars-avril 1921, posent en effet comme un axiome en matière de transport de force électrique que celui-ci est d'autant plus avantageux qu'il s'opère à plus haute tension. Une série de progrès importants réalisés à cet égard il y a une vingtaine d'années permettaient, dès 1906 à MM. Blondel et Harlé, d'envisager le transport de l'énergie du Haut-Rhône à Paris par un courant triphasé de 120.000 volts. Aujourd'hui on signale aux Etats-Unis plusieurs exemples de tension à 150.000 volts... On peut avancer sans risque, dit un savant, M. Blondel qu'avant cinquante ans des tensions de 200.000 volts seront réalisées et transportées à 1.000 kilomètres toutes les fois que la puissance à transporter sera suffisante pour permettre l'emploi de conducteurs assez gros pour réduire la perte par effluves et que l'usine génératrice pourra être installée avec une puissance considérable et à un prix de revient très bas ».

Ces prévisions ont été bien dépassées par les faits, car les ingénieurs américains, qui vont toujours très vite, ont établi un projet de transfert à Buenos-Aires de l'énergie électrique de la chute de l'Iguassu sous une tension de 220.000 volts.

Ainsi nulle difficulté technique ne s'opposera à l'établissement en France d'un réseau serré de transmissions électriques qui, partant des usines hydrauliques établies sur les cours d'eau et sur le littoral maritime, distribuera partout l'énergie qu'elles recueilleront.

*** Il y a peu de chose à ajouter à ce qui a été dit, au livre II de la deuxième partie, concernant l'industrie des mines.

En dehors de nos richesses minérales reconnues, il existe assurément dans les profondeurs du sous-sol de nombreux gisements que nous ignorons encore. Le premier soin du service des mines en régime socialiste serait d'en dresser l'inventaire. Les points à explorer sont indiqués par la carte géologique. Il s'agirait d'y faire les sondages nécessaires et de les pousser assez loin. C'est ce que ne font pas, neuf fois sur dix, les entreprises privées, dirigées souvent sans expérience technique et disposant de capitaux insuffisants.

Cette prospection méthodique et complète nous révélerait certainement des richesses nouvelles, peut-être même de très considérables.

On en organiserait l'exploitation, avec celle des gîtes déjà concédés, dans la proportion exacte des besoins de notre industrie et de nos exportations, en tenant compte bien entendu de l'important contingent à fournir par nos colonies, et de façon à limiter au strict nécessaire nos achats à l'étranger.

Les mines ne sont pas inépuisables; et d'autre part les produits qu'on en extrait ne sont pas de la valeur *créée*, mais de la valeur *mobilisée*, ce qui est très différent. Un pays ne s'enrichit pas au sens véritable du mot en exploitant ses mines. En régime socialiste, où les mots *valeur* et *richesse* reprendraient leur signification réelle, on ne chercherait donc pas à se lancer dans une exploitation effrénée pour le plaisir de convertir nos minéraux en argent. Par conséquent, il n'y aurait à accroître la production que dans la mesure exacte de nos besoins. Ce serait néanmoins un immense progrès, puisqu'aujourd'hui nous importons annuellement pour plus de 2 milliards de métaux et minerais métalliques.

On a vu plus haut que l'emploi des huiles végétales et de l'électricité nous dispenserait d'acheter à l'étranger du pétrole et de la houille.

CHAPITRE III

La Production agricole

Répétons ici que le programme de réorganisation agricole que nous allons esquisser ne pourra s'exécuter complètement qu'après extinction complète de la petite propriété paysanne, selon les prévisions établies plus haut.

D'ailleurs les grands travaux d'amélioration foncière qui y sont inclus nécessiteront une main-d'œuvre importante en même temps qu'un machinisme développé. Et comme, d'une part, un supplément de main-d'œuvre sera également nécessaire dans les autres services; comme, d'autre part, les six à sept millions d'inutiles transformés en producteurs ne seront pas aptes du jour au lendemain au dur travail de la terre, le socialisme, eût-il à sa disposition dès le début la totalité du sol, ne serait pas en état d'accomplir une aussi énorme transformation en moins de quinze ou vingt ans. Au meilleur des régimes on ne peut demander l'impossible et ce sera déjà beaucoup d'être entré dans la bonne voie et de réaliser chaque jour des progrès nouveaux.

*** La première question à résoudre sera de régler l'affectation des terres, en déterminant celles qui seront attribuées au domaine forestier pour être boisées et gazonnées, et celles qui seront consacrées aux cultures arborescentes, à la viticulture, enfin à la culture ordinaire.

Dans cette répartition, on tiendra compte évidemment de la pente du sol et de sa nature.

Les terres de plaine et celles à faible inclinaison seront réservées au labourage qui s'y effectura à l'aise par les moyens mécaniques. Par contre les pentes escarpées, où la culture serait difficile et peu rémunératrice, seront laissées aux forêts. La vigne et les cultures arborescentes s'accommoderont en général des coteaux à déclivité moyenne. La surface de la terre est rarement bien unie; même dans les pays de plaines, il existe des ravins ou des talus. On les affectera, selon la qualité du sol, aux arbres fruitiers ou forestiers.

*** Puis toute la superficie agricole sera divisée en grands domaines de quatre à cinq mille hectares en moyenne, au centre desquels sera créée une ferme qui sera en réalité un village. Cette étendue est nécessaire pour que chaque exploitation puisse être dotée des services administratifs et auxiliaires indispensables sans qu'ils constituent pour elle une charge trop lourde. Nous n'ignorons pas qu'un domaine de cent hectares, dans les conditions actuelles, est déjà considéré comme trop grand à raison des déplacements d'ouvriers, de bétail et de matériel qu'il entraîne. Or cent hectares ne représentent qu'un carré d'un kilomètre de côté, alors que cinq mille hectares formeraient un carré de plus de sept kilomètres, dans lequel les extrémités seraient par conséquent à près de quatre kilomètres du centre.

Mais tout d'abord les domaines actuels ont ordinairement un périmètre irrégulier et ne sont presque jamais d'un seul tenant; certaines parcelles sont souvent fort éloignées de la ferme. Ensuite il n'y a pas de comparaison à établir entre les propriétés privées, même les plus grandes et les mieux tenues, et les exploitations socialistes dont toutes les parties seront desservies par un réseau de voies de communication électrifiées destinées à transporter rapidement le personnel, le matériel, les engrais, amendements, semences, etc., et à rapporter les récoltes. Une telle organisation supprime la distance et le poids. Elle permettra d'agglomérer la population des campagnes dans des villages d'une certaine importance, et de la faire participer ainsi aux avantages de la vie sociale, au lieu de la disperser comme elle l'est aujourd'hui sur de petites exploitations isolées, dont les habitants vivent en sauvages.

Les domaines à créer seront, selon les régions, ou purement agricoles, ou à la fois agricoles et forestiers, agricoles et viticoles, etc. Ces domaines mixtes présenteront toujours des facilités plus grandes pour l'utilisation de la main-d'œuvre car les travaux qui s'y exécuteront étant de différentes natures se feront en différentes saisons. Dans la pratique on annexera même aux domaines les carrières, fours à chaux, briqueteries, etc., qui pourront se trouver sur leur territoire. On pourra aussi y créer de petites industries où la main-d'œuvre temporairement inoccupée par la culture trouvera à s'employer.

*** C'est encore le personnel de chaque domaine, renforcé au besoin par des éléments extérieurs, qui exécutera les travaux d'amélioration foncière dont le programme aura été étudié par les services techniques.

La statistique agricole de 1913 constate, ainsi qu'on l'a vu au chapitre I du livre I de la deuxième partie, l'existence de 3.648.150 hectares de « pâturages et pacages », que les statistiques précédentes classaient partiellement aux terres incultes. La dénomination de « pâturages et pacages » indique des terres abandonnées à la nature ou au moins fort négligées, et dont la production est par conséquent minime. Il faudrait viser à les transformer en prairies véritables, de celles que la statistique qualifie « prés naturels » et « herbages ». Ce ne serait évidemment pas toujours possible; mais toutes pourraient être largement améliorées par les différents moyens qu'enseigne la science agronomique et que l'incurie individualiste ne met que rarement en pratique. Reconnaissons d'ailleurs qu'elle en est souvent empêchée par l'insuffisance des connaissances ou des moyens d'action des exploitants.

La statistique de 1913 mentionne en outre 3.793.450 hectares de « landes et terres incultes » compris aux statistiques précédentes sous diverses dénominations plus précises : landes, pâtis, bruyères, terrains rocheux et de montagne incultes, terrains marécageux, tourbières. Il faudra naturellement appliquer un traitement différent à ces diverses catégories de terrains.

On a vu au chapitre II du livre I de la deuxième partie comment les Allemands ont su convertir leurs tourbières en excellentes terres arables. Nous n'aurons qu'à les imiter.

On a vu aussi au même chapitre qu'un projet de fertilisation du département des Landes par les limons des contreforts occidentaux du plateau de Lannemezan avait été dressé par M. l'ingénieur en chef Duponchel. Il suffira de l'appliquer.

Les terrains marécageux seront compris dans le programme général d'assainissement, drainage et irrigation dont nous parlerons dans un moment.

Pour chaque terrain inculte, on emploiera des moyens appropriés à sa nature et à sa situation. Tantôt on apportera du sable dans une argile trop compacte, tantôt de la marne dans des sols siliceux, tantôt de la chaux dans les terres acides, etc., etc. Rien ne sera impossible avec la force presque infinie, l'outillage perfectionné et les moyens de transport multipliés dont on disposera. N'oublions pas que M. Tisserand, ancien directeur de l'agriculture, qui, certes, n'envisageait pas la puissance formidable du socialisme, écrivait que toutes ces terres abandonnées ou à peu près, devaient être rendues à la culture ou à la forêt. Leur utilisation n'est donc pas chimérique.

C'est, comme nous venons de le dire, le personnel de chaque domaine qui exécutera dans les limites de son périmètre tous ces travaux d'amélioration et aussi ceux dont il nous reste à parler.

Il nivellera les terrains trop accidentés en s'aidant d'excavateurs pour accélérer ce travail; il entretiendra les voies de communication et en ouvrira de nouvelles au besoin, il régularisera le lit des cours deaux divagants et plantera sur leurs bords les arbres qui recherchent l'humidité : osiers, saules, peupliers, ormes, frênes etc. Dans les montagnes, il arrêtera l'érosion des terres par des barrages en travers des ravins; il aménagera en terrasses les coteaux à trop forte pente; il reboisera le territoire forestier et plantera des arbres à fruit partout où ils pourront croître, etc., etc.

*** Comme nous l'avons dit au chapitre II du livre I de la deuxième partie, c'est bassin par bassin, vallée par vallée que doit être dressé le plan général des drainages et irrigations nécessaires à l'agriculture. Le drainage, l'irrigation et l'assainissement d'un territoire ne font qu'une même opération. C'est une erreur de croire que l'irrigation n'est nécessaire que dans le Midi de la France et aux colonies. Dans les autres régions, là où on peut avoir de l'eau, il est possible d'augmenter sensiblement la production, surtout les années sèches.

Le plan général devrait donc faire d'abord l'inventaire de nos ressources en eau, et par des dérivations établies dans les hautes vallées, ou au besoin par des machines élévatoires, l'amener sur les plateaux inférieurs.

Les eaux à provenir des drainages et assainissements apporteront un utile complément à celles des rivières et des nappes souterraines. L'élévation de ces dernières sera obtenue par des moteurs à air d'un fonctionnement automatique. Ces machines simples, d'un prix de revient infime lorsqu'elles seront fabriquées en grandes séries, seront installées sur tous les points favorables et rendront les plus grands services.

Ces travaux seront exécutés par un personnel spécial avec le concours de celui des domaines intéressés.

On voit que, par l'ensemble de ces moyens, en même temps qu'on accroîtra considérablement la production agricole, on évitera totalement le chômage qui, à certaines époques de l'année, réduit à l'inaction la plus grande partie des journaliers et propriétaires cultivants, tandis qu'à certaines autres, ils ne sont pas assez nombreux pour accomplir leurs travaux. On a vu d'ailleurs, au chapitre I du présent livre, qu'entre les villes et les campagnes il y aura un continuel échange de main-d'œuvre et une aide mutuelle dans l'exécution des travaux urgents, ce qui assurera mieux encore la complète extinction du chômage.

*** La constitution des vastes domaines agricoles aura naturellement pour effet la suppression de toutes les clôtures qui séparent actuellement les champs dans certaines régions et la création de pièces de terre beaucoup plus étendues, qui se prêteront mieux à la culture mécanique. Cette culture, étant généralisée, rendra inutiles les chevaux de labour; et comme les chevaux de trait, mulets et bêtes de charge seront également remplacés partout par des moteurs électriques, il n'y aura plus besoin que d'une insignifiante quantité d'avoine.

Nous avons constaté au chapitre I du livre II de la deuxième partie que, d'après la statistique de 1913, la surface consacrée à cette céréale s'élevait au chiffre énorme de 3.979.270 hectares. On pourra donc rendre aux autres cultures au moins 3.900.000 hectares.

Ce n'est pas tout : au même chapitre, nous avons relevé l'existence de 3.000.000 d'hectares laissés chaque année en jachère, selon un préjugé de l'agriculture routinière qui croit que la terre a besoin de se reposer de temps en temps. La science agronomique a, par des expériences répétées et décisives, établi qu'une terre peut produire indéfiniment si on lui incorpore assez d'engrais. Les domaines socialistes, gérés par des agriculteurs compétents, ne laisseront donc pas subsister un hectare de jachère. Par conséquent, en ajoutant les jachères à l'avoine, ils disposeront de près de sept millions d'hectares de plus. Pour apprécier l'importance de ce chiffre, il faut le rapprocher de la superficie cultivée en blé pour donner à tous les Français leur pain quotidien. Elle n'est, en 1923, que de 5.527.710 hectares.

Une partie des sept millions d'hectares disponibles sera certainement affectée à l'augmentation du bétail qui permettra d'élever utilement la ration de viande, lait, beurre et fromage, inférieure en France à celle des principaux pays d'Europe.

Cette augmentation sera d'autant plus facile qu'on pourra disposer en faveur des animaux de ferme non seulement des produits des surfaces nouvelles affectées à l'élevage, mais de l'énorme quantité de fourrages et aliments autres que l'avoine qui sont aujourd'hui consommés par les chevaux.

*** Mais il ne suffira pas d'accroître le nombre des animaux de ferme; on s'attachera surtout à les améliorer sous le rapport du poids et de la qualité. La preuve qu'on peut faire beaucoup en France à cet égard, c'est que l'Allemagne nous a de beaucoup devancés. Elle est parvenue, en 25 ans, à augmenter le poids moyen des bovins de 27 pour 100, alors qu'en 30 ans, nous n'avons obtenu que 6 pour 100 d'augmentation. Rappelons que, de 1867 à 1905, le troupeau bovin allemand s'est accru en nombre de 20 pour 100, alors que dans la même période le nôtre s'accroissait seulement de 12 pour 100. Pour arriver à ce double résultat, l'Allemagne a utilisé les découvertes de ses savants sur l'alimentation rationnelle du bétail. En généralisant leur application, en France, dans les domaines socialistes, nous ferons mieux encore.

Un autre élément capital d'amélioration du bétail est le bon choix des races. Nous avons vu, au chapitre VI du livre Ier de la deuxième partie, que les races peuvent être perfectionnées soit par sélection, soit par croisements. A cet égard, les moyens d'action d'un agriculteur isolé, même s'il dirige une grosse exploitation, sont infiniment restreints. Il ne peut guère pratiquer la sélection que dans son propre troupeau, ou tout au plus en achetant les bons reproducteurs qu'il peut découvrir dans sa région. Les croisements, qui exigent des reproducteurs d'une autre race, sont pour lui compliqués, dispendieux et aléatoires. Il s'agit presque toujours, en effet, de faire venir des animaux d'un pays éloigné. Il les achète le plus souvent sans les avoir vus et ils risquent d'être endommagés pendant le voyage.

L'administration centrale des domaines socialistes, au contraire, aura toutes facilités pour connaître et choisir les meilleurs reproducteurs de France et des colonies; et aussi souvent qu'il le faudra, elle enverra des missions d'achat à l'étranger pour s'y procurer, en les triant sur place, les sujets de valeur qu'elle expédiera en France par centaines avec toutes les précautions nécessaires. De cette façon elle sera en mesure de répartir sur tout notre territoire d'excellents reproducteurs en quantité suffisante pour les besoins.

On conçoit que, sur ces questions très spéciales : nourriture, sélection, croisement du bétail, nous ne puissions entrer dans des détails trop techniques : ce livre ne saurait avoir la prétention de tenir lieu d'un traité d'agronomie; mais les avantages qui résultent de l'emploi des méthodes scientifiques sont trop notoires pour que le lecteur ne se rende pas aisément compte des résultats que donnerait leur généralisation; et ce qu'il est nécessaire d'établir pour justifier notre thèse, c'est que cette généralisation serait la conséquence naturelle de l'organisation socialiste.

*** La sélection n'a pas d'effets moins heureux dans le règne végétal que dans le règne animal. Elle augmente les récoltes dans des proportions telles, sa valeur est si unanimement reconnue que, dans les discours et publications officiels, on ne cesse de la recommander comme un moyen infaillible de combler le déficit de nos céréales. Malheureusement, si l'administration est prodigue de paroles, il lui est impossible de passer aux actes, puisqu'elle ne dispose pas de la terre; et presque toujours, ses conseils sont perdus, car la sélection des semences est une œuvre d'organisation, à peu près complètement incompatible avec l'individualisme. Un paysan isolé et même un syndicat de cultivateurs ne pourraient guère l'opérer que sur leurs propres récoltes et ce serait insuffisant. Encore ne le font-ils presque pas, tant leur incurie est grande.

En régime socialiste on commencera par déterminer, au moyen d'études expérimentales méthodiques, les espèces qui conviennent le mieux à chaque région et à chaque sol. Ce travail, chose presque incroyable, n'a jamais été fait sérieusement jusqu'à ce jour; à peine l'a-t-on ébauché fragmentairement. Il s'agit en effet de connaître, non seulement les rendements comparatifs de chaque espèce dans telles ou telles conditions, mais encore leur valeur alimentaire qui diffère beaucoup.

Une fois ce point bien fixé, pour arriver à une sélection parfaite, il suffira que chaque ferme envoie au chef-lieu du département des échantillons de ses récoltes; les échantillons reconnus les meilleurs seront envoyés à Paris où ils seront définitivement classés. Alors les plus beaux grains seront réservés pour les semailles; il restera à les faire passer au trieur pour éliminer les plus médiocres et la semence ainsi obtenue sera répartie dans toutes les fermes.

Il va de soi que nos grains coloniaux seront sélectionnés dans les mêmes conditions et que nos missions économiques à l'étranger nous enverront échantillon des meilleures espèces des pays qu'elles visiteront. Au cas où leur supériorité sur les nôtres serait reconnue, on n'hésiterait pas à en acheter des quantités considérables, quel qu'en fût le prix, pour ensemencer le plus d'hectares possible et en multiplier la culture les années suivantes.

La sélection n'est d'ailleurs pas l'œuvre d'une année; elle devrait être poursuivie systématiquement, les plus beaux grains de chaque récolte étant seuls mis en terre. On arriverait ainsi à accroître nos rendements actuels dans des proportions énormes — à la condition, bien entendu, que l'on fît usage des engrais naturels et artificiels dans la même proportion.

*** L'augmentation du bétail, en nombre et en poids, mettra à la disposition des fermes socialistes une plus grande quantité de fumier. Mais la quantité n'est pas tout; il faudra aussi améliorer la qualité. Et quand on a vu la façon primitive dont les fumiers sont traités, dans la presque totalité des petites exploitations et un certain nombre des grandes, on se rend compte qu'il ne sera pas difficile de faire beaucoup mieux. Ce précieux élément de fertilisation est purement et simplement entassé dans la cour de la ferme, brûlé par le soleil et délavé par les pluies qui, lorsqu'elles sont abondantes, en entraînent le purin dans les fossés. La science moderne a constaté qu'un tel traitement fait perdre au fumier une grande partie de sa valeur; elle enseigne qu'il doit être placé dans des fosses cimentées et recouvertes, qu'on doit y incorporer des substances améliorantes et l'arroser fréquemment avec son purin. C'est, évidemment, ce qui se fera dans les fermes socialistes.

On y gagnera en outre au point de vue de l'hygiène, car les infiltrations des fumiers n'iront plus contaminer les puits.

et les substances chimiques dont on les arrosera y détruiront les larves des mouches.

Une autre cause appréciable de l'augmentation du fumier sera l'amélioration des conditions dans lesquelles le bétail prendra sa nourriture. Le plus souvent dans les exploitations privées, on l'envoie au pacage toute la journée, et parfois la pâture qu'il y trouve est si maigre que ce laps de temps suffit à peine à l'alimenter. Dans les domaines socialistes, non seulement il trouvera une herbe drue et grasse, mais il stationnera plus longtemps à l'étable où il recevra des aliments concentrés : tourteaux, résidus de sucreries, de brasserie, etc., sans préjudice de la ration habituelle de foin, paille et racines fourragères. Ses déjections, au lieu de se dessécher presque sans profit sur la sole des prés, seront recueillies et utilisées.

*** Le fumier de ferme est toujours indispensable, car à la différence des engrais chimiques, il apporte à la terre l'humus dont les bactéries fixent l'azote atmosphérique; de plus, il améliore la consistance de certains sols. Mais seul, il ne suffit pas : il doit toujours être complété par les engrais artificiels.

On a vu, au chapitre V du livre I de la deuxième partie, combien en France l'agriculture est en retard sur l'Allemagne quant aux quantités de ces engrais employés. Pourtant notre pays est actuellement mieux placé que tout autre pour leur production.

Non seulement ses richesses en minerai de fer phosphoreux lui permettent d'avoir des scories de déphosphoration par masses considérables; mais, ce qui est encore mieux, il possède en Tunisie, en Algérie et au Maroc les plus importants gisements de phosphates de chaux naturels du monde entier.

Le plus connu, parce qu'il est le plus anciennement exploité, et de beaucoup le plus productif, est celui de Gafsa et Metlaoui, en Tunisie; mais ceux du Sud-Constantinois en Algérie, incomplètement explorés, paraissent plus importants encore, et celui d'El Boroudj, dans la vallée de l'Oum-er-Rebia au Maroc, serait également d'une importance énorme; en outre, sa teneur en acide phosphorique est supérieure à celle de Gafsa.

Le phosphate de chaux est peu soluble dans l'eau et par conséquent peu assimilable par les plantes; aussi l'agriculture l'emploie-t-elle rarement à l'état naturel. Il doit être traité par l'acide sulfurique qui le convertit en superphosphate. Cette industrie est actuellement entre les mains d'un consortium qui élève ses prix d'une façon si scandaleuse qu'à plusieurs reprises, on a annoncé qu'il allait être l'objet de poursuites. Mais les instances ont toujours été arrêtées : ces gros industriels disposent de trop fortes influences pour tomber sous l'application des lois pénales comme de simples petits mercantis. Leur avidité est d'ailleurs l'une des causes de restriction de l'usage des superphosphates.

L'acide sulfurique est produit par le grillage des sulfures métalliques — ou pyrites — L'acide sulfureux ainsi obtenu est oxydé, en présence de l'eau, dans des chambres de plomb. Malheureusement la France est pauvre en pyrites de fer, les seules qu'elle traite. En 1913, elle n'en produisait pas 300.000 tonnes provenant presque exclusivement de la mine de Sain-Bel, dans le Rhône. Elle en importait 530.000 tonnes dont la plus grande partie était extraite dans la province de Huelva, en Espagne. Il paraît difficilement admissible qu'une prospection sérieuse du territoire français, métropolitain et colonial, ne nous révèle pas des gisements de cet indispensable minéral suffisants pour notre industrie. Au pis aller on continuerait à le tirer d'Espagne qui en possède des réserves inépuisables. Il n'y a donc pas à craindre d'en manquer, et dès lors on pourrait fabriquer autant de superphosphate que notre agriculture pourrait en consommer.

Depuis que l'Alsace a fait retour à la mère-patrie, nous possédons des gisements de potasse aux environs immédiats de Mulhouse. D'après M. Edmond Théry (*Les Richesses économiques de l'Alsace-Lorraine*), leur importance reconnue serait de 250 à 300 millions de tonnes de potasse pure. En 1913, nous consommions seulement 42.000 tonnes de potasse pure, dont une partie allait à notre industrie, tandis que l'agriculture allemande, pour une superficie cultivable à peu près équivalente, en utilisait 530.000 tonnes. Encore l'Allemagne a-t-elle plus que doublé ce chiffre depuis la guerre, cherchant à remplacer par un excès de potasse l'acide phosphorique et l'azote dont elle manquait. En nous basant sur sa consommation d'avant guerre, on voit que les mines d'Alsace pourraient satisfaire à nos besoins élargis pendant cinq à six siècles. Nous pourrons donc user de la potasse sans ménagement.

Reste l'azote que nous produisons en quantité médiocre dans diverses industries et que nous pourrions au besoin continuer à importer du Chili sous la forme de nitrates. Mais l'immense force électrique que l'organisation socialiste aura à sa disposition lui permettra de le retirer de l'atmosphère, ainsi qu'il est expliqué ua chapitre V du livre I de la deuxième partie. L'azote ne nous fera donc pas plus défaut que la potasse et l'acide phosphorique.

Tous ces produits, fabriqués par grandes quantités et selon les procédés les plus économiques, seront d'un prix de revient infime. Leur transport ne ne coûtera presque rien, ainsi qu'on le verra plus loin. Ils ne seront grevés d'aucun bénéfice. Leur dosage sera exactement indiqué. Les manutentions que nécessitera leur emploi seront notablement réduites par le concours de la force électrique. Les directeurs des domaines agricoles en useront donc à peu près sans compter, et alors la France n'occupera plus le dixième rang en Europe pour la production des céréales.

*** L'amélioration des méthodes de culture, appliquée également aux autres branches de la production agricole, aura pour elles les mêmes effets.

On abandonnera presque complètement les plantes de distillerie, car d'une part l'alcool et ses dérivés seront exclus de la consommation, et d'autre part l'emploi de l'alcool comme carburant ne pourrait être envisagé que si le régime socialiste n'avait pas à sa disposition l'électricité en surabondance. Pendant la guerre, on a employé des quantités considérables d'alcool pour la fabrication des poudres. C'est encore une utilisation qui disparaîtra avec le socialisme. Ses autres usages industriels sont beaucoup moins importants.

*** Par contre on relèvera la production sucrière par la sélection des semences de betteraves et les bons soins culturaux qui leur seront donnés. On arrivera ainsi à augmenter la production à l'hectare, en même temps que la teneur en sucre des jus. Nous avons montré, au chapitre III du livre I de la deuxième partie, que la France n'arrive qu'au neuvième rang en Europe — après l'Espagne et l'Italie ! — pour les rendements en sucre brut à l'hectare.

Au point de vue de la sélection des graines de betteraves à sucre, un savant spécialiste d'une autorité reconnue, M. Schribaux arrive à cette « conclusion affligeante que la France, pays de Louis de Vilmorin, est aujourd'hui celui qui produit les plus mauvaises betteraves à sucre ». « Nous piétinons sur place, clame M. Schribaux, alors qu'on progresse partout autour de nous. »

Notre infériorité à l'égard de l'Allemagne semble tenir à nos procédés de culture : les façons d'entretien, plaçage, démariage, binages sont en Allemagne mieux exécutées qu'en France; nos modes de fumure laissent également à désirer. Les graines employées en Allemagne sont meilleures que les nôtres. Car il est piquant de remarquer que nos graines de betteraves viennent d'Allemagne. Chaque année, nous importons environ 40.000 quintaux de graines, quantité suffisante pour ensemencer les deux tiers des surfaces consacrées à la betterave à sucre. Il est même humiliant de penser que, sans les importations clandestines des graines allemandes, notre production de sucre des premières années de guerre eût été gravement compromise.

Il suffit d'indiquer les causes de notre infériorité pour montrer combien il serait facile de les faire cesser avec la bonne organisation agricole qui serait la conséquence du socialisme.

Pour les pommes de terre, nous n'arrivons qu'au dixième rang, et nos rendements à l'hectare sont à peu près la moitié de ceux de la Belgique !

Il est évident que, dans les grands domaines socialistes, cette situation ridicule ne saurait exister.

La betterave, la pomme de terre et les autres plantes sarclées présentent, en agriculture, un grand intérêt, car, outre la valeur propre de leurs récoltes, elles préparent admirablement la terre à la culture du blé. On leur réserverait donc des soins particuliers dont le résultat serait une énorme élévation des rendements.

******* La viticulture est une branche importante de la production française. Bien que la lutte contre le phylloxéra et les autres ennemis de la vigne ait amené les viticulteurs à sortir un peu de leur routine, il s'en faut de beaucoup qu'ils aient adopté les méthodes scientifiques modernes. Le travail d'une grande partie des vignes se fait encore à la main, car les ceps ne sont pas assez espacés pour permettre le passage des outils à cheval, et à plus forte raison des tracteurs. La taille est souvent défectueuse et les engrais ne sont employés qu'avec parcimonie. Quant à la vinification, dans les petits chais individuels installés de la façon la plus rudimentaire, elle se fait on ne peut plus mal, tant au pont de vue de la qualité du vin qu'à celui de l'épuisement des marcs.

La substitution de grands chais bien outillés à ces petites installations permettra de fabriquer, avec moins de main-d'œuvre, une plus grande quantité de vins sensiblement meilleur. Quant aux vignes, mieux traitées dès le début et graduellement replantées en cépages judicieusement choisis, elles doubleront et tripleront facilement leur rendement actuel.

*** Nous ne pouvons dire que quelques mots en passant des branches accessoires de l'industrie agricole: sériciculture, aviculture, apiculture, pisciculture, etc. Pour toutes, la science moderne a créé des méthodes supérieures qui augmentent considérablement les produits. Mais l'ignorance, l'esprit de routine, le défaut d'organisation qui caractérisent le régime individualiste en restreignent l'application à un petit nombre d'exploitations. Leur généralisation, qui sera la conséquence naturelle du socialisme, permettra d'atteindre un maximum de résultats.

*** A propos de la pisciculture, il est nécessaire de mentionner la pêche maritime qui ne forme pas, il est vrai, une branche de l'agriculture, mais qui n'aurait pas sa place dans un autre chapitre.

On sait que les mers mettent à la disposition de l'homme des ressources alimentaires presque illimitées, dont il ne tire qu'un parti bien insuffisant. La France, en particulier, malgré le développement de ses côtes, la proximité de l'Algérie, de la Tunisie, du Maroc, de la Mauritanie, ses droits séculaires de pêche sur les bancs de Terre Neuve et d'Islande, ne produit pas assez de poisson pour sa consommation. Et cependant celle-ci est loin d'être ce qu'elle pourrait devenir dans des conditions meilleures. D'une part l'écart énorme entre le prix payé au pêcheur et celui de la vente au détail diminue beaucoup les achats; d'autre part l'absence de transports rapides et d'une bonne organisation frigorifique empêche la marée d'arriver fraîche dans la plupart des petites localités de l'intérieur.

L'existence des pêcheurs est tout à fait périlleuse et précaire; non seulement ils risquent chaque jour leur vie dans de petites barques incapables de résister au gros temps; mais ils supportent tous les aléas d'une production irrégulière s'il en fut. Il y a tendance marquée à substituer les grands chalutiers aux petites barques et c'est un progrès du côté de la sécurité de l'équipage. Mais l'âpre poursuite du profit qui caractérise toutes les entreprises capitalistes, où l'intérêt général est toujours sacrifié à l'avantage immédiat, engendre d'autres inconvénients: l'emploi de filets traînants nuit à la reproduction du poisson et amène l'épuisement rapide des bancs.

En régime socialiste, on n'emploierait que des bateaux assez forts pour offrir le maximum de garanties aux pêcheurs; des installations frigorifiques assureraient la bonne conservation du poisson d'abord pendant la pêche, puis au cours du transport qui serait toujours rapide, et enfin dans les magasins de vente. Selon la règle socialiste, il serait vendu au prix de revient. Enfin l'importance de la flotte de pêche serait réglée sur la consommation, de sorte qu'il serait toujours pourvu à tous les besoins. De strictes précautions seraient prises pour assurer le repeuplement du poisson.

En cas de pêches surabondantes, des usines de conserves recueilleraient l'excédent.

Toutes ces améliorations, dont les conséquences seraient si heureuses, s'effectueraient sans la moindre difficulté, on le comprend, à partir du moment où une organisation scientifique de nos pêcheries serait substituée à l'anarchie actuelle.

*** L'expérience a prouvé que les forêts périclitent toujours entre les mains des particuliers. Or on a vu, au chapitre VII du livre I de la deuxième partie, que c'est le cas des deux tiers des forêts françaises. Lorsqu'un des possesseurs a restauré les siennes par une bonne et prudente administration, il arrive souvent que ses héritiers les saignent à blanc pour se procurer une grosse somme comptant. Aussi ne faut-il pas s'étonner si l'enquête agricole de 1892 constate que la superficie forestière « décroît sensiblement en France » malgré les reboisements de l'Etat.

On a vu au même chapitre la nécessité de reboisements beaucoup plus considérables et les difficultés auxquelles ils se heurtent sous le régime de la propriété individuelle. Le socialisme qui n'aura à lutter contre aucun de ces obstacles, qui disposera d'immenses surfaces de terrains de montagne propres au reboisement, et pour qui la question financière ne se posera jamais, n'hésitera pas à rendre à la forêt les quatre millions d'hectares supplémentairees réclamés par les personnalités compétentes. La France pourra ainsi, un demi-siècle plus tard, disposer de tous les bois d'œuvre nécessaires à sa consommation. Et elle n'attendra pas aussi longtemps pour jouir des autres avantages d'un reboisement étendu à de grandes surfaces; assainissement de l'atmosphère, suppression des inondations, régularisation du cours d'eaux par l'élévation de leur débit normal, amélioration du climat, etc.

⁂ En résumé, quand l'on considère les conditions indispensables de la rénovation de notre agriculture, il apparaît clairement qu'elles sont irréalisables par la voie des entreprises individuelles et qu'elles exigent un plan d'ensemble que, seul, l'Etat socialiste peut concevoir et que, seul, il pourra exécuter puisqu'il sera en possession de la terre.

Le résultat des immenses améliorations qu'il introduira partout peut difficilement être chiffré; toutefois en se basant sur les rendements obtenus dans d'autres pays et en tenant compte des immenses surfaces qui seront rendues à la production utile, il n'y a aucune exagération à prévoir que les produits actuels seront au moins triplés et que par conséquent le sol français pourra nourrir, dans les conditions les plus larges, une population de cent millions d'habitants.

Le socialisme ne saurait avoir de justification plus éclatante.

CHAPITRE IV

La Production coloniale.

Avant d'étudier ce que pourrait être notre organisation coloniale en régime socialiste, il est nécessaire — à raison des théories erronées auxquelles cette question a donné lieu — de se demander si le socialisme pourra avoir des colonies. Les absurdités débitées à ce propos par de nombreux socialistes ont reçu un tel renfort lorsque le président Wilson a proclamé « le droit des peuples à disposer d'eux-mêmes » qu'il est devenu indispensable d'en faire justice.

Qu'un homme individuellement, et par conséquent une collectivité nationale aient le droit de disposer d'eux-mêmes, c'est-à-dire de ne pas être violentés par d'autres hommes ou d'autres peuples, c'est ce que personne ne peut contester. Mais il faut distinguer entre les hommes et la terre qu'ils occupent. Le fait qu'un groupement humain s'est installé sur une partie du globe lui constitue-t-il un droit de propriété sur ce territoire ? En principe, non ! La terre appartient à tous les hommes, et la possession plus ou moins ancienne d'une fraction du sol par une fraction de l'humanité n'est pas pour celle-ci un titre de propriété d'une valeur absolue. Elle ne peut l'invoquer légitimement que si elle est assez nombreuse et assez élevée en civilisation pour mettre en valeur le pays où elle s'est fixée, de façon à en retirer le maximum de produits.

Ce maximum varie naturellement avec l'état de la scien[ce] et avec le plus ou moins de perfection de l'organisation po[li-] tique et sociale de chaque peuple. Entre nations parvenues [à] la plus haute civilisation, il y a des différences notables da[ns] les rendements qu'elles tirent, à superficie égale, de leur te[r-] ritoire. La légitimité du droit d'occupation exclusive n'est p[as] réservée à celles qui atteignent la production la plus élevé[e.] On doit raisonnablement l'étendre à tout peuple qui culti[ve] la totalité ou la presque totalité de son sol. Un tel peuple e[st] fondé à dire qu'il est chez lui et à s'opposer par la force [à] toute intrusion étrangère.

Mais il n'en est pas de même d'une nation dont la popu[u-] lation est trop faible pour occuper effectivement et mettre e[n] valeur tout le territoire. Il serait singulièrement injuste de l[ui] laisser le monopole qu'elle s'est arrogé, alors que d'autres so[nt] surpeuplées et hors d'état de nourrir toute leur populatio[n.] Celles-ci ont évidemment un droit d'expansion, fondé sur le[ur] droit à l'existence, et elles peuvent l'exercer, soit pacifique[-] ment si nul obstacle ne leur est opposé, soit au besoin le[s] armes à la main si l'entrée des pays insuffisamment peuplé[s] leur est refusée ou si leurs émigrants ne peuvent y vivre et [y] travailler en sécurité.

******* Les principes qui précèdent s'appliquent notamment a[u] Brésil qui, avec un territoire fertile de 8 millions et demi d[e] kilomètres carrés (dix-sept fois la France) ne contient qu'un[e] population de 20 millions d'habitants et à l'Argentine qu[i,] avec 2 millions 900.000 hectares (près de six fois la France) n'a que 4 millions d'habitants.

A plus forte raison les mêmes principes autorisent-ils le[s] nations à population dense à occuper, fût-ce par la force, le[s] parties sauvages et peu peuplées du continent africain, mais [à] la condition de les mettre en valeur, ce dont les indigène[s] sont incapables. Faute de remplir cette condition, leur occupation est une usurpation.

Le Brésil et l'Argentine, pays civilisés, sont ouverts aux émigrants qui peuvent s'y établir et y travailler en paix. Les aborigènes conservent leur souveraineté à laquelle ils peuvent associer plus ou moins les nouveaux venus. Ces derniers, en tout cas, sont soumis aux lois de leur pays d'adoption. Au contraire quand une nation européenne s'installe dans une partie de l'Afrique, elle s'empare du pouvoir politique, et c'est elle qui impose sa domination aux indigènes. Les choses, il faut le reconnaître, ne peuvent se passer autrement, car, même dans l'Afrique du Nord où régnait la demi civilisation arabe, il est avéré que les diverses races qui y cohabitent sont dans l'impossibilité de se gouverner. Livrées à elles-mêmes, elles subissent la tyrannie effrénée de petits ou grands potentats qui peuvent commettre impunément les pires excès.

*** Mais de même que le droit d'occuper la terre d'un pays étranger à population rare implique le devoir de la mettre en valeur, de même le droit d'imposer son pouvoir à un peuple arriéré implique le devoir d'améliorer son état social.

La colonisation est légitime quand elle remplit cette double condition; elle est abusive quand elle ne la remplit pas.

Or la colonisation capitaliste ne met pas en valeur les pays qu'elle occupe; elle se borne à en exploiter les richesses les plus accessibles et à y faire un commerce, en général de mauvais aloi. A l'égard des indigènes, elle pratique l'indifférence et la brutalité quand elle ne va pas jusqu'à l'oppression caractérisée. Elle ne peut donc se justifier en raison et en équité.

Le socialisme, au contraire, sera colonisateur dans le meilleur sens du mot, car son unique but sera la mise en valeur méthodique et intensive des pays qu'il occupera, et il associera loyalement les indigènes aux bénéfices de cette belle œuvre, en même temps qu'il améliorera leur hygiène, réformera leurs mœurs et répandra chez eux l'instruction.

Le capitalisme ne peut être un bon colonisateur, car il subordonne tout au profit individuel qui est sa loi. Le socialisme échappe entièrement à ces basses préoccupations. C'est pour l'intérêt général qu'il travaille, et il n'a aucune raison par conséquent pour ne pas se montrer juste et généreux envers les peuples attardés dont il assure la tutelle.

*** Non seulement le socialisme peut, mais il doit être colonisateur. La solidarité humaine lui fait une obligation impérieuse d'aller au secours des frères malheureux qui croupissent dans l'ignorance et la barbarie et gémissent sous l'oppression, de leur prêter son assistance pour les élever à la dignité d'hommes libres et les faire participer à ses bienfaits.

L'œuvre colonisatrice du socialisme ne peut, en effet, se concevoir que sous la forme d'une association entre la nation qui le représente et les peuplades occupant le pays colonisé. Si l'état d'infériorité de ces dernières ne permet pas de leur conférer des pouvoirs politiques, elles n'en doivent pas moins recevoir une part équitable de la richesse créée avec leur concours.

La pénétration sur leur territoire devra, autant que possible, être pacifique. Pourtant il sera possible que ces pauvres gens, égarés par ceux à qui ils ont l'habitude d'obéir, accueillent avec hostilité leurs libérateurs. Dans ce cas leur résistance devra, dans leur intérêt même, être brisée par la force. Mais la conquête ne sera accompagnée d'aucune violence inutile, d'aucun acte d'inhumanité, d'aucune destruction matérielle.

Immédiatement après la période d'occupation militaire commencera l'exploration scientifique du pays et l'inventaire de ses ressources. D'après ses constatations, on dressera le programme de mise en valeur.

Ce qui caractérisera la colonisation socialiste, en la diffé-

renciant nettement de ce qu'on appelle colonisation sous le
régime actuel, c'est qu'elle reposera toujours sur un plan d'ensemble, tous les travaux étant sériés pour être exécutés par
ordre d'urgence et de telle sorte qu'on mette en valeur les
diverses régions les unes après les autres. Aujourd'hui, les initiatives privées — quand on en trouve — vont créer des établissements un peu partout sans liaison possible entre eux, et
l'œuvre reste à l'état d'ébauche sans jamais se compléter.

Il serait trop long de préciser par des faits les conséquences
néfastes de cette dispersion des efforts déjà indiquée sommairement au livre III de la deuxième partie : on en trouvera l'indication détaillée dans l'ouvrage déjà cité plusieurs
fois et auquel doivent se référer les lecteurs désireux de pénétrer à fond la question coloniale : *la France Nord-Africaine* (1). Cette étude, comme son titre l'indique, porte spécialement sur l'Algérie, la Tunisie et le Maroc, parties les
plus accessibles et les plus habitables du continent africain,
c'est-à-dire celles où l'œuvre colonisatrice rencontrait le minimum de difficultés. Les autres colonies, beaucoup moins favorisées par le climat et la situation géographique, sont donc
encore infiniment plus en retard, et pour leur faire l'application des conclusions du livre, il faut en aggraver notablement la sévérité.

On a vu d'ailleurs, au livre II de la deuxième partie,
l'aveu par le ministre des colonies lui-même de la situation
lamentable de notre domaine coloinal.

*** La mise en valeur d'un pays étendu est une œuvre de
longue haleine quelles que soient les ressources dont on dispose. On l'abordera naturellement par les régions les plus

---

(1) *La France Nord-Africaine*, par Lucien DESLINIÈRES, fort
volume de 726 pages grand in-8°. *France-Edition*, 19, rue Gazan,
Paris (14ᵉ). Prix 12 fr. franco.

accessibles et les plus riches pour passer successivement aux autres.

Une région étant désignée, on commencera par reconnaître, pour les utiliser, les ressources locales en matériaux pour la construction et les travaux publics : pierre, brique, sable, chaux, ciment, bois, etc. On fixera l'emplacement des centres et on tracera le réseau des voies de communication qui devront les desservir. On établira ces voies de communication et on créera les centres, dont les uns seront agricoles, les autres forestiers, les autres miniers. En même temps on procédera aux travaux de défrichement, de drainage et d'irrigation de la région entière, jusqu'aux lignes de faîte qui en seront ordinairement les limites. On établira les ports maritimes et fluviaux.

Au début, des équipes de pionniers, logés dans des baraquements et nourris de produits importés, auront pour mission de commencer quelques cultures alimentaires et de préparer les habitations définitives. Bientôt les colons permanents seront à même de leur succéder; les travaux s'effectueront alors avec plus d'ampleur, et néanmoins avec une main-d'œuvre réduite, car pour toutes les opérations on emploiera les appareils les plus puissants. Ordinairement la force motrice sera trouvée sur place, soit par chutes d'eau, soit par machines à vapeur chauffées au bois, soit par moteurs employant les huiles végétales du pays comme carburant. Au besoin on recourra à des carburants d'importation.

Au bout d'un temps relativement court, toute l'œuvre de mise en valeur proprement dite de la région entreprise sera terminée. Les centres seront bâtis et dotés de stations d'énergie électrique; les moyens de transport relieront les centres entre eux et rayonneront de chacun aux diverses exploitations : agricoles, forestières, minières, industrielles. Les terres seront défrichées, irriguées, drainées. Bref, la période préparatoire sera close et on entrera dans la période de réalisation.

Pendant ce temps l'équipe des pionniers aura accompli sa tâche dans une autre région, qui pourra bientôt recevoir les colons définitifs, et passera à une troisième, jusqu'à ce que toutes les régions de la colonie soient mises en valeur et qu'elle donne son rendement maximum.

Alors que les entreprises individuelles se bornent à recueillir les produits spontanés les plus à leur portée et à trafiquer avec les indigènes, la colonisation socialiste, sans négliger le présent, aura toujours en vue l'avenir. Elle fera des plantations partout où les conditions seront favorables, dût-elle en attendre plusieurs années les résultats. Elle gèrera en bon père de famille en ménageant les ressources du pays, si grandes soient-elles et mettra un terme aux déprédations et aux gaspillages qui sont la règle aujourd'hui.

Les industries seront créées au fur et à mesure des besoins, en commençant par les plus simples, pour comprendre par la suite celles qui exigent un matériel plus important, lorsqu'il sera jugé avantageux de les établir. En régime capitaliste l'industrie coloniale n'existe pas, ceux qui pourraient la créer trouvant plus profitable d'exporter aux colonies les produits de leurs usines métropolitaines. Le socialisme, à ce point de vue comme à tous les autres, ne s'inspirera que de l'intérêt général.

******* Oh ! nous attendons les objections : Tout cela est fort beau sur le papier; mais l'auteur oublie que les Européens ne peuvent pas vivre sous le climat tropical qui est celui de la plupart de nos colonies; il oublie aussi que la population indigène est généralement clairsemée et qu'elle ne travaille que par contrainte.

— Non, nous n'oublions rien de tout cela, et nous ne méconnaissons pas les difficultés à vaincre. Nous croyons seulement qu'avec de l'organisation, elles ne sont pas insurmontables.

En somme, dans les colonies les plus insalubres, il existe des fonctionnaires civils et militaires et des chefs de factoreries français. Il est vrai qu'on leur accorde de fréquents et longs congés pour leur permettre de venir se refaire en France. Mais qui empêchera d'en faire autant des colons ? Quand on a compris (voir livre I de la première partie), l'importance des disponibilités de main-d'œuvre en régime socialiste, on se rend compte que rien ne sera plus facile. On pourra même réduire le service aux colonies à une courte période et ne plus y renvoyer ceux qui n'en exprimeront pas le désir formel.

Ce n'est pas tout : l'état sanitaire d'une colonie peut être considérablement amélioré par l'application stricte des principes d'hygiène nettement fixés par la science. Faute de les observer, la France elle-même ne serait pas un habitat salubre. Les premiers colons de l'Algérie, installés dans des gourbis, négligeant les plus élémentaires précautions, se livrant souvent à des excès alcooliques, étaient décimés par la fièvre. Avant d'assainir Boufarik, trois générations de colons ont perdu la vie. En réalité, sans hygiène on ne peut vivre en sécurité nulle part ; avec de l'hygiène, on peut aller partout.

Or, plus le séjour d'une colonie sera reconnu dangereux, plus les mesures de préservation y seront sévères : on desséchera les mares ; on garnira les ouvertures des maisons de toiles métalliques pour empêcher l'invasion des mouches et moustiques ; on ne couchera qu'au premier étage; la nourriture sera saine et abondante; l'alcool en sera rigoureusement exclu. On habituera les colons à ne pas boire immodérément, même des liquides non alcoolisés; on veillera à ce que leur vêtement soit approprié au climat et à ce qu'il varie avec la température; leur coiffure les garantira contre les rayons du soleil; leur chaussure les mettra à l'abri des attaques des insectes et des reptiles; le repos sera prescrit pendant les heures les plus chaudes du jour. Enfin de fréquentes visites médicales et des pharmacies bien approvisionnées permettront de combattre la maladie dès son apparition. Au besoin les sujets qui supporteraient mal le climat seront évacués.

Il est entendu que, même avec ces précautions, et toutes celles qui, en outre, seront jugées nécessaires, les colons ne pourront jamais fournir une somme de travail égale à celle qu'ils donneraient en France ; les pays chauds sont toujours plus ou moins débilitants. Mais il faut tenir compte que, le plus souvent, ils auront à remplir des fonctions de surveillants ou à diriger des machines qui leur épargneront les gros efforts physiques.

Malgré tout, il est rare que la tansformation d'un pays sauvage en terres cultivées ne soit pas plus ou moins meurtrière pour ceux qui l'accomplissent. Bien des colons seront malades ; quelques-uns succomberont, c'est fatal. Mais c'est la rançon du progrès. Il faut à tout prix que les parties fertiles de la terre soient rendues habitables et fécondes. Le socialisme, qui mettra fin aux tueries internationales et aux maladies évitables, ne pourra reculer devant ce léger tribut à la mort, si douloureux qu'il soit.

*** D'autre part, il est évident que les colons français ne seront jamais en nombre suffisant pour constituer à eux seuls l'armée de travailleurs indispensable à une telle œuvre. Ils n'en formeront généralement que les cadres, et lorsque les indigènes ne pourront ou ne voudront pas fournir le complément, il faudra se procurer de la main-d'œuvre étrangère.

Sans doute, le plus souvent, ils sont très paresseux par nature, ce qui tient à la facilité avec laquelle, dans ces pays d'ardent soleil et de besoins réduits, ils peuvent s'alimenter. Mais dans bien des cas, on les a dégoûtés du travail en le rendant trop dur, trop peu rémunérateur et en l'accompagnant de mauvais traitements qui en font une punition. Dans l'intérieur de l'Afrique, les corvées de portage, dont on a tant abusé, ont exaspéré les populations contre nous. Il n'est pas douteux qu'avec des procédés vraiment paternels, c'est-à-dire, alliant beaucoup de douceur à l'indispensable fermeté, on n'arrive peu à peu à leur faire accepter le travail, et même plus tard à le leur faire aimer. Le nègre, en présence du blanc, est toujours souple et docile. Quand on pense qu'il a été possible de recruter des centaines de milliers d'hommes dans notre Afrique occidentale et de les envoyer se faire tuer au front ou mourir de froid sous des latitudes trop élevées pour leur organisme, on ne saurait douter de la facilité avec laquelle on les amènera à travailler dans leur propre pays et moyennant des avantages directs.

On pourra d'ailleurs se procurer, sans sortir de notre empire colonial, une partie de la main-d'œuvre qui pourrait manquer dans certaines régions : la Kabylie en Algérie, le Riff et le pays chleuh au Maroc, divers territoires de l'Afrique occidentale sont surpeuplés et exportateurs de travailleurs. On en organisera régulièrement le recrutement pour les transporter sur les points où leur présence sera nécessaire. Enfin, le cas échéant, on s'adressera à l'étranger. La Chine, le Japon, les îles malaises, et bien d'autres pays, sont un réservoir de main-d'œuvre à peu près inépuisable. Le transport, effectué par la flotte nationale, sera très peu coûteux.

Au surplus, ce ne sera que dans la période initiale qu'on recourra à cet expédient. On sait combien les nègres sont prolifiques quand ils vivent dans l'abondance et la sécurité. Le Soudan nourrissait une population très dense avant que l'esclavagisme, les guerres civiles et les invasions étrangères ne l'eussent décimée. Il ne faudra pas longtemps, au milieu du bien-être et de la paix socialistes, pour reconstituer l'ancien état de choses, et toutes nos colonies seront alors en état de pourvoir avec leurs ressources propres à l'exploitation de leurs richesses.

Ce qui contribuera encore à l'augmentation de la population sera la bonne hygiène que, peu à peu, la colonisation socialiste introduira chez les indigènes, non sans avoir à lutter contre leur incurie. Actuellement les conditions dans lesquelles ces pauvres gens sont logés, vêtus et nourris font d'eux la proie facile de toutes les maladies, et leur mortalité est énorme. On les habituera à une vie moins primitive et on les aidera à s'en procurer les éléments.

******* C'est une question importante et complexe que de savoir si la colonisation socialiste prendra en charge l'existence des indigènes, comme celle des citoyens français, en leur imposant l'obligation de participer au travail commun, ou si elle les laissera vivre séparément de la culture de leurs terres, en les aidant seulement à en retirer des produits plus abondants ; et dans cette dernière hypothèse quel sera pour eux le régime de la propriété.

En tout cas, on se gardera de renouveler l'erreur commise en Algérie où l'on a cru réaliser un grand progrès en faisant passer de force la population arabe de la propriété collective, qui était pour elle une institution séculaire d'origine religieuse, à la propriété individuelle telle qu'elle est constituée par notre code civil. Les abus monstrueux auxquels ce changement a donné lieu, l'accroissement de misère qui en est résulté — et qui sont longuement exposés dans *la France Nord-Africaine* déjà citée — devront nous servir de leçon.

C'est dans le cadre de leurs institutions et de leurs mœurs qu'il faudra faire évoluer les indigènes. Leur transformation exigera beaucoup de prudence et beaucoup de temps. A l'origine il conviendra de maintenir le régime de propriété sous lequel ils vivent, qu'il soit individualiste ou communiste, et de les laisser en possession des terres dont ils jouissent. Mais comme ces terres ne sont, pour la plus grande partie, ni défrichées ni drainées ni irriguées, et qu'ils n'en cultivent qu'une faible étendue, on y apportera toutes les améliorations nécessaires, ce qui élèvera notablement leur productivité, et on les partagera, dans une proportion à établir, avec les premiers occupants, de façon à leur assurer des ressources alimentaires supérieures à celles dont ils disposaient précédemment.

En dehors de ces ressources, les indigènes pourront toujours se faire embaucher sur les chantiers de la colonisation où le travail ne manquera jamais. Et s'ils n'usent qu'avec trop peu d'empressement de cette faculté, il n'y aura nulle tyrannie à leur imposer un certain nombre de jours par an de travail peu fatigant et bien rétribué. Ils feront par ordre, sans résistance, ce qu'ils n'auraient pas fait volontairement, et le supplément de bien-être qu'ils y trouveront les accoutumera peu à peu à la vie laborieuse des civilisés.

*** En résumé, par la substitution de l'organisation à l'anarchie, la colonisation socialiste disposant de tout le matériel, de tous les approvisionnements, de toute la main-d'œuvre dont elle aura besoin, arrivera, dans un temps relativement court, à achever son œuvre de mise en valeur et à porter à son maximum la production de notre domaine colonial.

*** Nous corrigions les épreuves de ce chapitre lorsque nous avons eu connaissance d'un émouvant discours prononcé par M. Albert Sarraut, ministre des Colonies, le 5 novembre 1923, à l'occasion de la réouverture des cours de l'Ecole Coloniale, et qui s'associe à la fois à nos critiques et à notre conception nouvelle de la colonisation.

« Ne rusons pas. Ne trichons pas, s'est écrié M. Sarraut. A quoi bon farder la vérité ? La colonisation, au début, n'a pas été un acte de civilisation, une volonté de civilisation. Elle est un acte de force, de force intéressée. C'est un épisode du combat pour la vie, de la grande concurrence vitale qui, des hommes aux groupes, des groupes aux nations, est allée se propageant à travers le vaste monde. Les peuples qui recherchent dans les continents lointains des colonies et les appréhendent ne songent d'abord qu'à eux-mêmes, ne travaillent que pour leur puissance, ne conquièrent que pour leur profit.

« Je sais bien tout ce qu'on a pu dire pour justifier cet acte. Je connais tous les arguments produits, avant ou après coup, par la scolastique économique ou la raison d'Etat. Mais aujourd'hui, mes amis, il n'est vraiment qu'une conception qui puisse rester debout dans la grave confrontation, devant le monde, du droit et de l'entreprise lointaine. Sa formule est: « La colonisation, œuvre de solidarité humaine ».

« Précisons et soyons clair. Supérieur à tous les droits, se dresse le droit de l'espèce humaine à vivre sur la planète une vie meilleure, par l'usage plus abondant des biens matériels et des richesses morales susceptibles d'être distribués à l'ensemble des vivants. Cette double abondance ne peut résulter que d'une collaboration solidaire des races, échangeant amplement leurs ressources naturelles et les facultés créatrices de leurs génies. La nature, à travers la surface de la terre, a inégalement réparti ces facultés et ces ressources, avec l'inégale influence des climats, des fertilités et des valeurs héréditaires. Sa dévolution capricieuse a localisé ici ou là les unes et les autres, dans la diversité, la dispersion et le contraste. Est-il juste, est-il légitime qu'un tel état de choses indéfiniment se prolonge? Au nom de l'humanité, on peut hardiment répondre: non! Un droit dont l'exercice se retourne contre les droits du mieux être universel n'est pas un droit. L'espèce humaine est solidaire, dans l'existence du vaste monde. Nulle race, nul peuple n'a le droit ou le pouvoir de s'isoler égoïstement des mouvements ou des nécessités de la vie universelle.

« Voilà l'idée large et généreuse sur laquelle la colonisation peut prendre assise. Au nom du droit de vivre de l'humanité, la colonisation, agent de la civilisation, va prendre charge de la mise en valeur, de la mise en circulation des ressources que des possesseurs débiles détenaient sans profit pour eux-mêmes et pour tous. C'est pour le bien de tous qu'on agit ainsi. Et d'abord, pour le bien même de ceux qu'on paraît déposséder. »

On ne peut qu'applaudir à ce noble langage, en tant qu'expression des plus hautes aspirations. Mais le brillant orateur détruit aussitôt lui-même l'impression qu'il a produite en ajoutant que la colonisation française moderne a déjà réalisé ce splendide idéal. Où M. Sarraut a-t-il vu cela ? La colonisation française, comme toutes les autres, est restée l'œuvre de spoliation qu'il condamne si éloquemment.

Non seulement elle ne s'est transformée que dans les rêves de M. Sarraut, mais elle est incapable de se transformer aussi longtemps que durera le régime capitaliste. Seul le socialisme pourra lui donner ce caractère humain et fraternel, qui correspond précisément à son principe fondamental de solidarité, mais qui est en désaccord flagrant avec la poursuite brutale du bénéfice, essence des entreprises privées.

On s'étonne de trouver tant d'illusion chez un homme politique qui ne passait pas pour naïf, et dont on ne peut d'ailleurs suspecter la bonne foi. Faut-il donc que ce soit un de ces socialistes, qu'on se plaît à domicilier dans les nuages, qui ait la tâche inattendue de dissiper les chimères d'un cerveau ministériel en lui montrant les réalités?

CHAPITRE V

Urbanisme

Sous ce titre néologique, nous allons maintenant donner quelques indications sur l'organisation des centres. Bien que cette question ne semble pas avoir un rapport direct avec l'augmentation de la production, elle s'y rattache en plusieurs points. Non seulement il faut, pour bien comprendre le fonctionnement du nouveau mécanisme social, se faire une idée au moins sommaire de l'installation de ses divers organes; mais des bonnes dispositions adoptées pour les établissements industriels, agricoles, commerciaux, administratifs dépendra une grande partie des économies de force humaine qui permettront de produire davantage. D'autre part, selon les conditions d'hygiène où il vivra, l'homme sera plus ou moins bien portant, et tout ce qui peut entretenir ou améliorer sa santé est un gain certain pour la production.

Il est évident que les villes et villages actuels, créés maison par maison, sans vues d'ensemble, par l'initiative individuelle pour répondre à ses besoins, ne seront nullement appropriés à la vie socialiste. Il est non moins évident que, malgré le développement des moyens de création, on ne pourra pas les jeter bas du jour au lendemain pour les refaire sur un plan nouveau. On procédera par voie de transformation plus ou moins rapide, selon l'urgence et les possibilités. Par contre, dans les colonies où presque rien n'existe, on pourra, dès le début, atteindre la perfection.

Les descriptions qu'on va lire s'appliquent aux villes et villages créés de toutes pièces, ou aux agglomérations anciennes entièrement transformées. De même que certaines autres parties de cet ouvrage, elles ne sont données, bien entendu, qu'à titre d'hypothèses. Mais une hypothèse satisfaisante suffit à notre démonstration, car si on lui préfère un autre projet, c'est qu'il sera reconnu meilleur et n'en sera que plus probant.

Nous avons vu au chapitre III du présent livre que l'organisation d'un service de transports économiques dans chaque ferme-village permettra d'éviter en grande partie les pertes de temps qui se produisent quand le chantier est séparé par une trop grande distance du domicile du travailleur, et d'assigner ainsi aux centres une superficie culturale beaucoup plus importante que celle des fermes actuelles. Néanmoins, il ne faudra pas dépasser les limites au delà desquelles les avantages de la concentration seraient moindres que le suppiément de frais résultant du déplacement sur des longueurs exagérées du personnel et des produits.

On créera donc des fermes-villages d'une population variable selon la nature des cultures, la surface à cultiver et les industries qui pourront y être adjointes. Et aux points qui seront le centre naturel de chaque région, on créera des villes.

*** Parlons d'abord des villages.

Il s'agira, en premier lieu, de déterminer l'emplacement le plus convenable au double point de vue de l'hygiène et des facilités de l'exploitation. A cet effet on fera choix d'un terrain bien sain, perméable autant que possible et situé à une hauteur suffisante au-dessus du sol environnant pour assurer l'égouttement rapide des eaux pluviales et l'évacuation des eaux résiduaires. On évitera cependant les altitudes qui pourraient entraîner des incommodités. L'emplacement devra se trouver à peu près au centre de la surface à cultiver. On pourra d'ailleurs, dans la répartition des terres entre les villages projetés, tenir compte de la situation des emplacements les plus favorables et tracer en conséquence les limites des diverses exploitations, sans trop s'arrêter aux inégalités des lots ni à la figure géométrique qu'ils pourront présenter. Cependant on évitera toujours le plus possible les figures trop allongées, qui entraîneraient des déplacements onéreux.

Autour du village le sol sera soigneusement drainé. On n'y laissera subsister aucune mare stagnante ; on y rectifiera le lit des cours d'eaux divagants.

On commencera par tracer sur le sol le plan du village à l'aide de piquets, et par en exécuter le réseau d'égouts; le tout à l'égout sera en effet la règle absolue et les eaux à en provenir seront utilisées par la culture. On fera ensuite les voies publiques qui seront toutes larges, arrosées et plantées d'arbres. Le plus grand soin sera apporté à l'approvisionnement en eau d'alimentation. Dans la plupart des cas, elle sera distincte de l'eau d'arrosage et sera prise à une nappe souterraine, tandis que l'eau d'arrosage sera empruntée à un cours d'eau voisin. Les procédés pour obtenir l'une et l'autre varieront suivant les lieux, quand l'eau ne sera pas fournie par le réseau général d'irrigation dont nous avons parlé au chapitre III du présent livre : adduction d'une source, pompe avec moteur à air, dérivation d'un ruisseau, etc. Les moyens importeront peu pourvu qu'on atteigne le but qui sera d'avoir à la fois et en quantité largement suffisante, une eau pure pour la consommation et une eau propre pour l'arrosage.

La partie du village devant recevoir le bétail, les fourrages et les fumiers sera tout à fait distincte de celle réservée à l'habitation, de façon à ce que ni les purins, ni les odeurs, ni les insectes ne puissent être une cause de contamination ou même de désagrément. On n'élèvera dans l'intérieur de la partie habitée ni volailles, ni lapins, ni porcs. Tous ces animaux auront leurs basses-cours et étables à côté du bétail proprement dit. Les fumiers seront placés dans les conditions les plus propres à hâter leur décomposition, à ne laisser perdre aucun de leurs éléments utiles, et notamment les purins. Ils seront arrosés avec des liquides antiseptiques pour tuer les larves de mouches. Les fourrages seront à portée des étables et écuries et on s'organisera pour en réduire la manutention au minimum, tout en facilitant les soins à donner aux animaux. A cet égard, comme à tous les autres, on appliquera intégralement les connaissances de l'agronomie moderne.

Dans les villages assez importants pour avoir un abattoir ou d'autres établissements dangereux, incommodes ou insalubres, on les installera au delà du quartier du bétail, c'est-à-dire très loin des habitations.

Entre le quartier du bétail et celui des habitants, on disposera les bâtiments servant à abriter les machines agricoles, les petites industries utilisant une force motrice : boulangerie, blanchisserie, laiterie, menuiserie, charpente, charronnage, maréchalerie, forge, mécanique, électricité, etc., les chantiers et dépôts de matériaux de construction, les entrepôts et magasins de réserve pour les grains, le vin, l'huile, etc. Chacune des petites industries ne sera représentée parfois que par un seul ouvrier, ou même un ouvrier pour deux ou trois d'entre elles. Ainsi le maréchal sera souvent charron et forgeron; le menuisier et le charpentier ne feront qu'un ; le mécanicien sera en même temps électricien, etc. Ces ateliers n'auront à faire, en effet, que les réparations et la pose du travail dont l'exécution sera réservée à de grands ateliers régionaux dotés de l'outillage le plus perfectionné. La force sera distribuée aux divers ateliers par des dynamos actionnées soit par le service général de distribution d'énergie électrique, ce qui sera toujours le cas en France, soit, ce qui sera sans doute fréquent aux colonies, par un moteur central qui sera, soit l'un des tracteurs à essence ou locomobiles employés par l'agriculture, soit un moteur à gaz pauvre utilisant les détritus végétaux, soit toute autre machine d'un usage aussi économique que possible. On n'aura garde de négliger les forces hydrauliques, là où il pourra en exister. Chaque atelier, n'ayant pas besoin de force motrice pendant toute la journée, on règlera les heures où elle sera mise à leur disposition, de façon à ce qu'une dépense minime de force suffise à tous.

L'usine d'éclairage électrique pourra utiliser le même moteur pendant la nuit. La lumière sera abondamment distribuée dans tous les locaux et sur toutes les voies publiques.

La boulangerie, avec pétrin mécanique, recevra sa farine d'une minoterie régionale. La blanchisserie nettoiera d'une façon parfaite le linge du village par des procédés expéditifs, tout en évitant de le détériorer par l'usage de caustiques trop mordants. La laiterie recevra et conservera le lait des vaches, dont une partie sera consommée en nature et une autre convertie en beurre et en fromage, le tout destiné, selon les quantités produites, soit à la consommation locale exclusivement, soit en partie à celle du chef-lieu régional.

Annexées aux magasins de détail, seront les petites industries n'utilisant pas de force motrice ou en employant peu : tailleurs, cordonniers, bourreliers, coiffeurs, pharmacie, repassage, couture, lingerie, etc...

Dans certains villages, on cultivera la vigne, et il sera nécessaire d'avoir un chai avec cuves, foudres, pressoir, futailles, etc.; dans d'autres, on aura des moulins à huile, aux colonies des machines à égrener le coton, à défibrer certains textiles, etc.; dans presque tous on aura des magasins à grains, et ils seront d'autant plus vastes qu'en outre de la récolte du village, ils devront pouvoir contenir les grains achetés aux indigènes et servir d'entrepôts de réserve en vue d'équilibrer les variations annuelles des récoltes.

Tous ces magasins et ateliers seront pourvus d'instruments de manutention perfectionnés, actionnés par l'électricité :

monte-charges, treuils, pompes, voies ferrées étroites, wagons divers, câbles transporteurs, de façon à diminuer l'effort humain.

Le quartier des habitations occupera toujours le point le plus élevé, le plus sain et le plus agréable du village.

Au centre se trouveront les bâtiments d'utilité commune : bureaux de la municipalité, des postes, télégraphes et téléphones et des administrations diverses, les écoles, les magasins de détail, les bains et douches, les salles de fête, de consommation, de gymnastique, le restaurant, la bibliothèque, le musée, le dispensaire, etc...

Ces diverses installations se grouperont au centre des villages, mais non d'après un plan uniforme, car rien ne serait plus monotone et plus triste qu'une quantité de villages bâtis tous sur le même plan. On s'ingéniera, au contraire, à introduire une grande diversité dans l'architecture et les dispositions des bâtiments. Mais un point sera commun : l'abondance de la lumière, de l'air, des ombrages et des fontaines d'eau courante.

Tout autour des bâtiments d'utilité commune se grouperont les locaux d'habitation, tous pourvus de lumière électrique, d'eau et de conduits d'évacuation. On aura pour principe de réserver les rez-de-chaussée pour cuisines, salles à manger, bureaux, magasins et les premiers étages pour chambres à coucher. En général il n'y aura qu'un étage.

Les célibataires seront d'un côté, généralement au-dessus des salles de restaurant, de consommation, etc... Chacun aura sa chambre séparée.

Les ménages, avec ou sans enfants, seront à part. Les uns voudront prendre leurs repas au restaurant. Dans ce cas ils n'auront besoin que de chambres à coucher. Les autres préféreront se nourrir chez eux. Ils auront alors une cuisine et une salle à manger au rez-de-chaussée, une ou plusieurs chambres au premier étage, avec communication directe.

On réservera, dans un bâtiment séparé, un certain nombre de chambres pour les voyageurs qui prendront leur nourriture au restaurant.

Un vaste terrain, soigneusement clos de murs, sera à la fois le potager, le verger, la pépinière, l'orangerie, le parterre et le parc de promenade du village. Sa disposition sera artistique. Les parties réservées aux pépinières et à la culture maraîchère seront dissimulées par de belles plantations d'arbres de rapport et d'ornement. Des plates-bandes et des massifs de fleurs seront disposés dans les gazons. Des bancs y seront placés aux endroits les plus agréables. Un rond-point bien ombragé, au centre duquel sera un kiosque pour la musique sera, les dimanches et les belles soirées d'été, le lieu de rendez-vous et de récréation. On y donnera des concerts et des bals champêtres. On y servira des rafraîchissements. Ce sera l'endroit de prédilection où chacun viendra passer ses noments perdus.

Dans un coin du jardin, très à l'écart, l'infirmerie avec salle d'opérations et pavillon d'isolement pour contagieux. Dans les autres, le rucher, la magnanerie si on élève les vers à soie, etc...

On a vu que l'eau d'arrosage serait abondante. Elle sera distribuée automatiquement.

Chaque village sera relié par une voie ferrée, ou tout au moins par un service automobile régulier, aux villages voisins et au centre régional. Il sera lui-même le centre des voies ferrées étroites d'exploitation agricole, qui, rayonnant dans toutes les parties de son domaine, permettront le transport rapide et économique du personnel, des engrais, amendements et récoltes.

Que l'on compare un tel village, conçu et organisé méthodiquement pour réaliser tout ce que la science peut donner à l'homme de facilités dans son travail, de salubrité et d'agrément, aux misérables et informes agglomérations que constituent les centres créés par l'initiative privée !

******* Pour les villes, on appliquera sur une plus grande échelle les principes qui ont présidé à la création des villages.

Même les personnes les moins portées à réfléchir sur ce qu'elles voient autour d'elles ont été frappées plus ou moins fortement du désordre dans lequel se fondent et se développent les villes nées des initatives individuelles, et des inconvénients de toute nature qui en résultent.

Laissons de côté le point de vue esthétique, car on trouverait des contradicteurs pour défendre le pittoresque résultant de l'imprévu et des oppositions violentes. Concédons-leur, au surplus, qu'on ne saurait égaler en beauté, par des créations artificielles, les villes anciennes avec leurs monuments et leurs vieilles demeures, témoins vénérables des siècles disparus.

Mais il s'agit de villes modernes, à créer de toutes pièces, et la question est de savoir s'il vaut mieux les laisser s'élever au hasard des fantaisies particulières ou les édifier d'après un plan d'ensemble qui, tout en répondant aux besoins de la vie sociale et de l'hygiène, n'exclura nullement la variété des dispositions.

Toutes les villes du monde, ayant été construites au hasard des conceptions et des besoins individuels, présentent ce trait commun que les établissements qui reçoivent des marchandises et matériaux pour les réexpédier, ou des matières premières pour les transformer, sont mêlés aux maisons d'habitation. Il y a bien quelques exceptions pour les usines insalubres qu'on oblige à se tenir au loin ; certains quartiers riches et de création récente, comme le boulevard de Paris, à Roubaix, s'isolent du bruit et de la fumée produits par l'activité industrielle. Mais ces atténuations ne changent rien à la règle.

Que se passe-t-il alors ? c'est qu'un arrivage au port ou à la gare du chemin de fer de marchandises, matériaux ou matières premières doit être déchargé du bateau ou du wagon, rechargé sur des camions ou dans des tombereaux, et traîné à travers la ville, par des rues souvent étroites et en pente, jusqu'à son lieu de destination, d'où il repartira, plus ou moins transformé et morcelé, dans le même équipage pour être réexpédié aux acheteurs en gros. A-t-on chiffré la dépense inutile résultant de ce défaut d'organisation, sans parler de l'encombrement des voies publiques, avec ses inconvénients et ses dangers, et des épreuves infligées au système nerveux des malheureux condamnés à vivre au milieu de ce tumulte et de cette agitation ?

Dans certains quartiers de Paris et des grandes villes, les plus belles artères sont obstruées de lourds et immenses véhicules qui mettent dans un milieu d'élégance les grossièretés du mercantilisme.

Encore si les embarras de Paris, déjà célébrés par Boileau, se bornaient là ! Mais la presse, depuis plusieurs années, n'a cessé de se faire l'écho des plaintes amères de la population contre les éternelles fouilles qui défoncent la voie publique. C'est un autre et non moins typique exemple de l'anarchie qui règne dans nos administrations. Chaque service ignore scrupuleusement ce qui se passe dans le service voisin. Il en résulte que le sol d'une rue, bouleversé une première fois par la réfection des égouts, le sera de nouveau peu de temps après pour l'établissement d'une conduite d'eau, qu'il sera éventré une troisième pour la pose des tuyaux de gaz, une quatrième pour l'installation de fils téléphoniques, une cinquième pour la distribution de la lumière électrique, une sixième, et cette fois sur toute sa largeur, pour la reconstruction des lignes de tramways, sans parler du métro, dont les méfaits égalent ceux de tous les autres services réunis.

Le métro n'a d'ailleurs été rendu nécessaire que parce que la voie publique était encombrée par la lente circulation des marchandises. N'eût-il pas été plus logique de reléguer les marchandises dans les souterrains et de réserver la voie à air libre aux passants ? Sans doute ; mais il eût fallu que chaque rue de surface fût accompagnée d'une rue en sous-sol, et c'était impossible dans une ville ancienne.

Voyons maintenant si l'on ne peut pas faire mieux par une autre méthode :

Tout d'abord l'emplacement de la future ville sera judicieusement choisi, le plus près possible du centre de la région dont elle sera appelée à devenir le chef-lieu. On recherchera naturellement les ports maritimes ou fluviaux et les points où viendront aboutir plusieurs voies ferrées.

L'eau d'alimentation et d'arrosage y sera en abondance.

Comme pour la création d'un village, on tracera sur le terrain le plan général en assignant des quartiers distincts aux diverses sortes de bâtiments.

Dans la ville, la partie des bâtiments réservée à l'agriculture ne sera pas plus grande que dans un village, car la surface de terre dont elle sera le centre ne sera pas plus étendue, pour la raison indiquée plus haut. Autant que le permettront la nature du sol et l'abondance des eaux d'irrigation, on donnera une plus grande place à l'horticulture et à la laiterie, afin d'alimenter la population en légumes, fruits, lait, beurre et fromages frais. Cependant il ne sera jamais indispensable de produire sur place la totalité de la consommation, car les villages d'alentour fourniront le manquant.

Chaque ville comprendra donc une ferme-village agricole, moins les bâtiments d'intérêt commun, les magasins de vente et les petites industries. Pour la commodité des travaux, il pourra être utile de la diviser en trois ou quatre, situées à l'opposite l'une de l'autre et un peu en dehors de la ville.

Le quartier de l'industrie et des entrepôts sera placé dans la partie la plus basse, à proximité du port et de la gare de chemin de fer. Il comprendra, outre les industries des villages, agrandies, celles qui ne peuvent avoir place dans un village, ayant besoin d'un vaste rayon pour écouler leurs produits, ou recevant leurs matières premières de l'extérieur, ou exportant une partie de leur fabrication. Celles qui seront en relation avec l'extérieur seront, autant que possible, placées dans les ports.

S'il existe un port, il sera pourvu des appareils de chargement les plus perfectionnés. Les navires arriveront à quai et y prendront économiquement leur cargaison des wagons qui l'auront apportée ou la déposeront sur ceux qui devront la recevoir. On usera largement des câbles transporteurs qui rendent de si grands services et évitent l'engorgement des voies ferrées.

Les usines diverses, dont il n'existera jamais qu'une seule pour chaque branche de l'industrie, se grouperont le long des routes suivies par le rail. Les trains laisseront devant chacune d'elle les wagons qui lui seront destinés ; ils seront poussés à l'intérieur jusqu'à des quais de débarquement bien outillés. Les mêmes wagons reprendront les produits fabriqués.

Les entrepôts de marchandises seront établis dans le même quartier, mais un peu à part. En général, ils seront interposés entre les usines et les habitations pour éviter à la population le bruit, la fumée, la poussière et les exhalaisons. D'ailleurs les usines dont le voisinage serait le plus gênant seront établies aux extrémités de la ville et au besoin un peu à l'écart.

Des tramways desserviront le quartier de l'industrie et des entrepôts comme le reste de la ville.

La force motrice sera l'énergie électrique servant en même temps pour l'éclairage public et privé, la traction des wagons et tramways, les câbles transporteurs, etc. Pour les usines et entrepôts, on prévoira des développements ultérieurs et on réservera à cet effet des emplacements ; les bâtiments et installations seront aménagés de façon à réaliser par de simples prolongements les agrandissements nécessaires, sans trouble pour la partie ancienne et avec un minimum de dépense.

Un réseau d'égouts spécial assurera l'évacuation des eaux

résiduaires industrielles, qui seront stérilisées avant de pouvoir s'écouler par les cours d'eau.

Est-il nécessaire de dire que les locaux seront installés, éclairés et ventilés selon les règles de l'hygiène ?

Une large avenue séparera le quartier industriel de la partie habitée.

Entre elle et une autre avenue accompagnée de places et squares, s'étendront les bâtiments publics : administrations, magasins de vente, écoles, théâtres, salles de fêtes, de conférences, de jeux, de consommation, de restaurant, établissements d'hydrothérapie, de gymnastique, terrains pour sports, etc., etc., dont les dispositions varieront selon les lieux et les inspirations locales.

Les magasins de vente ne présenteront point l'aspect des grands bazars modernes. On n'y sacrifiera rien au luxe inutile, à l'étalage, au besoin d'attirer le client. Dans de vastes halls, bien éclairés, bien aérés, pourvus de larges couloirs, les marchandises seront groupées par rayons et toujours marquées en chiffres connus. Selon l'importance des villes, il y aura deux ou plusieurs magasins. L'alimentation sera toujours à part. Les autres seront plus ou moins spécialisés suivant leur nombre. Les petites industries manuelles seront groupées à côté dans un bâtiment spécial.

Qu'on n'objecte pas l'incommodité résultant pour les ménagères de n'avoir plus leurs fournisseurs sous la main : dans les petites villes, la distance à franchir sera minime ; dans les grandes, des tramways gratuits la supprimeront complètement. D'ailleurs un service régulier de livraison à domicile pourra toujours être organisé là où il serait reconnu nécessaire. Avec l'anarchie actuelle, chaque commerçant est tenu d'assurer son service de livraison à domicile par ses propres moyens. Chacun doit avoir sa voiture particulière, et comme sa clientèle est disséminée, cette voiture doit parcourir tous les quartiers et franchir parfois une grande distance pour porter un petit paquet. Avec l'organisation à créer, chaque voiture desservirait un nombre limité de rues adjacentes, s'arrêtant à toutes les maisons, et réduisant au minimum le temps et la force nécessaires.

Dans la partie la plus haute de la ville, loin du quartier industriel, seront les maisons d'habitation. Avant de les construire, on procédera aux importants travaux de substruction dont il va être parlé. Observons d'abord que le plan général établi à l'origine prévoira les développements futurs. De vastes emplacements seront réservés à cet effet; il suffira de prolonger les rues; mais on n'exécutera les travaux que dans la partie à utiliser immédiatement.

On évitera, autant que possible, pour le tracé des rues, les figures géométriques trop régulières, chères aux Américains. On profitera au contraire de tous les accidents de terrain pour multiplier les lignes divergentes, les courbes gracieuses, les places et jardins.

Dans les grandes villes, où il y aura utilité à éviter l'encombrement de la voie publique, on établira pour les marchandises un réseau de communications souterraines au-dessous des rues. De larges galeries maçonnées seront établies. Des portes les mettront en communication avec les maisons. C'est par là que se feront les livraisons de marchandises, dont une partie sera conservée dans les caves qui, précisément, seront de niveau avec la galerie. Si la maison comportait plusieurs étages, ils pourraient être desservis par une monte-charge. Un tableau, avec boutons électriques, portant le nom de chaque locataire, permettrait au livreur d'appeler le destinataire de chaque colis.

Les galeries recevront : 1° les égouts, dans des conduits bien cimentés, pourvus de regards facilement accessibles, de façon à ce que les réparations ne nécessitent pas de travaux de terrassement ; 2° les conduites d'eau, les fils téléphoniques, ceux d'éclairage électrique et généralement tous les réseaux utiles, qui de même que les égouts, pourraient ainsi, sans bouleversement du sol, être réparés ou modifiés ; 3° un railway pour la circulation des marchandises par automotrices électriques. Dans les petites villes, les marchandises pourront sans inconvénients circuler en plein air. La galerie sera alors réduite à des proportions bien moindres ; mais elle existera néanmoins pour les autres services.

Pour les maisons d'habitations, diverses conceptions seront proposées et sans doute réalisées, car outre que les goûts et les convenances individuels sont souvent différents, il faudra à tout prix éviter de tomber dans la platitude de l'uniformité.

Dans les villes importantes, surtout dans leur partie centrale, on adoptera souvent le genre des grands hôtels. Un vaste bâtiment avec cour intérieure aura au rez-de-chaussée le restaurant, au premier étage les salons et aux étages supérieurs les appartements privés qui pourront, dans certains cas, être meublés et dans certains autres non meublés. Le toit pourra être une terrasse-jardin, le tout desservi par plusieurs ascenseurs, avec chauffage central, eau chaude et eau froide dans toutes les chambres, et éclairage électrique. Le service des chambres, même de celles non meublées, sera fait par le personnel de l'hôtel. Les habitants prendront leur nourriture au restaurant; leur linge sera blanchi par l'hôtel. Les femmes seront donc entièrement affranchies des désagréables soucis du ménage. Il faut bien que ce genre de vie présente de grands avantages puisqu'il se répand de plus en plus dans les classes riches, en Amérique surtout. Il facilite les relations et les distractions, tout en réservant l'intimité de la famille dans son appartement et autour de la table du restaurant. En régime socialiste, où tout se vendra au prix coûtant, il ne sera pas comme aujourd'hui le monopole des gens fortunés. Il y aura d'ailleurs des hôtels de plusieurs classes et de plusieurs prix, selon leur degré de luxe. Mais les plus modestes, accessibles aux simples travailleurs, présenteront tout le confortable, toute l'hygiène et toutes les commodités désirables.

Pour les citoyens qui préféreraient pourtant s'isoler avec leur famille dans une petite maison et pourvoir, soit eux-mêmes soit par domestiques, aux soins de leur ménage, dans les conditions toujours en faveur chez les Anglais, on aura cependant de telles installations, généralement dans les quartiers de la périphérie.

Ces maisons auront devant leur façade une bande de gazon séparée par une petite grille de la voie publique et que les habitants pourront, s'ils le veulent, garnir de massifs de fleurs. Certaines pourront en outre avoir un jardin derrière.

Le jardin public, ou parc, sera naturellement plus grand que ceux des villages. On en exclura les cultures maraîchères et la pépinière qui seront réservées aux fermes voisines. Par contre une partie formera un jardin botanique. Rien ne sera négligé pour l'embellir. Les gazons verts, les arbustes d'ornement, les fleurs, les épais ombrages, les pièces d'eau en feront un séjour des plus agréables.

Terminons comme pour les villages : qu'on fasse la comparaison entre une ville comme celle qui vient d'être esquissée et les créations mal venues de l'initiative individuelle.

******* L'esprit de routine raillera lourdement en objectant les grosses dépenses. Mais une minute d'examen permet de comprendre qu'elles seront compensées, et bien au delà, par les économies résultant de la bonne organisation d'ensemble. Installés dans les conditions indiquées, les industries, magasins généraux et magasins de détail seront dégrévés de la plus grande partie des frais généraux qui pèsent sur les établissements privés. La machine sera substituée à la force humaine partout où elle pourra la remplacer. Répétons d'ailleurs une fois encore, avant d'en apporter la preuve dans un prochain volume, que les dépenses d'installation ne seront jamais, en régime socialiste, un obstacle à l'exécution d'un projet utile.

Il y aurait beaucoup à ajouter pour donner une idée complète des facilités et des agréments de l'existence en régime socialiste, ainsi que des bonnes conditions d'hygiène et des nombreux moyens de s'instruire qui seront mis à la disposition de tous. Mais une telle description sortirait du cadre de cet ouvrage.

LIVRE II

CIRCULATION ET REPARTITION

CHAPITRE PREMIER

Manutentions et Transports

La suppression du commerce et de l'industrie privés et la concentration dans de gros établissements des organismes de production et de répartition auront pour conséquence, cela se comprend, une grande simplification des manutentions et transports.

D'une part les produits, au lieu de passer successivement, comme cela se pratique aujourd'hui, des mains du producteur dans celles du marchand en gros, parfois de plusieurs marchands en gros, puis, dans certains cas, du marchand en demi-gros, puis du détaillant, avant d'arriver au consommateur, iront directement du lieu de production à celui de consommation, qui, souvent, ne seront pas très éloignés l'un de l'autre. Notons qu'à chaque opération du commerce actuel correspondent un transport et une manutention spéciaux.

De plus les expéditions se feront toujours par grosses quantités; elles se feront gratuitement, ce qui dispensera des calculs compliqués nécessités par l'application de nos tarifs. De même tous les transports en commun de voyageurs seront gratuits, ce qui économisera les frais de distribution de billets et de contrôle.

En étudiant le mouvement du commerce extérieur, tel qu'il

se présente actuellement, on constate que la France est à la fois importatrice et exportatrice de certains produits. En régime socialiste, elle n'exportera que l'excédent de sa consommation, et les transports faisant double emploi par suite de l'anarchie du commerce privé, ne s'y produiront jamais. D'autres transports inutiles s'effectuent à l'intérieur du pays à cause de la différence des cours entre régions diverses, sur laquelle le commerce peut trouver à réaliser un bénéfice qui ne profite en rien à l'intérêt social. Toutes ces complications et les pertes qu'elles entraînent cesseront d'exister.

***** Le plus souvent, les nombreuses manutentions que nécessitent ces multiples déplacements s'effectuent par des moyens rudimentaires, à grand renfort de bras. Les établissements privés les plus importants sont seuls munis des dispositifs perfectionnés qui accomplissent automatiquement le même travail. En régime socialiste, où tout se fera sur une grande échelle, et où l'électricité mettra à la disposition de l'homme une force presque illimitée, toutes ces opérations seront faites par des machines dont la plupart ne sont d'ailleurs pas à créer ; elles existent déjà ; il suffira d'en généraliser l'usage.

Citons comme exemple les élévateurs de blé. Installés généralement au bord d'un canal ou d'une rivière navigable, desservis par la voie ferrée, ces puissants établissements centralisent le blé d'une région, le nettoient, le pèsent, au besoin le conservent dans de vastes silos en ciment et l'expédient ensuite aux minoteries. Si le blé arrive dans un wagon, en sacs, chaque wagon est amené sur des rails établis au-dessus d'un grillage par où le blé va disparaître ; les sacs sont ouverts et le blé s'écoule. Sous les grilles, un large ruban sans fin, muni d'une chaîne à godets, le reçoit et l'emporte vers les étages supérieurs de l'usine. Il passe successivement dans plusieurs appareils qui le purgent de toutes ses impuretés. Puis les godets se renversent d'eux-mêmes dans des récipients qui sont des bascules automatiques. Quand le récipient est rempli, il pèse cent kilos ; un déclic agit qui le vide en enregistrant son poids sur un compteur. Le grain s'en va alors par d'autres rubans sans fin dans le silo, et quand celui-ci est plein, le poids total de son contenu est indiqué par le compteur.

Lorsqu'il s'agit de vider un silo, il suffit de démasquer une ouverture ménagée à la partie inférieure et le blé s'écoule de lui-même.

Si le blé arrive par voitures, les sacs sont vidés au-dessus d'une autre grille. S'il arrive par bateaux en vrac, un aspirateur va le chercher et le déverse dans la chaîne à godets.

Ces diverses opérations se font avec une rapidité extraordinaire, sans main-d'œuvre humaine, sans surveillance et sans contrôle.

Toutes les manutentions se feront dans des conditions analogues, quels que soient les produits à déplacer.

*** Pour communiquer avec ses colonies, de même que pour aller chercher à l'étranger les produits d'importation et y transporter ceux que nous exporterons, la France socialiste aura une flotte de commerce qu'elle construira elle-même et qui réalisera les progrès les plus récents de l'art nautique. La totalité de nos transports s'effectuera par elle, et au besoin, au cas où une partie de ses navires serait temporairement sans emploi, ils pourront aller chercher du fret, même à bon marché, dans les ports des Etats restés capitalistes. Aux lecteurs qui verraient dans ces dispositions une survivance de l'esprit nationaliste, nous répondrons qu'elles ne seront applicables que pendant la période où la France, supposée seule ou presque seule dotée d'institutions socialistes, aurait à lutter contre la concurrence des nations étrangères et devrait se conformer à leur précepte du chacun pour soi. Il est évident qu'après l'universalisation du socialisme, les échanges internationaux prendraient un tout autre caractère.

La construction d'une flotte marchande, par voie de standardisation, serait une charge relativement faible; et quant à ses dépenses annuelles, elles rentreraient dans l'ensemble des frais nationaux.

La navigation intérieure, très diminuée aujourd'hui à raison des luttes de tarifs des compagnies de chemin de fer — luttes dont, le plus souvent, c'est l'Etat qui fait les frais — prendrait une activité qu'elle n'a jamais connue. Elle est un peu lente, mais extrêmement économique et serait favorisée par ce double fait que les expéditions se feraient en grandes masses et que, dans le fonctionnement calme et régulier de tous les services, elles seraient rarement pressées.

Le réseau de canaux et de cours d'eau navigables serait complété et amélioré. Les bateaux, à traction électrique, seraient également construits par standardisation et pourvus de tous les perfectionnements.

*** Les chemins de fer, tous électrifiés, bien entendu, pourraient comprendre un réseau général à grande section et un réseau local économique qui pénétrerait partout et desservirait toutes les exploitations agricoles, forestières, industrielles, minières, ainsi que tous les entrepôts de produits. En pays de montagne, il serait remplacé le plus souvent par des câbles transporteurs.

Sauf des cas exceptionnels, on abandonnerait entièrement les transports sur route par camions automobiles, dont le rendement est très inférieur à celui des voies ferrées.

L'unification des différents réseaux de chemins de fer entre les mains de la nation supprimerait les formalités coûteuses et les retards qui se produisent aujourd'hui dans les gares de transit. Ainsi que nous l'avons dit, la gratuité des transports rendrait inutile la multitude des tarifs divers, dont l'ensemble forme un énorme volume et dont la connaissance exige de longues années de pratique assidue. On ne conçoit pas, en effet, quel intérêt la nation pourrait avoir à percevoir des taxes sur elle-même. On ne voit pas davantage pourquoi elle ferait payer les voyageurs. Les compagnies, aujourd'hui, n'accordent-elles pas la gratuité à leurs agents et à leur famille? Or tous les citoyens seraient les agents de la nation. Si on les obligeait à payer leur place en chemin de fer, en tramway, en bateau, en autobus, il faudrait relever d'autant leurs salaires, puisqu'ils seront basés sur leurs besoins reconnus. Il est bien plus simple de les transporter gratis.

Craindrait-on les abus pouvant en résulter ? Sans doute on voyagera un peu plus, et les facilités nouvelles ainsi accordées contribueront largement à l'œuvre d'instruction et de civilisation du socialisme, en dissipant l'ignorance et les préjugés qui sont le fruit d'une vie trop sédentaire. Mais les voyages cessent vite d'être agréables lorsqu'ils sont trop fréquents, et après une première période de déplacements excessifs, on reviendra à la pratique normale.

Ce qu'il faut retenir, pour le sujet de cet ouvrage, des explications qui précèdent c'est la simplification des services transporteurs par la suppression de tous les emplois relatifs à la perception des taxes, au contrôle, etc., et la réduction importante de personnel qui en résultera à égalité de circulation.

*** Le service des transports individuels ne sera pas gratuit, car il est un luxe, et non un besoin. Néanmoins le prix en sera modéré et ne représentera que les dépenses.

Le port des lettres et imprimés ordinaires sera gratuit. Si leur nombre augmente un peu par ce motif, d'autre part il sera diminué de toute la correspondance et la publicité commerciales qui en sont aujourd'hui la plus grande partie.

Les lettres et objets recommandés, mandats, chèques, dépêches télégraphiques, correspondances téléphoniques, donneront lieu à de légères taxes.

CHAPITRE II

La vente des produits

Avant de traiter le sujet de ce chapitre, il convient de dire quelques mots de l'organisation du commerce extérieur. On a bien compris que, toutes les maisons d'importation et d'exportation, tous les courtiers et commissionnaires internationaux étant supprimés, la nation prendra en mains la direction de ce service, comme de tous les autres. Elle n'exportera que l'excédent et n'importera que le manquant de sa production.

Les consuls qu'elle a déjà à l'étranger deviendront des agents commerciaux. Ils transmettront régulièrement à la Direction centrale le cours des produits et exécuteront les ventes et les achats dont ils seront chargés. Comme ils achèteront et vendront toujours par quantités considérables, ils n'auront pas à traiter les innombrables opérations du commerce libre. Avec un personnel infiniment moins nombreux que le sien, ils suffiront à leur tâche. C'est surtout cette économie de personnel que nous voulons faire ressortir et nous ne poussons pas plus avant l'étude de cette question, malgré l'intérêt qu'elle présente. Ajoutons pourtant qu'entre nations socialistes les échanges de produits seront réglés quant aux quantités, aux destinations et aux prix, par un bureau international qui tiendra compte de la base de la valeur dans chaque pays et établira des prix moyens, ne comprenant bien entendu aucun bénéfice.

*** Ainsi qu'on l'a vu au chapitre II du livre préliminaire, toutes les personnes qui vivent de leur travail et celles qui ont droit aux secours publics, recevront chaque mois, à l'un ou l'autre titre, la quantité de monnaie qui leur revient. Cette monnaie se composera de papier et de jetons métalliques sans valeur. Mais les conditions dans lesquelles elle sera émise établiront mathématiquement son équivalence au total des produits destinés à la consommation individuelle. Ceci est simplement indiqué dans cet ouvrage ; la démonstration péremptoire en sera faite dans le volume qui suivra. Il résultera de cette équivalence que tout porteur d'une quantité quelconque de monnaie trouvera toujours à l'échanger dans les magasins publics contre des marchandises et que par conséquent cette monnaie, bien que sans valeur propre, aura une solidité égale ou supérieure à celle des billets de banque réputés aujourd'hui les mieux gagés.

Dans les budgets familiaux, c'est l'alimentation qui représente la plus forte dépense, et c'est elle qui donne lieu au plus grand nombre d'achats portant le plus souvent sur des sommes très minimes. Cette multiplicité d'opérations, qui incombe actuellement au commerce de détail, nécessite un personnel considérable. Elle ne se produira pas en régime socialiste où sinon dès le début, du moins au bout d'un certain temps, tout le monde prendra sa nourriture dans de grands restaurants qui feront leurs commandes en gros. En ajoutant au temps passé par les commerçants, leurs employés et les ménagères celui que perdent ces dernières à préparer et à servir les aliments et à tous les soins accessoires qui en découlent, on se fait idée de l'immense supériorité de l'organisation socialiste; car la préparation, la cuisson et le service des repas par grandes quantités, dans des restaurants munis de tous les ustensiles nécessaires pour accélérer la besogne, ne constitueront qu'un travail infiniment moindre. Nous avons déjà signalé, au livre I de la première partie, l'économie qui en résulterait.

Une partie des hôtels seront meublés; il est même à supposer que peu à peu, l'habitude de posséder son mobilier personnel se perdra et qu'à un moment donné les hôtels non meublés auront disparu de même que les appartements privés. A ce moment les magasins de détail pour la vente des aliments, des ustensiles de ménage, de l'ameublement, des appareils d'éclairage et de chauffage, deviendront inutiles. Achètera-t-on encore des objets d'art, ou se contentera-t-on de les admirer dans les musées et bâtiments publics ? L'avenir le dira. Sans doute ils conserveront toujours, en nombre réduit, des amateurs assez fanatiques pour tenir à les posséder en propre. Mais c'est surtout pour l'habillement en général, y compris coiffure et chaussure, pour les bijoux, la librairie, la maroquinerie, et quelques autres branches accessoires que les magasins de détail seront maintenus. Réduits à un petit nombre d'articles, concentrés dans de grands établissements, ils n'occuperont qu'un personnel relativement minime.

D'autant plus minime que toute la partie étalages, réclame, publicité n'aura plus de raison d'être, les magasins nationaux ne pouvant se faire concurrence entre eux. De même les employés n'auront plus pour mission de pousser à l'achat les clients rétifs, de forcer la quantité qu'ils demandent, de les amener à prendre des articles plus chers, de les tromper sur la qualité et sur le prix réels, etc. Dans de vastes halls, confortables, bien éclairés, bien chauffés, les marchandises seront rangées par rayons. Pour les tissus, des carnets d'échantillon seront à la disposition des acheteurs, et les prix seront marqués en chiffres connus. Le client, après avoir consulté ce carnet, demandera la quantité dont il a besoin et le commis la lui remettra sans phrases inutiles. Il n'y aura plus à vanter la qualité et le prix avantageux d'un article, puisque tous seront de bonne qualité et vendus exactement au prix de revient.

On conservera, bien entendu, le service des livraisons à domicile, auxquelles le public est habitué; mais il se fera par le factage public et non par des voitures réclames, comme celles que chaque magasin d'aujourd'hui fait promener à grands frais, et au besoin à vide, à travers les rues. Par contre on supprimera l'usage abusif des « rendus » qui ne se justifiera plus lorsque le client sera laissé parfaitement libre de limiter ses achats selon ses moyens.

Nous n'avons rien à dire de plus sur l'organisation des magasins de détail, le but de cet ouvrage n'étant que de montrer la simplification des services et les économies de main-d'œuvre en résultant.

******* Si les magasins de détail sont considérablement réduits, les entrepôts de gros prendront un certain développement, tout en n'employant qu'un personnel inférieur en nombre à celui de l'ensemble des magasins de gros d'aujourd'hui. Ils auront une importance particulière à l'égard de la production agricole, dont ils deviendront les régulateurs, pour parer aux insuffisances des récoltes déficitaires au moyen de l'excédent des années d'abondance. Installés dans des conditions parfaites, ils assureront une excellente conservation des produits et une grande facilité dans leur manutention.

En général, ils seront établis dans les centres de production pour réduire les transports dans toute la mesure du possible. La règle pour les produits agricoles sera de les consommer sur place ou dans un rayon limité et de n'envoyer au loin que les excédents de la production locale.

Pour l'industrie, les entrepôts seront généralement annexés à chaque établissement; ils conserveront les produits fabriqués pour les expédier au fur et à mesure des demandes.

Certains entrepôts, consacrés plus particulièrement au commerce extérieur, seront installés dans les ports et dans les villes voisines de la frontière. Ils centraliseront les marchandises à exporter et recevront, pour les répartir selon les besoins, les marchandises importées.

LIVRE III

CONSEQUENCES

CHAPITRE PREMIER

Conséquences prochaines.

Le socialisme était présenté jadis comme un idéal de justice et de raison vers lequel l'humanité devait tendre. Depuis que la doctrine marxiste a prévalu, il a revêtu l'aspect de la lutte d'une classe contre une autre. Mais soit sous la première forme, soit sous la seconde, on n'a vu apparaître ni son caractère véritable, ni son but concret : le socialisme est essentiellement une organisation économique supérieure dont la réalisation aura pour effet d'affranchir l'homme des besoins matériels, en donnant à son effort un maximum de rendement, et en assurant une stricte équité dans la répartition des produits. Cette organisation a pour principe l'Association générale des moyens de production et des hommes qui les mettent en œuvre. Elle n'est pas une conception purement apriorique, puisque l'évolution capitaliste a abouti, dans les *Konzerns* allemands, à une concentration qui en approche sensiblement. Elle n'est qu'une étape de plus dans la voie déjà frayée, mais une étape d'une importance décisive et cela pour deux raisons : d'abord parce que la concentration partielle des moyens de production étant reconnue avantageuse, leur concentration totale ne peut manquer de l'être plus encore ; ensuite parce que les Konzerns, de même que tous les autres groupements capitalistes, ne travaillent que pour des intérêts particuliers, souvent en opposition avec l'intérêt national (1) et toujours contraires à l'intérêt des consommateurs, alors que le socialisme profitera à l'universalité des citoyens associés, à la fois producteurs et consommateurs.

Il est impossible de soutenir sérieusement que la vaste synthèse des forces productives que réalisera le socialisme, dans les conditions exposées plus haut, n'atteindra pas son but : l'accroissement, dans des proportions énormes, de la

---

(1) Cette opposition entre l'intérêt des grandes entreprises et celui de leur pays est remarquablement mise en évidence, en ce qui concerne les grands Konzern allemands, par l'article du *Temps* du 27 juin 1923, déjà cité au livre préliminaire. Il en résulte que Hugo Stinnes, qui possède et par conséquent dirige *cent quarante journaux*, est plus puissant que le gouvernement impérial lui-même, qu'il a été l'agent le plus actif de la dépréciation du mark, où il s'est enrichi, et enfin qu'il conduit l'Allemagne à la ruine et la pousse à la guerre parce que, personnellement, il a tout à y gagner.

Un autre témoignage non moins autorisé et non moins caractéristique, à l'appui de la même thèse, nous est apporté par l'amiral anglais Consett, dans son livre : *The Triumph of unarmed forces*, paru à Londres en 1923.

Il en résulte que les intérêts du commerce anglais, en pleine guerre, l'ont emporté trop longtemps sur l'intérêt général des alliés, et l'Angleterre elle-même a fourni aux neutres hollandais et scandinaves des approvisionnements en quantités dépassant de beaucoup les statistiques des années précédentes ; en d'autres termes, elle a pendant deux ans et demi ravitaillé indirectement l'Allemagne qu'elle combattait. Un flot de marchandises fut déversé de Scandinavie et de Hollande en Allemagne, et pendant plus de deux ans, la Scandinavie reçut de l'empire britannique et des pays alliés des stocks qui, joints à ceux d'autres pays neutres, sauvèrent littéralement l'Allemagne de la famine. Ainsi, les marchands anglais, pour s'enrichir, ont failli amener la ruine de leur pays. Ils l'auraient amenée si des mesures énergiques n'avaient été prises pour arrêter leur odieux trafic. Fréquemment, d'autre part, les journaux conservateurs français, le *Matin* entre autres, ont attribué à la haute finance anglaise un rôle analogue à celui des capitaines d'industrie allemands. Ils ne parlent pas, naturellement, des grands capitalistes français. Mais peut-on admettre que les intérêts de ces derniers soient d'une autre nature et que leur action soit plus patriotique ?

production. Si une telle organisation peut être créée, le résultat sera inévitablement atteint. Tout au plus pourra-t-on prétendre qu'à raison de l'incompréhension, des préjugés de la masse, elle restera toujours à l'état de rêve ; ou encore que si elle parvient à se constituer, son fonctionnement sera paralysé par des facteurs psychologiques, par exemple une inertie générale résultant du manque de stimulant. Mais, si on se place au point de vue économique, il est matériellement inadmissible qu'avec une main-d'œuvre plus abondante, un machinisme et des procédés techniques infiniment meilleurs, on n'arrive pas à produire beaucoup plus.

Tenons-nous en là pour le moment. Dans la quatrième partie de cet ouvrage, nous répondrons aux objections des adversaires. En attendant nous avons à montrer les conséquences de cette augmentation de la production dont la certitude est établie.

*** Répétons d'abord qu'elle sera graduelle et ne commencera à se faire sentir qu'après un laps de temps indispensable à toute transformation pour porter ses fruits. Il est évident que les quarante-deux pour cent d'inutiles énumérés au livre I de la première partie ne seront rendus à l'armée de la production qu'au fur et à mesure de la réorganisation des services, et que malgré le soin qu'on aura de leur confier autant que possible des fonctions similaires à leur ancienne profession, tous ne feront pas, du jour au lendemain, preuve d'une grande habileté dans leur nouvel emploi. D'autre part la création des grands domaines et des grandes usines socialistes et celle d'une quantité suffisante de matériel à rendement supérieur exigeront une longue suite d'efforts. La nécessité unanimement admise de respecter la petite propriété privée sera une autre cause, une cause sérieuse de retard.

Mais dès la première année, on constatera une amélioration. Le principe invariable de la transformation sera, en effet de maintenir en état d'activité toutes les exploitations existantes, dans les conditions anciennes, jusqu'au jour où il sera possible de les remplacer par des exploitations organisées sur la base socialiste. Donc la production d'aucune ne sera diminuée. Si bas qu'on évalue le rendement supplémentaire des inutiles rendus à la production et de la technique nouvelle, il ne sera pas nul et viendra s'ajouter aux quantités obtenues sous le régime précédent. De plus il s'accroîtra d'année en année, sans interruption ni recul possible, d'une fraction de plus en plus forte.

D'autre part les prélèvements opérés actuellement par le capital disparaîtront. A vrai dire, ils seront remplacés par les indemnités annuelles à verser aux capitalistes associés ; mais comme on tiendra compte, dans le calcul des indemnités, des impôts qui devraient être déduits des revenus actuels, le total en sera toujours moindre. Au surplus, dans les premières années de fonctionnement du socialisme, années difficiles puisqu'elles comporteront de lourdes charges avec des revenus relativement légers, il sera tout à fait légitime que la nation s'accorde un moratorium partiel et progressif sur les indemnités qu'elle devra payer.

En somme il y aura dès le début une certaine élévation de la production et une sensible diminution de la part du capital.

Si faibles qu'on veuille les supposer l'une et l'autre, elles suffiront pour permettre au socialisme d'accomplir sans atermoiement le plus impérieux et le plus urgent de ses devoirs en faisant bénéficier les déshérités de la vie du droit à l'assistance sociale. Dès l'avénement du socialisme, il n'y aura plus de pauvres, car on pourra et par conséquent on devra escompter les résultats certains de la nouvelle organisation en accordant dès le premier jour des secours abondants aux malheureux incapables de travailler et en assurant aux ouvriers valides des deux sexes un travail rémunérateur.

Admettons, pour être pessimiste, que l'aide sociale soit encore, la première année, très insuffisante. Elle s'accroîtra très rapidement les années qui suivront et ne tardera pas à pourvoir largement aux besoins de tous.

*** En d'autres termes la misère sera supprimée complètement et pour toujours.

Or c'est là ce que nul état à régime capitaliste n'a jamais pu faire quelle que fût sa prospérité apparente. Le paupérisme, plaie hideuse, ronge, sous leur extérieur somptueux, les nations les plus puissantes et les plus avancées en civilisation.

Jean-Baptiste Say écrivait avec raison que « la richesse et le paupérisme croissent sur deux lignes parallèles ».

Le gouffre de la misère est insondable; nulle statistique n'en peut mesurer l'étendue ni la profondeur. Il faut donc se contenter de données fragmentaires; mais de leur nombre et de leur concordance se dégage une force probante irrésistible. Nous relèverons quelques données d'avant-guerre, alors que le monde était en pleine période de prospérité ; il est évident que la situation actuelle est bien pire.

M. J. Novicow écrivait dans *Le Problème de la Misère et les Phénomènes économiques naturels* : « De dix habitants de notre globe, neuf ne mangent jamais à leur faim... la misère n'est pas supportable. Après la maladie, c'est le mal le plus cruel du genre humain ».

Taine, dans *Les Origines de la France Contemporaine*, évaluait, en 1887, à 2.470.000 le nombre des « indigents vérifiés, inscrits, secourus, ou qui devraient l'être » dans la France entière. Combien de pauvres honteux faudrait-il ajouter à ce chiffre !...

M. Paul Leroy-Beaulieu, dans son *Essai sur la Répartition des Richesses*, va d'ailleurs beaucoup plus loin, puisque, rien que dans la catégorie des propriétaires, il compte 3 millions d'indigents, incapables de payer leurs impôts.

Ces trois auteurs ne peuvent être suspects de sympathie pour le socialisme.

D'une enquête faite par l'Office du Travail en 1907, il résulte que, pour 366 ouvrières en lingerie qui ont répondu au questionnaire, le montant du salaire net annuel s'établissait ainsi :

Inférieur à 150 fr.........	35 ouvrières
De 151 à 200 fr.........	17 —
De 201 à 250 fr.........	41 —
De 251 à 300 fr.........	47 —
De 301 à 350 fr.........	47 —
De 351 à 400 fr.........	34 —
De 401 à 450 fr.........	32 —
De 451 à 500 fr.........	13 —
De 501 à 600 fr.........	45 —
De 601 à 700 fr.........	29 —
De 701 à 800 fr.........	12 —
De 801 à 900 fr.........	12 —
De 901 à 1.000 fr......	4 —
Supérieur à 1.000 fr........	10 —

Sans doute les salaires sont bien plus élevés aujourd'hui; mais le coût de la vie n'a-t-il pas subi la même progression ?

Dans le *Figaro*, M. Jules Huret a publié, sur la misère dans les centres ouvriers du Creusot et de Roubaix, des articles qu'on ne peut lire que les larmes aux yeux, tant la détresse des malheureux travailleurs y est décrite en termes poignants.

La situation est-elle meilleure en Angleterre ? Il y a vingt-deux ans, l'éminent économiste Seeboom Rowntree a fait une enquête approfondie sur le paupérisme dans le Royaume-Uni. Voici le résumé de ses conclusions :

« Dans les cités industrielles de l'Angleterre, un dixième au moins de la population totale vit dans l'horreur constante de la famine. Ces gens ne peuvent littéralement pas manger à leur faim, car ils ne gagnent pas assez. En outre, un tiers (vous lisez bien : *un tiers*) de la population totale des villes est, par sa faute ou par celle du chômage, dans un état de misère absolu, gagnant juste de quoi manger et se loger, mais ne disposant jamais d'un sou pour un autre besoin. Tel est l'état de la population des villes en Angleterre... Or, sur 100 Anglais, 77 vivent dans les cités et 23 seulement à la campagne. »

Quelques années plus tard, la statistique de la Commission de l'Assistance publique à Londres constatait que le paupérisme était de plus en plus inquiétant et qu'en 1908 le nombre exact des assistés permanents ou temporaires s'était élevé à 1.709.436 personnes.

Le 17 décembre 1911, le ministre Lloyd George faisait cette déclaration :

« En cette ville de Londres, qui est le siège d'un Gouvernement qui dirige les existences de millions et de millions d'être humains aux confins du monde, nous avons, à deux pas du trône, à deux pas du Parlement, la pauvreté, la misère, la saleté qui soulèvent le cœur. »

Lors des grandes grèves anglaises d'août 1911, un correspondant du *Temps* a constaté par lui-même la profonde misère des ouvriers des docks de Londres et qualifié ce qu'ils gagnent de « salaires de famine »; et, en effet, il cite des jeunes filles qui gagnent 8 à 10 sous par jour ! (numéro du 16 août 1911).

Nous nous bornons à ces quelques citations autorisées, que nous pourrions appuyer par des centaines d'autres. Mais nous n'écrivons pas ici une monographie de la misère. Il nous suffit de montrer aux innombrables indifférents qui passent à côté d'elle sans l'apercevoir, l'envers sinistre de la civilisation individualiste.

Or le socialisme — nous l'avons établi de la façon la plus complète — par l'augmentation de la production et sa répartition équitable, fera disparaître totalement et définitivement cette horrible tare sociale. Quand ses bienfaits se borneraient là, ne serait-ce pas assez pour lui valoir l'adhésion de la foule des souffrants et aussi de tous les cœurs généreux qui gémissent de ne pouvoir les soulager ? Si, évidemment ; mais par malheur sa puissance reste ignorée, et ses adversaires sont bien excusables de la méconnaître puisque ceux qui le représentent n'en parlent jamais.

N'oublions pas que la misère engendrée par le régime capitaliste est à son tour génératrice d'autres fléaux. Elle est la grande pourvoyeuse de la prostitution, du vice et du crime; elle favorise le développement de maladies terribles comme la tuberculose et la syphilis, ainsi que de nombreuses autres nées d'une mauvaise hygiène. Tous ces maux disparaîtront avec elle.

*** Au bout de quelques années, pendant lesquelles on aura augmenté progressivement la production en se limitant aux améliorations les plus urgentes et les plus productives, on abordera les grandes transformations dont le programme aura été élaboré et dont les moyens de réalisation auront été réunis au cours de cette période préparatoire.

On commencera par les travaux d'utilité en ajournant ceux de simple agrément : on construira les usines, les entrepôts, les fermes-villages; on y installera leur matériel, on établira les nouvelles voies de communication indispensables ; enfin on abordera sur une grande échelle la mise en valeur des colonies qui n'aura été jusque-là qu'ébauchée.

A partir de ce moment l'augmentation de la production s'accélérera sensiblement. D'ailleurs la main-d'œuvre récupérée deviendra de plus en plus apte à ses nouvelles affectations ; les mauvais éléments s'élimineront peu à peu et les jeunes générations, arrivées à l'âge du travail sous le régime socialiste, seront le plus précieux des éléments d'activité.

On pourra alors entreprendre avec des ressources suffisantes la démolition des vieux quartiers des grandes villes, réceptables de microbes pathogènes, et la construction de maisons modernes pourvues de toutes les recherches de l'hygiène et du confort. Ceci est encore un travail d'utilité. On passera ensuite aux embellissements proprement dits.

Il viendra un moment où le gros des travaux de mise en valeur, d'amélioration et d'embellissement étant terminé et la production étant devenue supérieure aux besoins de la consommation et de l'exportation, on se trouvera en présence d'une disponibilité croissante de main-d'œuvre. Alors on abaissera graduellement la durée de la journée de travail et on accordera à tous les travailleurs des congés de plus en plus longs. Les sceptiques ne comprennent pas qu'un travailleur puisse passer ses loisirs ailleurs qu'au cabaret. C'est en effet ce qui se produit souvent de nos jours, à raison de l'exiguité et du dénuement du domicile familial, dans lequel l'homme ne goûte aucune joie, et à raison aussi du prix élevé auquel il faut payer les moindres distractions à l'extérieur. Mais lorsque l'habitat des plus modestes citoyens sera spacieux et confortable, lorsque les bibliothèques, les musées, les salles de conférences s'offriront gratuitement à lui, lorsque la même gratuité sera étendue aux voyages et que le séjour dans un hôtel de villégiature ne sera pas plus coûteux que la vie chéz soi, alors, on peut en être certain, les plaisirs malsains du cabaret seront abandonnés. D'ailleurs ceux qui iront encore ne s'y empoisonneront plus, l'alcool et ses dérivés étant supprimés et les boissons débitées ne contenant aucune substance nocive. On ira au café pour s'y rafraîchir et non pour y perdre sa santé.

Les améliorations matérielles de la condition des hommes seront forcément suivies d'une amélioration parallèle dans le domaine intellectuel et moral. Nous nous bornons à l'indiquer ici, cette partie du sujet devant être traitée dans un autre volume.

Cependant au lendemain de la cruelle guerre qui pèse sur les esprits comme un cauchemar, et au milieu de l'anxiété générale causée par la menace de son renouvellement, il est impossible de ne pas dire, dès aujourd'hui que le socialisme seul peut conjurer les périls accumulés sur nos têtes.

Il faut être entièrement dépourvu de la faculté de voir et de comprendre, ou aveuglé par le parti-pris, pour ne pas se rendre compte que la guerre, ainsi que la plus grande partie des autres maux de l'huamnité sont causées par les oppositions d'intérêts qui existent entre les hommes et entre les peuples, en régime individualiste.

De ces oppositions, en effet, découlent les compétitions des groupements rivaux sur le marché mondial, et l'appui qu'ils reçoivent de leurs gouvernements fait parfois dégénérer en conflits diplomatiques des querelles d'intérêts privés. Or lorsque les diplomates n'arrivent pas à s'entendre, le canon est souvent l'*ultima ratio*.

C'est au régime capitaliste que remonte la responsabilité fondamentale de l'effroyable tourmente de 1914-1918, qui anéantit des existences humaines par millions et des richesses par centaines de milliards. Sans doute cet événement a eu aussi une cause occasionnelle: la volonté de l'empereur allemand et de son entourage. Mais cette volonté était déterminée principalement par des causes économiques; et la meilleure preuve que le régime capitaliste engendre fatalement des causes de guerre, c'est que, l'Allemagne mise momentanément hors de cause par sa défaite, jamais les menaces de conflits armés n'ont été plus vives. Depuis que la paix a été signée, nous n'avons pas eu un moment de quiétude.

Pour qui suit attentivement les discussions des nombreuses conférences et congrès où l'on s'efforce d'aboutir à un équilibre stable entre prétentions opposées, il est tout à fait évident que ce sont les convoitises des nations en général, et surtout de certaines d'entre elles, sur les richesses éparses dans le monde qui rendent si difficile d'arriver à un accord. Ce fait est tellement notoire, on en a si souvent sous les yeux de nouvelles manifestations, qu'il serait puéril d'en apporter des preuves précises et documentées. Par malheur, si personne n'en doute, on ne semble pas comprendre que le socialisme, en harmonisant les intérêts individuels et nationaux, en excluant des buts de l'activité humaine cette détestable soif de profits qui, actuellement, en est à peu près l'unique mobile, ferait succéder une ère de paix indéfinie à notre situation troublée. Aussi on s'évertue à chercher des palliatifs, à établir des cotes mal taillées, et on tourne le dos à l'unique solution parce qu'on l'ignore.

La puissance pacificatrice du socialisme ne réside pas seulement — remarquons-le bien — dans le fait qu'il solidarisera les intérêts sur la base de la justice ; elle est aussi dans celui que, par l'augmentation de la production, il donnera satisfaction à tous les besoins.

Supposons que la France et l'Allemagne, éclairées par les leçons de la guerre, se soient donné l'une et l'autre des institutions socialistes. Les conditions de la paix auraient été réglées entre elles avec équité. L'idée de réparations en argent ne serait venue à l'esprit de personne. C'est en nature que l'Allemagne aurait payé sa dette, utilisant, pour le faire, ses prodigieuses capacités d'organisation, de discipline et de travail, encore notablement accrues par le socialisme. Elle aurait elle-même rebâti les villes détruites, rétabli les chemins de fer, les canaux, les usines, etc. Puis les deux nations, oubliant les luttes passées, auraient uni leurs ressources pour s'assurer un avenir meilleur. S'aidant et se complétant mutuellement, elles auraient accru leur production avec une rapidité telle qu'en quelques années les pertes de la guerre auraient été comblées.

Tout cela n'est pas de simples hypothèses, mais le résultat certain du principe socialiste d'harmonie des intérêts et de sa capacité créatrice sans égale.

Qu'on fasse la comparaison entre l'état actuel de nos relations avec l'Allemagne et les magnifiques perspectives de paix et de bien-être qui viennent d'être indiquées et qui pourraient être des réalités, si le socialisme avait été adopté dans les deux pays !

CHAPITRE II

Conséquences éloignées

Transportons-nous maintenant par la pensée à une époque assez lointaine pour que le socialisme se soit imposé à toutes les nations civilisées et qu'il ait eu le temps d'y porter ses fruits.

Les besoins de l'homme se seront notablement accrus avec son bien-être. Les conditions d'existence dont s'accommodent aujourd'hui les travailleurs ne seront pas plus acceptables pour leurs descendants d'alors qu'eux-mêmes, actuellement, ne se résigneraient à vivre comme l'homme des cavernes. Ils auront besoin d'un degré d'aisance et de confort égal à celui dont jouissent nos modernes bourgeois. De plus, la population du monde entier se sera multipliée en même temps que les moyens d'existence et, du chef de ces deux facteurs, c'est à une consommation beaucoup plus considérable qu'il faudra pouvoir faire face. Mais ce fardeau sera léger au socialisme dont la puissante organisation créera toujours une production surabondante.

— Toujours ? C'est exagéré: Disons plutôt : longtemps; le temps que nécessitera l'appropriation intégrale des forces productives du globe. Jusque-là, l'accroissement du nombre des bouches à nourrir ne sera pas inquiétant puisque chaque bouche qui naîtra sera accompagnée d'une paire de bras capable de l'alimenter en puisant au grand réservoir de la terre. Mais ce réservoir, si vaste soit-il, n'est pas inépuisable, et il viendra un moment où la production ne pourra plus être augmentée. A ce moment, si les progrès de la chimie n'ont pas créé la nourriture synthétique, il deviendra nécessaire de limiter la population. Les malthusiens auront beau jeu, alors, pour faire prévaloir leurs théories. Aujourd'hui elles sont prématurées et en outre dangereuses parce qu'elles émoussent les énergies en portant l'homme à se contenter du bien-être acquis par les travaux des générations antérieures au lieu de faire effort pour l'augmenter et en faire profiter une humanité accrue. Si la question peut se poser actuellement, de mettre ou ne pas mettre au monde des enfants appelés à souffrir tous les maux engendrés par l'anarchie individualiste, et peut-être à se faire tuer sur les champs de bataille, elle sera écartée par le socialisme qui supprimera ces causes de souffrance et ces dangers de mort et rendra la vie heureuse.

*** Ecartons maintenant ces considérations d'un terme extrême de l'évolution, dont il fallait dire un mot en passant, et revenons à l'époque que nous voulons envisager dans ce chapitre, celle qui suivra la réalisation complète du socialisme.

L'abondance régnera partout, cela va de soi. Ce qu'il est particulièrement intéressant de mettre en lumière à cette phase du développement socialiste, ce sont les rapports internationaux.

Les luttes de races auront pris fin, comme les luttes individuelles, dans la sécurité garantie à tous et l'universalisation du bien-être.

Pendant longtemps, cependant, les nations resteront distinctes et autonomes. Il n'est pas certain d'ailleurs qu'elles arrivent à se fondre entièrement dans une humanité unifiée.

Et il n'est pas prouvé qu'une telle absorption constitue une amélioration quelconque. Il suffit au bonheur des hommes que leurs groupements nationaux ne soient plus en opposition d'intérêts, il est inutile qu'ils disparaissent.

Cependant il est infiniment probable que l'émiettement artificiel des peuples en trop petits états fera place à leur agglomération en fédérations basées sur certaines similitudes d'origine, de langue ou de mœurs. Mais quel que soit le tracé des frontières, les principes qui régiront leurs relations seront les mêmes.

Un Grand Conseil International, législateur et tribunal suprêmes du monde, présidera à ces relations. Son statut précisera les limites de ses pouvoirs qui ne devront pas porter atteinte à l'indépendance des nations fédérées, tout en fixant leurs obligations mutuelles. Nous n'avons à nous occuper ici que de ses attributions économiques, qui comprendront la réglementation de la production et la répartition de la population dans les différentes parties du globe — les deux questions étant connexes — ainsi que la répartition de l'excédent de la production de chaque pays sur sa consommation intérieure.

Il va sans dire qu'un pays ne sera pas laissé maître de restreindre arbitrairement sa production au-dessous de ses possibilités normales s'il jugeait préférable d'augmenter ses loisirs. Dans le cas où d'autres états auraient besoin de produits qu'il négligerait ainsi de créer, le Grand Conseil pourrait lui imposer un minimum de production, et ce serait pour lui un devoir de solidarité internationale de se prêter de bonne grâce aux injonctions qui lui seraient faites par cette autorité supérieure. Le cas où, pourtant, il y résisterait, n'est pas à prévoir. Au besoin des sanctions économiques pourraient être prises contre lui.

Le Grand Conseil procédera entre les peuples les plus élevés en civilisation à une nouvelle répartition des territoires coloniaux et précisera pour chaque colonie les devoirs envers les indigènes.

Il déterminera également, pour les pays à peuplement et à production insuffisants, les conditions dans lesquelles les émigrants des pays surpeuplés pourront aller s'y établir, le nombre de ces émigrants et le contingent de chaque pays colonisateur.

Il centralisera les achats et les ventes de tous les pays à l'extérieur et fera entre eux la répartition des uns et des autres.

Aucun pays ne pourra exiger une quantité d'importations supérieure à celle de ses exportations. Si certains d'entre eux, par insuffisance de leurs ressources, étaient dans l'impossibilité d'équilibrer leur balance commerciale, leur situation serait étudiée par le Grand Conseil qui prendrait des mesures soit pour intensifier leur production par l'introduction d'un meilleur machinisme ou d'une main-d'œuvre étrangère, soit pour provoquer l'émigration d'une partie de la population, aucun pays ne pouvant avoir plus d'habitants qu'il n'en peut nourrir.

Ainsi un équilibre s'établirait dans tous les Etats entre leurs richesses et leur population. Les plus pauvres évacueraient sur les autres leurs individus en surnombre. De cette façon le bien-être serait le même partout.

Quant à la question de nationalité des émigrants, elle ne ferait aucune difficulté : ils adopteraient de droit celle de leur nouvelle patrie. Au surplus, dans la solidarité universelle, le sentiment national tendrait à s'affaiblir. Chacun s'attacherait de moins en moins à son pays d'origine et de plus en plus à la grande patrie humaine.

Le Grand Conseil, en réglant les échanges internationaux de marchandises, aurait à en déterminer la base, c'est-à-dire à donner une valeur internationale purement conventionnelle à tous les produits. Le prix de revient varierait en effet d'un pays à l'autre selon les conditions économiques de chacun et aussi selon le montant plus ou moins élevé de la journée de travail. Il est probable qu'on prendrait pour valeur la moyenne proportionnelle des prix de revient nationaux de chaque produit. On pourrait adopter d'autres solutions si celle-ci présentait des inconvénients à la pratique.

Le Grand Conseil jouerait encore le rôle de régulateur de la production. Lorsqu'un produit serait offert en trop grande abondance pour l'exportation, il inviterait chaque Etat exportateur à en limiter la production; de même il recommanderait de produire en plus grande quantité ceux dont la consommation générale aurait besoin.

Ainsi la belle harmonie, l'équilibre parfait établis par le socialisme à l'intérieur des Etats se reproduiraient dans le monde entier sous les auspices du Grand Conseil. La plus douce fraternité régnerait entre les hommes et entre les peuples, au sein du bien-être et de la sécurité.

Encore une fois le tableau n'est pas poussé au rose par une imagination partiale : la situation exposée est la conséquence indubitable des principes fondamentaux du socialisme.

QUATRIEME PARTIE

———

LIVRE UNIQUE

▪ ▪ ▪

REPONSES AUX OBJECTIONS

———

CHAPITRE PREMIER

Côté matériel

Au cours de cet ouvrage, nous avons été amené à répondre sommairement sur divers points aux objections de nos adversaires. Il nous reste à compléter nos réfutations partielles, ce qui nous obligera à revenir, pour plus de précision, sur quelques-unes des questions déjà traitées.

Répétons toutefois que le cadre de ce livre ne comporte pas une réponse aux critiques dirigées contre le socialisme en général : nous n'avons présentement à nous occuper que de l'augmentation de la production et à combattre que les arguments tendant à établir l'incapacité du socialisme à la réaliser. Le reste viendra dans un autre volume.

Le lecteur ne s'étonnera donc pas de ne pas trouver dans celui-ci de réponse à des objections classiques telles que la prétendue suppression par le socialisme de toutes les libertés, l'impossibilité alléguée de le faire accepter par les masses, les difficultés, fort exagérées, de sa réalisation, etc. Par contre nous nous efforcerons de ne rien omettre de tout ce qui touche à notre sujet : l'intensification de la production. Et pour commencer, nous allons dans ce chapitre discuter l'opinion erronée que les éléments matériels feraient défaut au socialisme pour porter la production au point que nous avons indiqué.

Quels sont ces éléments ? Des hommes, des matières premières et de l'argent.

******* Les hommes ne manqueront pas. Non seulement nous avons établi que l'organisation socialiste rendrait au travail producteur une quantité de non-valeurs de la société actuelle, représentant près de quarante deux pour cent de la population active ; mais nous avons montré en outre que ceux qui seuls produisent véritablement, ou sont des auxiliaires indispensables de la production, verraient leur effort multiplié par la généralisation de la technique moderne ; de sorte que, pour maintenir la production à son niveau actuel, il suffirait du tiers ou du quart d'entre eux.

Eclairons ce raisonnement par des chiffres.

Nous avons vu que la population active de la France est d'environ 20 millions, et que 8.400.000 non valeurs seraient récupérées en régime socialiste, dont 3 millions 400.000 environ pris dans la population inactive et 5 millions environ pris dans la population active. L'effectif réel de la production, qui n'est aujourd'hui que de 15 millions de personnes, serait donc porté à 23 millions 400.000.

Supposons maintenant, ce qui est très au-dessous de la réalité, que la productivité de chaque travailleur sera simplement triplée par le perfectionnement de la technique. Si 15 millions de travailleurs créent la production actuelle, 23.400.000 travailleurs, produisant chacun le triple créeront une production 4,7 fois plus forte.

Donc sur 23.400.000 travailleurs actifs, 5 millions, en chiffre rond, suffiraient pour maintenir la production à son niveau présent et il en resterait 18.400.000 pour réaliser le vaste plan de transformation exposé à la troisième partie de ce livre.

A ce chiffre énorme, il faudrait encore ajouter tous les éléments utilisables de notre empire colonial, dont la population totale, nous l'avons dit, atteint presque 52 millions d'habitants.

Qui oserait soutenir qu'une telle disponibilité serait insuffisante ? Remarquons qu'elle comprendrait des cerveaux en même temps que des bras, les cadres avec les troupes de l'armée du travail.

Sans doute, nous l'avons reconnu, les non-valeurs actuelles, en devenant du jour au lendemain des producteurs, n'acquerront pas, du coup, les qualités des producteurs anciens, et leur rendement sera souvent très inférieur. Mais au bout d'un quart de siècle, ces médiocres éléments seront éliminés, et l'œuvre socialiste ne pourra pas prendre toute son ampleur avant un tel laps de temps. En tout cas l'amélioration sera immédiate, soutenue et même progressive.

******* Les matières premières pourront-elles nous faire défaut?

Pour accroître la production, il faudra transformer et multiplier les bâtiments industriels et ruraux et les pourvoir de matériel. Il faudra en outre étendre et perfectionner nos moyens de communication. Le socialisme aura donc besoin avant tout de matériaux de construction et de métaux.

Les matériaux de construction : pierre, brique, tuile, sable, chaux, ciment, plâtre, verre, etc., existent en France et aux colonies à l'état de matières brutes en quantités pratiquement illimitées. Il n'y a qu'à extraire et à fabriquer ; ce n'est plus qu'une question de main-d'œuvre. Il faudra aussi du fer et du bois. Or, nous savons que la France métropolitaine est très riche en fer et que nos colonies peuvent nous fournir tout le bois dont nous aurons besoin.

Quant au matériel, c'est encore le fer qui y entre pour la plus forte proportion, et même pour la presque totalité. Si les autres métaux ne sont pas découverts en quantité suffisante, en France ou aux colonies, l'importation couvrira le manquant.

******* Reste l'argent. Nous avons dit que cette question serait pleinement résolue par le système financier du socialisme, dont l'exposé complet entrera dans un prochain volume : *Principes d'Economie socialiste*. Nous en avons même donné une idée sommaire au chapitre II du livre préliminaire et au livre IV de la deuxième partie. Mais ici nous avons le devoir d'être un peu plus explicite.

Le socialisme prendra en charge toutes les existences humaines en assurant du travail bien rétribué aux valides et des secours aux faibles. Dans la première phase de son fonctionnement, il aura de plus à servir des pensions aux ex-possédants entrés dans l'Association générale. Pour le service des salaires, des secours et des pensions, il émettra une monnaie sans valeur propre, dont il décaissera chaque mois une quantité égale à la totalité des salaires, secours et pensions distribués. Mais, au cours du mois suivant, la plus grande quantité de cette monnaie rentrera dans les caisses nationales par le moyen des dépenses de nourriture, vêtement, logement, etc. La petite partie, qui pourrait être épargnée momentanément, rentrera par la suite dans la circulation et ne jettera aucun trouble dans le rythme régulier des entrées et des sorties. Cela sera démontré plus tard.

Que faudra-t-il pour que cette monnaie sans valeur propre soit d'une solidité à toute épreuve ? Que la quantité qui en sera décaissée chaque mois représente exactement la valeur des produits consommés pendant la même période. Si cette équivalence est certaine, les sommes présentées par les particuliers pour leurs achats seront assurées de trouver toujours leur contre-valeur, et la monnaie échappera absolument à toute cause de dépréciation.

Or, il résulte de la fixation de la valeur des choses dans l'économie socialiste, que la quantité des objets consommables produits dans un laps de temps déterminé sera toujours égale mathématiquement à la totalité de la monnaie sortie des caisses publiques pendant le même laps de temps. Cela sera encore établi, sans contradiction possible, dans nos *Principes d'Economie socialiste.*

La monnaie socialiste sera donc plus stable que les monnaies fiduciaires émises par les Banques d'Etat dont le crédit est le mieux assis.

Ces points étant fixés, il est évident que le chapitre « dépenses extraordinaires » disparaîtra complètement des tableaux du budget. Il n'y aura plus que des dépenses ordinaires puisque, quels que soient les travaux effectués, et en admettant même, par impossible, des arrêts plus ou moins prolongés du travail, la somme mensuelle à décaisser par la trésorerie sera à peu près invariable, c'est-à-dire qu'elle ne variera qu'avec la population, qui pourra présenter un nombre un peu plus ou un peu moins fort de valides à rétribuer, de faibles à secourir et de pensions à servir.

Quel que soit le programme de créations et transformations qui sera adopté, c'est toujours la même main-d'œuvre qui l'exécutera et à qui il faudra verser son salaire. Toute la question sera de choisir, entre les différents projets envisagés, ceux qui devront passer avant les autres.

Il n'y aura donc pas de capitaux à réunir, pas d'emprunts à contracter. Ce sera le décaissement mensuel normal pour les salaires qui alimentera toutes les dépenses. Et comme les sorties de monnaie seront suivies, le mois suivant, de rentrées sensiblement égales, c'est toujours le même fonds de roulement qui subviendra à tout. On conçoit bien que cela ne serait pas possible avec des moyens de trésorerie tels que ceux employés par la Russie, l'Autriche, l'Allemagne, etc., et qui consistent à émettre sans limitation un flot de monnaie sans gage. La valeur du système financier socialiste repose tout entière sur l'équivalence de la monnaie en circulation au prix de vente des produits consommables en stock. C'est en cela que consiste sa supériorité.

Nous étions donc fondé à affirmer que l'argent ne ferait

pas plus défaut que la main-d'œuvre ni les matières premières pour la grande œuvre à accomplir.

On pourra cependant faire observer que, pour la mise en valeur des colonies, principalement, nous avons prévu l'emploi d'une main-d'œuvre supplémentaire prise soit dans la population indigène coloniale, soit dans des pays extérieurs.

En ce qui concerne nos travailleurs indigènes, nous pourrons les payer en monnaie nationale, avec laquelle ils se procureront à nos magasins les marchandises à leur usage. Et comme le travail de ces hommes augmentera la production de même que le travail des citoyens français, le jeu normal des entrées et sorties d'argent ne sera pas troublé.

Mais si nous avions à recourir à des travailleurs étrangers, ils n'accepteraient en monnaie nationale qu'une partie de leur salaire, celle qui servirait à leurs dépenses immédiates, et exigeraient le surplus en or ou en devises étrangères. La difficulté n'en serait pas accrue. Nous en serions quittes pour élever d'autant le montant de nos exportations, ce qui nous serait toujours facile avec le développement de notre production, et nous aurions ainsi de quoi rétribuer cette main-d'œuvre. Il va sans dire que nous ne devrions y recourir qu'autant que nous serions à même de la payer, et après avoir pris à l'avance des dispositions en conséquence. Si, dans la première période d'organisation socialiste, nous nous trouvions dans l'impossibilité de créer ces ressources supplémentaires, nous ajournerions les projets à l'année suivante ; l'œuvre de mise en valeur serait légèrement ralentie mais nullement entravée.

Conclusion : les éléments matériels de la transformation socialiste ne nous feront pas défaut. Nous allons voir au chapitre suivant que les objections basées sur des considérations psychologiques ou morales ne tiennent pas devant une discussion sérieuse et que, par conséquent, la réalisation socialiste ne rencontrera aucun obstacle le jour où, pour le salut de l'humanité, on se décidera à l'essayer.

CHAPITRE II

Côté moral

On entend souvent répéter : il n'est nullement nécessaire de bouleverser l'ordre social et de courir les risques d'un régime nouveau pour augmenter la production et supprimer la misère. Malgré les défauts qu'on lui attribue, l'organisation actuelle y suffit parfaitement. Chaque jour marque un progrès et elle atteindra finalement le but visé.

Il faudrait être aveugle, en effet, pour ne pas voir combien la production industrielle, et dans une mesure moindre, la production agricole, se sont développées depuis l'introduction des machines modernes à grand rendement et des procédés techniques perfectionnés, et il n'y a aucune raison pour que ce développement ne se poursuive pas. Nous n'avons pas nié le fait, puisque nous avons reconnu, au chapitre premier du livre I de la troisième partie, que les crises de surproduction périodiques sont une des plus grandes causes de trouble de la société capitaliste.

Il n'en est pas moins évident que cette société fait un effroyable gaspillage de force humaine, dans les multiples circonstances que nous avons énumérées, et que, par l'organisation du travail, par la généralisation des meilleurs modes de production, le socialisme, évitant ces déperditions, sera en mesure d'augmenter la production dans une proportion bien supérieure.

Mais le vice fondamental du régime capitaliste, c'est la profonde injustice de sa répartition des produits. Alors que les uns sont comblés, les autres manquent du nécessaire. Nous avons déjà cité le mot terrible de Jean-Baptiste Say : la richesse et le paupérisme croissent sur deux lignes parallèles, qui est la condamnation du régime. Bien d'autres citations, au chapitre premier du livre III de la troisième partie, montrent que l'apparente prospérité des Etats les plus puissants et le luxe de leurs privilégiés recouvrent d'insondables gouffres de misère.

Il est imposible qu'une aussi cruelle situation puisse s'éterniser. Tôt ou tard, une révolte des déshérités renversera cet édifice d'iniquité et refondra les sociétés humaines dans un nouveau moule. A quoi bon augmenter la production, en effet, si c'est pour accroître encore le luxe des riches, alors que les pauvres n'en bénéficient aucunement ?

On nous dit, il est vrai : Voyez comme les conditions de la vie s'améliorent; les travailleurs sont mieux nourris et mieux vêtus qu'il y a cent ans et même cinquante. Les petites ouvrières sont mises avec élégance. Les débits de boissons et les lieux de plaisir populaires regorgent de clients. Voilà le résultat de l'abondance que parvient à créer le régime capitaliste et de la justice relative de la distribution des produits. Les choses ne pourront que s'améliorer à l'avenir.

Ces faits sont exacts, mais seulement pour une partie de ceux qui sont capables de travailler et qui trouvent du travail ; l'autre partie reste dans la misère, en compagnie de la foule des faibles, incapables de gagner leur vie. Il y a une *aristocratie* ouvrière qui se crée des conditions d'existence supportables ; le prolétariat a aussi ses parias, et ils sont nombreux.

D'ailleurs, en général, le bien-être des ouvriers heureux est éphémère : la maladie, le chômage, un accident peuvent les replonger dans le dénûment; la vieillesse les y conduit presque toujours ; en tout cas elle leur impose de pénibles privations.

Ce qui manque aux non possédants, et même souvent aux riches, dans notre société déséquilibrée, c'est la sécurité, et seul le socialisme l'apportera. En régime socialiste, aucun être humain ne manquera, de sa naissance à sa mort, non seulement du nécessaire, mais d'un superflu proportionné à ses services. Le problème angoissant de la recherche des moyens d'existence ne se posera plus pour personne.

Au surplus, il y a quelque chose d'artificiel et même de morbide dans ce développement rapide de besoins nouveaux qui se manifeste chez les ouvriers aisés, en même temps que dans les autres classes. Par les multiples aiguillons de la réclame, par l'appât des étalages tentateurs, par toutes sortes de promesses mensongères, le mercantilisme avide de profits répand sans cesse le goût des superfluités dans tous les milieux. Le ouvriers des deux sexes se laissent entraîner, c'est inévitable, et ceux qui leur reprochent cette prodigalité seraient plus justes en retournant leurs critiques contre la société qui les pousse aux dépenses inutiles.

La possibilité de satisfaire un besoin factice est d'abord une satisfaction ; mais elle entre bientôt dans les habitudes et alors ne procure plus de joie. Par contre, si elle vient à disparaître, elle cause une souffrance réelle. En créant aux non possédants des besoins nouveaux sans leur garantir les moyens de les satisfaire toujours, la société actuelle ne saurait donc se flatter d'avoir amélioré leur sort. En régime socialiste, tous les colifichets, toutes les futilités fragiles qui sont de mode aujourd'hui cesseront d'être en faveur, tout simplement parce que personne n'aura intérêt à en pousser la vente. On leur préférera les objets simples, solides et confortables de la production nationale.

Non seulement l'augmentation de richesse due à la production capitaliste ne profite pas à l'universalité des citoyens, non seulement sur la trompeuse prospérité de certains Etats plane la menace d'une révolution sociale, mais d'autres cataclysmes, engendrés par le régime de luttes permanentes que constitue l'individualisme, viennent périodiquement couvrir de ruines les nations en apparence les plus puissantes et les plus enviées.

C'est ainsi que la prospérité si vantée de la France sous le deuxième empire a abouti à Sedan, à l'extorsion d'un tribut de cinq milliards et au démembrement du sol national. C'est ainsi que l'Allemagne des Hohenzollern, après une période d'enrichissement inouï, d'accession rapide de la classe ouvrière au bien-être, et même de larges réformes sociales, a vu sombrer sa fortune et son hégémonie dans la tourmente qu'elle avait déchaînée.

On ne saurait trop y insister : contre de telles catastrophes, il n'est pas d'abri en régime individualiste. Le socialisme seul, expression de la solidarité universelle et de l'harmonie définitive, apportera aux hommes une immuable paix.

C'est pourquoi ceux-là se trompent qui cherchent des solutions dans le cadre de la société actuelle, dont ils surestiment la capacité progressive. Leur confiance en elle ne repose que sur des faits restreints considérés dans un espace de temps limité. Elle s'évanouit dès que l'on envisage la situation dans son ensemble et dans son développement historique.

*** Pendant longtemps les adversaires du socialisme ont été réduits à n'opposer au socialisme que des arguments *a priori*. Ils s'évertuaient à démontrer que, de par son principe même, il restreindrait considérablement la production et réduirait le monde à la misère ; et, pour mieux y parvenir, ils supposaient un socialisme forgé de toutes pièces dans leur imagination, c'est-à-dire entièrement différent de ce qu'il sera dans la réalité.

De tels raisonnements avaient peu de portée. A la vérité,

ils le renforçaient parfois en rappelant les mauvais résultats des essais de réalisation socialiste de Robert Owen, de Fourier, de Cabet et de leurs adeptes. Nous ne pouvons rappeler ici par le détail les causes de ces échecs ; nous les avons indiquées ailleurs (1). Disons seulement en deux mots que les diverses tentatives en question avaient toutes été conçues sur une trop petite échelle, avec des ressources insuffisantes et un personnel sans la moindre aptitude pratique. De plus, le statut, fondé sur les principes démocratiques les plus stricts, réservait toute l'autorité, toutes les décisions, même les plus simples, au peuple assemblé dans ses comices, de sorte qu'on passait le temps à délibérer au lieu d'agir. Une telle organisation, on le conçoit, n'était guère propre à augmenter la production, et il n'y a rien d'étonnant à ce que les colonies et phalanstères ainsi créés aient sombré dans l'anarchie et le dénûment.

Mais il n'y a aucune comparaison possible entre ces expériences de laboratoire, faites dans les pires conditions, et le socialisme dont nous avons esquissé le tableau ; et c'est pourquoi elles ne concluent pas contre lui.

Plus tard, l'échec des tentatives coopératistes telles que la mine aux mineurs, la verrerie ouvrière, etc., a fourni à nos ennemis d'excellents prétextes pour crier à la faillite du socialisme, bien que le socialisme n'eût rien de commun avec ces sortes d'affaires, puisque son caractère propre est d'embrasser l'ensemble des moyens de production d'un pays entier.

*** Mais depuis quelques années, le répertoire de la critique du socialisme s'est enrichi d'arguments nouveaux qui, sans être meilleurs que les précédents, sont de nature à impressionner bien davantage l'opinion publique et ont eu sur

---

(1) Voir *Le Maroc Socialiste*, par Lucien Deslinières; un fort volume; 3 fr. franco. *France Édition*, 19, rue Gazan, Paris (14°).

elle, en effet, la plus regrettable influence. Les circonstances, à vrai dire, les ont servis à souhait : des socialistes ont été portés au pouvoir en Russie et, au lieu d'augmenter la production, ils l'ont réduite jusqu'à la famine. Le fait en lui-même est indéniable; il nous a été et nous sera longtemps opposé comme une expérience décisive, après laquelle les défenseurs du socialisme n'ont plus qu'à se taire.

Certes, le préjudice porté à l'idée socialiste par l'échec économique de la révolution russe est considérable. Mais il ne sera que momentané. Nous avons trop de bonnes raisons à opposer à la condamnation sommaire prononcée contre nous pour qu'en dernière analyse nous ne triomphions pas de cette rude attaque.

Oui, l'expérience a été malheureuse ; mais, dans les conditions où elle a été faite, elle ne saurait conclure contre le principe socialiste.

D'abord les bolcheviks ont trouvé la Russie dans un état d'épuisement complet. Puis ils ont eu à se défendre contre de formidables ennemis, tant intérieurs qu'étrangers. Tous les efforts qu'ils auraient pu faire pour relever le pays des ruines de la guerre et de la corruption tzariste, ils ont dû les tourner vers la création, l'armement, l'équipement et l'approvisionnement de leur armée rouge. Le blocus les a privés des ressources qu'ils auraient pu essayer de se procurer au dehors. Et c'est à la suite de plusieurs années de telles épreuves que la sécheresse exceptionnelle de deux étés successifs leur a porté le dernier coup en réduisant à presque rien les récoltes. Existe-t-il beaucoup de pays qui auraient résisté à des maux aussi accablants ? La Russie soviétique, pourtant, est restée debout, mais au prix des plus cruelles souffrances et de centaines de milliers de victimes.

La famine qui a décimé les provinces du Volga n'est exclusivement imputable ni à l'incapacité des gouvernants, ni, à plus forte raison, au principe communiste qu'ils voulaient appliquer. Ce n'était pas la première fois qu'elle désolait ce vaste pays : on l'avait connue à plusieurs reprises presque aussi meurtrière, sous le despotisme tzariste, en pleine paix. Et ce fléau n'est pas spécial à la Russie : il a ravagé périodiquement l'Inde anglaise, l'Algérie française et bien d'autres pays. L'Autriche en a subi les horreurs à la suite de la guerre. Et sans être absolument réduits à ces extrémités combien de peuples sont tombés à un régime de sous-alimentation permanent, sans qu'on puisse en accuser le socialisme.

Si l'on va au fond des choses, on doit reconnaître au contraire que le dénûment et la famine sont des conséquences naturelles de l'individualisme qui laisse l'homme livré à ses seules et faibles ressources dans des conjonctures où il aurait besoin d'une large assistance de ses semblables. On doit constater en outre que le socialisme, par le principe de solidarité qu'il met à la base de ses institutions, par l'esprit de prévoyance qui est son essence même et qui le poussent à créer, les années d'abondance, des stocks importants de nourriture, enfin et surtout par son organisation scientifique du travail, qui doit infailliblement amener une énorme augmentation de la production, est le seul régime sous lequel la famine soit absolument impossible. Il faut cependant lui donner le temps de porter ses fruits. Il ne suffit pas que des socialistes soient au pouvoir pour que la manne pleuve du jour au lendemain. Il est évident, pour quiconque n'est pas de mauvaise foi, que le socialisme a besoin de plusieurs années pour faire ses preuves. La famine russe ne prouve donc rien.

Toutefois, famine à part, il reste la désorganisation de toutes les branches de la production et des transports, et si les communistes ne l'ont pas créée, ils n'ont pas su y mettre un terme. Très impartialement, on doit reconnaître qu'elle s'est aggravée sous leur domination. Et si le concours de circonstances difficiles, sommairement résumées plus haut, doit les faire bénéficier de larges atténuations de responsabilité, il ne saurait les en exonérer complètement.

Il n'est que trop vrai qu'aussi longtemps qu'ils se sont efforcés de réaliser un communisme de leur façon, la situation économique n'a cessé d'empirer et qu'un allègement n'a commencé à se faire sentir qu'à partir du moment où ils ont rendu la liberté aux entreprises privées. Mais avant de conclure de ce fait contre le principe socialiste, il faut savoir comment ils comprenaient ce principe et comment ils l'ont appliqué.

Or, nous l'avons expliqué dans un ouvrage précédent (1), les révolutionnaires russes n'étaient pas seulement des hommes d'opposition, habitués à conspirer et par conséquent peu aptes à gouverner; ils étaient avant tout et exclusivement de purs marxistes. Du socialisme, ils ne connaissaient que ce que Marx en avait dit. Et Marx s'étant toujours tenu sur le terrain de la critique du capital, sans jamais aborder celui de la reconstruction, ses adeptes russes n'étaient en aucune façon préparés à la tâche redoutable qui leur incombait. Non seulement ils ignoraient tout de l'économie socialiste, mais ils ne savaient pas qu'il en existât une. Fatalement, ils devaient donc tomber dans les plus grossières erreurs. Le socialisme qu'ils essayaient de mettre debout n'était qu'une caricature du socialisme véritable.

Ceci ne peut être encore bien compris des lecteurs, même socialistes, car tous les socialistes du monde entier sont plus ou moins imprégnés de culture marxiste et ils ne sont, en général, pas mieux renseignés que les bolcheviks sur l'économie socialiste dont Marx n'a jamais dit un mot et sur laquelle nul n'a rien écrit, sauf l'auteur de ce livre.

Les principes de l'économie socialiste sont exposés frag-

---

(1) Voir *Délivrons-nous du Marxisme* par Lucien Deslinières, chapitre XI.

mentairement dans nos divers ouvrages, principalement dans le premier : l'*Application du système collectiviste*. Malheureusement le parti socialiste international, engagé dans l'ornière marxiste, ressassant de plus en plus ses vieilles formules de combat, s'est toujours refusé à entrer dans la voie des solutions positives. Nos travaux n'ont jamais été utilisés. Les organes du parti n'ont pas appelé sur eux l'attention du public, et c'est ainsi qu'une chance aussi inespérée que la conquête du pouvoir en Russie n'a servi qu'à mettre en lumière l'impuissance organisatrice complète de ceux qui avaient été, dans ce pays, les chefs de la majorité des socialistes.

Témoin désespéré de leur avortement, nous avons pensé que le socialisme était voué à une suite d'échecs analogues s'il ne rompait pas nettement avec le marxisme stérilisant et ne devenait pas essentiellement un parti de reconstruction.

Et c'est pourquoi nous nous efforçons d'ouvrir la voie nouvelle, en écrivant la série d'ouvrages dont le premier a été : *Délivrons-nous du Marxisme*, dont celui-ci est le second, et dont le prochain, ou celui qui le suivra, sera un exposé scientifique et complet des principes de l'économie socialiste, pour que nul n'en ignore. Sans doute une telle tentative risque fort d'être présentement étouffée au milieu de l'indifférence mortelle de l'opinion pour toutes les questions d'intérêt public. Mais notre adolescence a trop ardemment vibré aux accents vengeurs de la lyre du poète des *Châtiments* pour que notre vieillesse ait perdu la sublime foi en la revendication de la vérité et du droit exprimée dans ces superbes vers :

Sonnez, sonnez toujours, clairons de la pensée.

Quand Josué rêveur, la tête aux cieux dressée,
Suivi des siens, marchait, et, prophète irrité,
Sonnait de la trompette autour de la cité,

Au premier tour qu'il fit, le roi se mit à rire ;
Au second tour, riant toujours, il lui fit dire :
— Crois-tu donc renverser ma ville avec du vent ?
A la troisième fois, l'arche allait en avant,
Puis les trompettes, puis toute l'armée en marche,
Et les petits enfants venaient cracher sur l'arche,
Et, soufflant dans leur trompe, imitaient le clairon ;
Au quatrième tour, bravant les fils d'Aaron,
Entre les vieux créneaux tout brunis par la rouille,
Les femmes s'asseyaient en filant leur quenouille,
Et se moquaient, jetant des pierres aux Hébreux ;
A la cinquième fois, sur ces murs ténébreux,
Aveugles et boîteux vinrent, et leurs huées
Raillaient le noir clairon sonnant sous les nuées ;
A la sixième fois, sur sa tour de granit
Si haute qu'au sommet l'aigle faisait son nid,
Si dure que l'éclair l'eût en vain foudroyée,
Le roi revint, riant à gorge déployée,
Et cria : — Ces Hébreux sont bons musiciens ! —
Autour du roi, joyeux, riaient tous les anciens
Qui le soir sont assis au temple et délibèrent.

A la septième fois, les murailles tombèrent.

Ainsi donc, faute d'une science économique adéquate à son principe, le socialisme est condamné à rester à l'état de pure théorie, et c'est pourquoi l'avortement de l'expérience russe ne signifie rien.

*** Pour que le socialisme devienne réalisable, il ne suffit d'ailleurs pas que les règles de son économie soient posées. Il faut qu'elles aient pénétré dans l'esprit d'une élite intellectuelle capable de préciser les modalités de leur application. Il faut même que les futurs gouvernants et leurs principaux collaborateurs se soient préparés d'avance à l'exercice de leurs fonctions, afin de ne pas avoir à tâtonner lorsqu'il s'agira de passer aux actes. Toute une besogne préliminaire de longue haleine est donc indispensable : on n'improvise pas la refonte intégrale d'institutions fondées sur un mode de propriété millénaire. C'est que nous avions écrit dans l'*Application du Système Collectiviste* dès 1899, sans parvenir à nous faire écouter de gens que l'absolutisme marxiste avait rendus aveugles et sourds.

*** Si la fâcheuse expérience des Soviets est la plus fréquemment citée par nos adversaires, elle n'est pas la seule. A la Chambre des communes britanniques, un grand débat a été engagé en mars 1923 sur la doctrine socialiste, dont un exposé très général et très insuffisant a été fait par M. Philip Snowden. Un contradicteur libéral, sir John Simon, dans sa réponse, a exposé les prétendus dangers qu'entraînerait la suppression de toute initiative privée, en illustrant sa thèse par l'expérience, qualifiée par lui de désastreuse, de nationalisation intégrale qui a été faite dans l'Etat australien de Queensland. Le Labour Party, a-t-il dit, est au pouvoir dans le Queensland depuis 1915. Il y a établi un programme compréhensif de nationalisation : il s'est mis à exploiter les chemins de fer, les banques, les scieries, les usines métallurgiques, les raffineries de sucre, les boucheries... En cinq ans, les réseaux ferrés de l'Etat de Queensland ont présenté un déficit de 1.500.000 livres sterling. En 1921, le Queensland avait plus de chômeurs non seulement que n'importe quel autre Etat du Commonwealth d'Australie, mais encore que tous les pays du monde qui publient des statistiques de chômage. La vérité, a conclu sir John Simon, c'est que le socialisme ne peut pas contraindre les consommateurs à acheter plus de denrées ou à payer pour plus de services.

Les termes mêmes de cette réponse montrent que le débat a porté non sur le socialisme, mais à côté. Si le socialisme avait été institué au Queensland, on n'y aurait vu aucun chômeur et il n'aurait pas été nécessaire de « contraindre les consommateurs à acheter plus de denrées ou à payer pour plus de services », ce qui n'a aucun sens, au point de vue de la doctrine socialiste.

Nous savions du reste depuis longtemps, et le livre d'Albert Métin, *le Socialisme sans doctrine*, nous avait confirmé, qu'en Australie la classe ouvrière, inspirée des Trade Unions et du Labour Party britanniques, s'était rendue maîtresse du pouvoir politique et tentait une organisation économique qui, sans être le régime capitaliste tel qu'il existe ailleurs, n'est nullement le socialisme. Le titre adopté par Albert Métin pour le décrire en est la preuve : il est évident qu'il n'y a pas de socialisme sans doctrine.

En réalité, à la classe capitaliste, qui dominait par la puissance de la fortune, a succédé la classe ouvrière qui domine par la force numérique, tandis que le socialisme, c'est la disparition des classes.

La nationalisation n'a pas été générale, mais partielle seulement. On a confié à des administrateurs ouvriers la direction des entreprises nationalisées ; mais on n'a rien changé aux méthodes d'exploitation ; on n'a pas supprimé le profit qui est le but, la caractéristique des entreprises capitalistes. Là encore, de même qu'en Russie, on a ignoré les principes de l'économie socialiste, et si on n'a pas abouti au gâchis soviétique, cela tient à la supériorité pratique de l'Anglo-Saxon sur le Slave.

D'ailleurs n'oublions pas que les auteurs des tentatives australiennes ne se sont jamais réclamés du socialisme et n'ont jamais présenté leur système social comme un système socialiste. En fait ce sont des Trade-Unionistes, dont les conceptions ne vont pas au delà de la substitution d'une direction ouvrière à la direction capitaliste. Si leur échec est définitif et s'il est opposable à une doctrine, c'est au syndicalisme seulement. Aussi bien, ce qu'ils ont essayé de faire aux antipodes est quelque chose de très rapproché de ce que propose, sous le vocable obscur de *nationalisation industria-lisée*, la Confédération générale du Travail française.

En somme, jusqu'à ce jour, le socialisme n'a été appliqué nulle part, et tous les réquisitoires qu'on peut lancer contre lui, en invoquant de prétendues expériences malheureuses, sont sans fondement réel.

******* Il en est de même des diatribes quotidiennes de la presse conservatrice contre la gestion de l'Etat, en laquelle nos adversaires feignent de voir un commencement de socialisme. L'acharnement et souvent la mauvaise foi qu'ils mettent dans cette campagne, s'expliquent d'ailleurs beaucoup moins par la peur du socialisme que par le désir intéressé de faire remettre à des sociétés financières toutes les parties de l'administration de l'Etat qui peuvent donner lieu à de fructueuses émissions et à de copieux dividendes — aux dépens du bon public, naturellement.

Nous ne pouvons dans cet ouvrage, cela se comprend, justifier l'Etat actuel des innombrables critiques dont il est l'objet, ce qui nous amènerait à une discussion détaillée de toutes les opérations de sa gestion. Nous devons nous en tenir à une thèse générale, qui sera d'ailleurs parfaitement concluante. Au surplus, le socialisme n'a nullement à se faire le défenseur de l'Etat d'aujourd'hui, organisme central d'un régime qu'il combat et fourmillant d'abus nés de ce régime. Son rôle se borne à réfuter les arguments dirigés, par-dessus la tête de cet Etat, contre celui de demain.

Il n'y a aucune comparaison à faire entre les deux : le premier est *administratif;* le second sera *administrateur.*

En quoi consiste le caractère administratif de l'Etat actuel ? En la multiplicité des formalités qui accompagnent chacun de ses actes, en la restriction des pouvoirs de ses représentants en matière de tractations à titre onéreux.

Il est facile de railler les minuties de l'ad-mi-nis-tra-tion et les complications de la comptabilité publique. La plupart cependant sont des précautions indispensables pour la sauvegarde des intérêts de la nation. L'Etat doit se défendre toute sa prudence, presque invariablement volé ! Une colçonner des intentions frauduleuses. Encore est-il, malgré toute sa prudence, presque invariablement, volé ! Une collusion est toujours possible entre l'agent chargé d'un achat ou d'une vente et l'entreprise privée avec laquelle il traitera. Le pot-de-vin, entre, hélas ! de plus en plus dans nos mœurs, en dépit des plus sévères règlements.

C'est principalement parce que, à raison de ces pilleries, l'Etat paye tout très cher, qu'il arrive parfois à ne pas produire à bon marché, et il est curieux de remarquer que ses accusateurs sont précisément les défenseurs du système qui permet les profits illicites dont il est la victime.

Mais la différence entre l'Etat individualiste et l'Etat socialiste apparaît au premier coup d'œil, et il est de toute évidence que ce dernier ne sera pas exposé aux mêmes malversations, quelle que soit d'ailleurs la moralité de ses agents. Alors que l'Etat actuel achète à des particuliers tous les produits, tout le matériel, toutes les fournitures dont il a besoin, l'Etat socialiste sera son propre fournisseur. Toutes les livraisons seront faites par un service à un autre service, sans versement de fonds. Alors que l'Etat actuel, ne pouvant, dans la conception classique de ses attributions, exploiter ni les mines, ni les chemins de fer, ni aucun service public, est obligé de les concéder à des compagnies privées qui — l'expérience le prouve trop constamment — savent toujours, dans l'établissement des traités et conventions, faire prévaloir leurs intérêts sur le sien, l'Etat socialiste exploitera tout lui-même. Du coup les écluses de la fraude et du dol seront fermées et la cause d'infériorité de l'Etat cessera.

On oppose souvent la passivité, l'inertie des fonctionnaires de l'Etat à l'activité des chefs d'entreprises privées. Mais dans l'Etat actuel, il ne peut en être autrement. Le fonctionnaire est lié et doit, de crainte des pires abus, être lié par des règlements étroits qui l'empêchent de traiter les affaires publiques comme il traiterait les siennes propres ; le commerçant, l'industriel privés, au contraire, sont libres.

L'Etat a confiance en ses fonctionnaires pour faire le compte numérique des objets qu'il doit recevoir. Mais il ne peut leur laisser aucune latitude quant à l'évaluation de leur prix. Et cette constatation suffit à ruiner le système hybride des timides réformateurs sociaux qui veulent charger l'Etat, sans l'avoir transformé, de fonctions nouvelles, d'en faire par exemple, le dispensateur du crédit. Comment le préposé d'une Banque d'Etat pourrait-il apprécier le degré exact de solvabilité de chacun de ses clients? Ou il sera trop rigoureux et l'institution manquera son but, où il sera trop large et les capitaux de l'Etat seront gaspillés. Les aléas inhérents aux opérations de crédit et d'escompte sont trop grands pour que des fonctionnaires de l'Etat puissent être investis du droit d'en juger. Une telle dérogation au caractère général de leurs attributions est inadmissible.

Rien de tel n'existera sous le régime socialiste qui, par sa nature même, échappera à tous les aléas. Il ne traitera aucune affaire avec des particuliers ; les sommes qu'il versera à chacun et celles qu'il en recevra seront déterminées par des règlements précis. La corruption, le vol, y seront impossibles.

Et par conséquent tout le mal — même justifié — qu'on peut dire de la gestion de l'Etat actuel n'est aucunement applicable à celle de l'Etat socialiste.

Il est vrai que ce n'est pas seulement parce qu'il achète trop cher, mais aussi parce que, par suite d'interventions politiques, il s'encombre d'un personnel trop nombreux et surpayé qu'on prétend que l'Etat est mauvais administrateur et produit au-dessus des prix de revient de l'industrie privée. On ne saurait nier les fâcheux résultats de telles intrusions. Mais les mêmes abus existent également dans les grandes administrations privées. Le socialisme seul y mettra fin.

Aujourd'hui l'homme, n'ayant aucune garantie d'existence, fait agir toutes les recommandations dont il peut disposer pour obtenir une place stable qui le mette à l'abri du besoin. C'est pourquoi les emplois de l'Etat et des grandes compagnies privées sont si convoités. Mais, en régime socialiste, la sécurité du lendemain sera assurée à tous, même aux incapables de travail. Nul n'aura donc besoin d'aller solliciter des appuis pour l'obtenir. Subsistera-t-il encore quelque favoritisme au sujet de l'attribution des meilleures places et aussi de l'avancement ? C'est possible. Mais cet inconvénient sera si réduit qu'il disparaîtra presque. En effet, d'une part, l'avancement sera déterminé par des règles absolues : quiconque voudra l'obtenir devra être proposé à la fois par ses supérieurs et par ses pairs. A supposer même que des influences extra administratives puissent faire pression sur le premier élément, le second suffirait à faire obstacle à un avancement immérité. Au surplus l'administration et le gouvernement seront beaucoup plus indépendants qu'aujourd'hui à l'égard des hommes politiques. Dans la presque totalité des cas, les talents et les services de chacun lui assigneront son rang social. Enfin les rares incapables qui réussiraient à usurper une situation supérieure à leur valeur ne la conserveraient pas longtemps. Nous avons dit que la responsabilité de tous les travailleurs sociaux, grands et petits, sera l'un des principes fondamentaux de l'organisation socialiste. En conséquence des concours annuels auront lieu entre tous les établissements similaires pour déterminer ceux qui arriveront à produire le plus avantageusement. Leurs directeurs et leur personnel recevront de l'avancement ou des primes. Par contre ceux qui viendront les derniers seront l'objet d'une enquête, et les mauvais agents seront frappés de rétrogradation.

A ce point de vue encore, l'Etat socialiste échappera donc complètement aux critiques dirigées à bon droit contre l'Etat capitaliste lorsqu'il élargit ses attributions en devenant industriel.

Notons encore que la direction des établissements socialistes n'aura à lutter contre aucune des difficultés extérieures ou intérieures qui causent tant de soucis aux chefs d'industrie actuels : les questions d'achat et de transport des matières premières, de vente et de transport des produits, de recouvrement des créances et de paiement des échéances, des changements fréquents de fabrication, du recrutement et du coût de la main-d'œuvre, etc., ne se poseront plus pour eux. Ils n'auront à se préoccuper que du côté technique de leur production et pourront ainsi y introduire tous les perfectionnements possibles.

Aujourd'hui les groupements financiers hésitent souvent à créer une industrie parce qu'ils savent combien de qualités doivent réunir ceux qu'ils appelleront à la diriger pour arriver à la rendre prospère et combien sont rares les hommes qui les possèdent. En régime socialiste il suffira d'un degré moindre d'intelligence, d'activité et d'énergie pour arriver à de bons résultats, parce que tout sera simplifié.

Rappelons enfin, pour clore cette réponse aux critiques de la gestion de l'Etat, ce que nous avons déjà dit plus haut: on cherche à effrayer les esprits en leur représentant l'administration socialiste comme un bloc de toutes les activités sous une direction centrale, dont la tâche deviendrait tellement complexe qu'aucun cerveau humain ne serait de taille à l'assurer. Cela est complètement inexact : les différentes branches de la production, des transports, de la répartition, etc., auront des directions séparées, qui seront exercées par leurs plus hautes compétences. Et chacune d'elles comprendra des divisions et des subdivisions aussi nombreuses qu'il existera de spécialités. Aucun chef de service, à quelque rang qu'il fût, n'aura donc à disséminer ses efforts sur un trop grand nombre d'objets différents. Et les organes supérieurs qui coordonneront les travaux des divers services n'exigeront pas de capacités surhumaines. Il suffira, pour les bien diriger, de posséder les qualités de bons administrateurs. Les connaissances techniques seront inutiles. Ainsi aucun chef de service, à quelque degré que ce soit de la hiérarchie, n'aura à faire face à des travaux écrasants. Tout sera simple et clair et nulle part il ne se produira de confusion ni de désordre.

*** La suppression de l'initiative privée paraît être à beaucoup de timorés la cessation de toute activité et la paralysie générale de la production. Mais raisonnons un peu : Quand un particulier crée une entreprise nouvelle, c'est pour remplir un vide, pour parer à l'insuffisance sur un point, de l'appareil producteur et répartiteur. En quoi cette initiative sera-t-elle nécessaire quand une organisation parfaite pourvoira à tous nos besoins ? Nous avons vu d'ailleurs que tout établissement privé, disposant de moyens limités, ne peut se donner qu'un matériel plus ou moins rudimentaire, exigeant beaucoup de main-d'œuvre pour un rendement que les établissements socialistes atteindront à moins de frais grâce à leur technique supérieure. Non seulement donc l'initiative privée sera inutile, mais si elle était conciliable avec le régime socialiste, elle deviendrait nuisible en diminuant la production.

Parce que l'initiative individuelle est exclusivement orientée vers son propre intérêt, il semble qu'elle doive déployer dans ses efforts une ardeur sans égale et laisser bien loin derrière elle des rivaux qui ne travailleraient que dans l'intérêt collectif. Cela pourrait être vrai si elle disposait des moyens d'action que posséderont ces derniers ; mais il n'en sera jamais ainsi, comme nous venons de le dire. D'ailleurs précisément parce que l'appât du gain est l'unique mobile des initiatives privées, elles s'orientent le plus souvent, pour l'atteindre mieux, vers des affaires dépourvues de tout intérêt général, ou pis encore nettement contraires à l'intérêt général. Et par contre elles délaissent dédaigneusement des affaires d'un intérêt général évident, mais ne leur offrant que des chances médiocres ou lointaines de bénéfices. (Voir deuxième partie, livre III, chapitre II.)

En somme la meilleure preuve que la valeur de l'initiative privée a été très surfaite est dans les constatations du présent ouvrage qui établissent que, sur tous les terrains, elle s'est montrée tout à fait au dessous de sa tâche.

***** Du fait que l'initiative privée a pour stimulant l'espoir du profit, on croit pouvoir conclure que sa disparition entraînerait celle de l'intérêt personnel qui est incontestablement le principal mobile de l'activité humaine — et qui, sans doute, le restera longtemps. Or, cela est tout à fait erroné.

Le socialisme ne détruit que l'opposition entre les intérêts personnels. Il laisse subsister ceux-ci dans toute leur force utile. C'est vraiment se faire du socialisme une idée bien absurde que de se le représenter comme un régime où chacun fera ce qu'il voudra, travaillera ou ne travaillera pas à son choix, et même s'il n'a rien produit, n'en viendra pas moins retirer sa part des fruits du travail d'autrui. C'est en régime capitaliste qu'on trouve de tels parasites. A Rome, citadelle de la propriété privée, l'usage ne s'était-il pas établi de nourrir et d'amuser aux frais de l'Etat la plèbe fainéante ? Le socialisme, au contraire, en dehors des faibles, qui auront droit à l'assistance nationale, ne nourrira que les producteurs. Chacun aura donc un intér:t direct et pressant à s'acquitter de sa tâche sociale. De plus, chacun aura intérêt à la remplir convenablement, car son salaire sera accru en proportion de ses services. Ceci surprendra quelques lecteurs qui croient que le socialisme implique le partage des produits par égalité entre tous les ayants droits. Mais les principes socialistes n'exigent rien de semblable.

Le socialisme sera le plus souple des régimes : ses institutions ne seront pas immuables. Elles se modifieront constamment, pour s'adapter aux progrès de la mentalité générale. Au début, il devra tenir compte de l'empreinte millénaire laissée dans les esprits par un état social où l'égoïsme fait loi, et créer, en même temps que des sanctions contre les mauvais travailleurs, des récompenses pour les bons. Il y aura donc, entre le simple journalier débutant et les plus hautes fonctions de la République, toute une échelle de salaires sur laquelle chacun ne pourra s'élever que par ses services. Par la suite, les citoyens se sentiront plus étroitement solidaires avec la collectivité ; ils deviendront accessibles à des mobiles plus élevés que celui des avantages matériels ; les récompenses honorifiques les trouveront plus sensibles. En même temps un nivellement intellectuel et moral s'établira dans une certaine mesure entre les hommes. D'autre part, l'abondance de toutes choses sera telle que les plus modestes n'auront presque rien à envier. On pourra alors atténuer les différences entre les salaires, et peut-être même en arriver à l'égalité complète. Mais cela est incertain et tout au moins éloigné. Le socialisme n'aura pas besoin d'atteindre ce terme extrême pour apporter ses fruits bienfaisants à l'humanité. Il les donnera entièrement dans sa forme première, c'est-à-dire avec l'inégalité des situations.

Donc l'intérêt personnel survivra à la propriété privée. Et le stimulant qu'il constitue sera d'autant plus efficace que chacun verra, au bout de ses effoirts, une récompense assurée, tandis qu'aujourd'hui, lorsqu'on s'engage dans une entreprise quelconque, on ne sait jamais quels en seront les résultats.

Il est vrai que, sauf le cas de services exceptionnels, on n'arrivera plus à faire fortune, c'est-à-dire à accumuler de gros capitaux. Mais à quoi bon une fortune capitalisée, si l'on jouit d'un beau traitement et d'une pension de retraite égale sur les vieux jours ? Pour les héritiers ? Mais ceux-ci auront leur existence assurée par leur travail et au besoin par la solidarité socialiste. Voudra-t-on prévoir le cas rarissime d'un homme de génie parvenu à une haute situation et qui, ayant un fils inintelligent ou débile, souffrira de l'existence médiocre qui sera son lot ? Mais rien n'empêchera le père de mettre de côté, chaque année, une partie de son superflu et de laisser à son fils une grosse somme d'argent. A la vérité, elle ne pourra être placée à intérêts ; mais en en prélevant chaque année une petite partie, l'héritier pourra s'assurer une vie relativement large.

Tout le monde, il est vrai, ne s'élèvera pas jusqu'aux emplois richement rétribués. Mais ils seront le partage du mérite, tandis qu'aujourd'hui la fortune échoit presque toujours aux moins scrupuleux, et ce fait, dûment ancré dans les esprits, sera le plus actif stimulant qu'on puisse concevoir.

******* Nos contradicteurs gémissent constamment sur la suppression éventuelle des initiatives privées, qui empêchera nos *struggle for lifers* de déployer leurs ailes de rapaces, les uns en spéculant, les autres en pratiquant l'usure, ceux-ci en créant des maisons de jeu ou de débauche, ceux-là en fabriquant ou en débitant des liqueurs alcooliques, les plus inoffensifs en se livrant à des commerces sans utilité sociale ou à des industries à technique arriérée. La liberté de telles entreprises leur paraît être la condition *sine qua non* du développement de la production. Mais d'où vient qu'ils ne parlent pas également des hommes les plus utiles à la société, les inventeurs, les savants, dont les travaux et les découvertes améliorent chaque jour les conditions de la vie? C'est qu'ils seraient peut-être un peu embarrassés lorsqu'ils auraient à énumérer à leur égard les témoignages de reconnaissance de ceux qu'ils enrichissent.

« Constatons la triste situation faite aux inventeurs dans

la société capitaliste, qui prétend stimuler au plus haut degré les initiatives individuelles par l'appât de l'intérêt personnel. Quand un inventeur a découvert un mécanisme ou un procédé appelé à révolutionner une industrie, il serait bien naïf de s'imaginer que sa fortune est faite. Il a tout d'abord à se procurer le capital nécessaire à la création d'une société d'études, devant lui permettre de prouver, par des expériences, que son invention a vraiment une utilité. Le pauvre homme, à moins d'un hasard heureux, va user ses culottes sur les banquettes d'antichambre de nos seigneurs les financiers. Le plus souvent il est à peine écouté, quelquefois on le regarde avec une curiosité narquoise, avec un sourire de pitié pour sa folie. Ailleurs, il reçoit de vagues promesses sur lesquelles il aurait grand tort de faire le moindre fonds ; règle générale. il est éconduit. Nos seigneurs les financiers n'aiment pas l'industrie ; parlez-leur de rentes ou de titres garantis par l'Etat, ou mieux encore d'agiotage et d'accaparement ; vous recevrez d'eux l'accueil le plus favorable. Mais les affaires industrielles répugnent à ces délicats. Supposons cependant que le triste inventeur finisse, à force de persévérance et en aliénant la moitié ou les trois quarts de ses bénéfices éventuels, à trouver un bailleur de fonds. Il met son invention sur pied, le succès s'affirme ; il ne faut plus que trouver le capital d'une société d'exploitation. Là, nouvelle musique : le public achète parfois, à force de réclame, les titres d'affaires existantes, mais il ne souscrit jamais à des affaires en voie de création. Or, pour les créer, il faudrait d'abord de l'argent... On voit quelques inventeurs — pas beaucoup — qui réussissent à sortir de ce cercle vicieux ! Voilà l'exploitation lancée ; ne croyez pas qu'elle n'ait plus qu'à encaisser les bénéfices, car il est avéré que les difficultés techniques et commerciales font sombrer les neuf dixièmes des entreprises les plus sérieuses. Dans le cas rarissime d'un bon résultat, l'inventeur touche une part tellement écorniflée par les intermédiaires qu'elle est réduite à presque rien. Le plus souvent il ne touche rien du tout, et ne trouve que la misère après de longues années de travail et d'efforts. Il est presque proverbial que les inventeurs sont prédestinés à mourir à l'hôpital, et si nous voulions suivre la liste des plus célèbres, on verrait qu'elle justifie cruellement cette croyance populaire. On ne peut se rappeler sans un serrement de cœur les luttes, les déceptions, les souffrances matérielles et morales de ces hommes de génie, à qui l'humanité devra le bonheur qu'elle atteindra un jour. Leur histoire est un martyrologe et donne un terrible démenti aux admirateurs, plus ou moins désintéressés, de l'ordre individualiste. » (1).

Sans doute on peut citer, à titre d'exception, quelques inventeurs à qui leurs travaux ont profité, quelques savants qui ont trouvé la fortune en même temps que les honneurs. Mais leur cas ne fait que confirmer la règle.

En régime socialiste, toutes les facilités désirables seraient accordées aux inventeurs et aux savants pour poursuivre leurs recherches, et lorsqu'elles aboutiraient à quelque progrès manifeste, les récompenses de toute sorte leur seraient prodiguées. Ces hommes d'élite seraient les princes de la société nouvelle. Voilà les initiatives individuelles que le socialisme encouragera; qu'on juge si elles méritent mieux de l'être que les trafics interlopes de nos financiers et de nos mercantis.

*** Il ne faut cependant pas se faire d'illusions sur les difficultés qui attendent la mise en œuvre du socialisme. Depuis longtemps la classe ouvrière, devenue consciente de l'exploitation dont elle est victime, oppose un mauvais vouloir à peine dissimulé aux efforts des patrons pour intensifier la production. Le syndicalisme a beaucoup contribué à développer chez elle cet état d'esprit. La guerre l'a aggravé encore. Une

____

(1) *L'Application du Système Collectiviste*, par Lucien Deslinières.

vague de paresse, en même temps qu'une soif immodérée de jouissances faciles, a déferlé sur tous les pays et rendu infiniment plus délicate la situation des chefs d'industrie. Partout la main-d'œuvre est devenue moins productive. Ce serait méconnaître la mentalité ouvrière que d'espérer que ces dispositions cesseront du jour où le travail n'enrichira plus les privilégiés, mais profitera à tout le monde. L'adaptation au nouveau milieu et aux nouveaux devoirs sera lente. Au début, on agira envers la collectivité comme envers l'ancien employeur. Il faudra prendre son parti d'un fait inévitable qui, d'ailleurs, ira s'atténuant graduellement.

Mais le socialisme n'en sera pas troublé dans son développement et on va le comprendre. Il est évident qu'il bénéficierait largement de l'ardeur au travail qu'il devrait exciter. Mais s'il est réduit à se heurter aux mêmes résistances que le capitalisme, il n'en souffrira pas plus que lui. Or, malgré ces résistances, le régime actuel réussit, tant bien que mal, à pourvoir aux besoins généraux des hommes. Donc le socialisme, avec une main-d'œuvre aussi médiocre, mais avec une meilleure technique et une organisation supérieure, produira davantage. C'est tout ce qu'il lui faut pour durer et tenir ses promesses.

Certains pessimistes croient que les ouvriers, se sentant moins dominés que sous le joug patronal, iront jusqu'à travailler moins encore, ou même à se croiser les bras tout à fait, est une hypothèse inadmissible. Pas plus qu'aujourd'hui — et même moins, nous l'avons dit, — on ne pourra se faire des rentes avec sa paresse. Selon la parole d'un père de l'Eglise, celui qui ne travaillera pas ne mangera pas. Il y aura une hiérarchie, une discipline, et le socialisme, appuyé sur l'adhésion des masses conscientes, et sur son principe de justice inattaquable, saura se faire obéir des mauvaises têtes et des déséquilibrés qui tenteraient d'enfreindre ses lois.

✳✳✳ Il est certain que le paysan qui travaille pour son compte déploie plus d'ardeur qu'un mercenaire. Mais en fait il produit moins parce qu'il met des efforts considérables au service d'une technique primitive, alors que le salarié obtient de meilleurs résultats tout en économisant sa peine, parce qu'il se sert de machines et emploie des procédés plus perfectionnés. Aussi les grandes entreprises industrielles, dont le mécanisme est entaché, comme celui de l'Etat, de lourdeur et d'irresponsabilité, s'étendent de plus en plus au détriment des petites, par la seule force de leur supériorité technique. La même raison assurera le succès du socialisme.

*** Nous nous arrêtons ici, espérant avoir répondu victorieusement aux objections et critiques qui contestent la puissance productrice du socialisme, établie au cours de cet ouvrage. Il nous semble que quiconque se sera bien pénétré de cette puissance sentira s'éveiller en lui une irrésistible attraction pour notre doctrine et éprouvera le besoin de l'étudier dans toutes ses parties.

C'est dans cet espoir que nous nous préparons à continuer l'exposé dans de prochains volumes (1).

---

(1) Le troisième volume du *Socialisme Reconstructeur* aura pour titre : *Principes d'Economie socialiste.*

TABLE DES MATIERES

LIVRE III

Mauvaise utilisation des forces employées

DEUXIEME PARTIE

La Richesse perdue en régime capitaliste

LIVRE I

Le Sol

LIVRE II

Le Sous-Sol

LIVRE III

Les Colonies

LIVRE IV

Les Capitaux

TROISIEME PARTIE

Récupération par le socialisme des Forces et Richesses perdues

LIVRE I

Organisation de la Production en Régime socialiste

LIVRE II

Circulation et Répartition

LIVRE III

Conséquences

———

QUATRIEME PARTIE

———

Reponse aux objections

LIVRE UNIQUE

———

IMPRIMERIE

MORICE FRERES

: : 7, CITÉ ADRIENNE : :

-:- -:- PARIS (XXᵉ) -:- -:-

RED : 20,0

KODAK PATHE

LABORATOIRE MICRO - IMAGES

TREMBLAY EN FRANCE

JUILLET 1993